继续（网络）教育系列规划教材

荣获全国高校现代远程教育协作组评比"网络教育教材建设金奖"

营销策划学

JIXU JIAOYU

YINGXIAO CEHUAXUE

石江华 主 编

宋剑涛 副主编

西南财经大学出版社

Southwestern University of Finance & Economics Press

中国·成都

继续（网络）教育系列教材
编审委员会

总　序

随着全民终身学习型社会的逐渐建立和完善，业余继续（网络）学历教育学生对教材的质量要求越来越高。为了进一步提高继续（网络）教育的人才培养质量，帮助学生更好地学习，依据西南财经大学继续（网络）教育人才培养目标、成人学习的特点及规律，西南财经大学继续（网络）教育学院和西南财经大学出版社共同规划，依托学校各专业学院的骨干教师资源，致力于开发适合继续（网络）学历教育学生的高质量优秀系列规划教材。

西南财经大学继续（网络）教育学院和西南财经大学出版社按照继续（网络）教育人才培养方案，组织编写了专科及专升本公共基础课、专业基础课、专业主干课和部分选修课教材，以完善继续（网络）教育教材体系。

本系列教材的读者主要是在职人员，他们具有一定的社会实践经验和理论知识，个性化学习诉求突出，学习针对性强，学习目的明确。因此，本系列教材的编写突出了基础性、职业性、实践性及综合性。教材体系和内容结构具有新颖、实用、简明、易懂等特点；对重点、难点问题的阐述深入浅出、形象直观，对定理和概念的论述简明扼要。

为了编好本套系列规划教材，在学校领导、出版社和各学院的大力支持下，成立了由学校副校长、博士生导师杨丹教授任主任，出版社社长、博士生导师冯建教授以及继续（网络）教育学院陈顺刚院长和唐旭辉研究员任副主任，其他部分学院领导参加的编审委员会。在编审委员会的协调、组织下，经过广泛深入的调查研究，制定了我校继续（网络）教育教材建设规划，明确了建设目标。

在编审委员会的协调下，组织各学院具有丰富继续（网络）教育教学经验并有教授或副教授职称的教师担任主编，由各书主编组织成立教材编写团队，确定教材编写大纲、实施计划及人员分工等，经编审委员会审核每门教材的编写大纲后再进行编写。自2009年启动以来，经几年的打造，现已出版了70余种教材。该系列教材出版后，社会反响较好，获得了教育部网络教育教材建设评比金奖。

下一步根据教学需要，还将做两件事：一是结合转变教学与学习范式，按照理念先进、特色鲜明、立体化建设、模块新颖的要求，引进先进的教材编写模块来修订、完善已出版的教材；二是补充部分新教材。

　　希望经多方努力，力争将此系列教材打造成适应教学范式转变的高水平教材。在此，我们对各学院领导的大力支持、各位作者的辛勤劳动以及西南财经大学出版社的鼎力相助表示衷心的感谢！在今后教材的使用过程中，我们将听取各方面的意见，不断修订、完善教材，使之发挥更大的作用。

西南财经大学继续（网络）教育学院

2014 年 5 月

前 言

　　不策划别人，你就会被别人策划。世界经济已经进入一个全球大战略、大策划的时代。策划作为一门新兴的、独立的、综合性的应用科学，在市场经济大潮中不断地丰富，完善和发展。其中增加的部分内容是笔者参考了国内外大量关于策划理论与实践的书籍、报刊资料，并结合本人高校研究机构以及近十几年来营销策划工作的实践体会，在对中国传统兵法、现代系统工程、历史学研究的基础上，运用了战略学、系统工程、兵法、组织科学等理论，特别是近五年对上百家著名企业服务的心得，对策划的原理、方法、步骤和原则都进行了深入地探讨。

　　人生无处不策划，企业无时不营销。本书阐述了最全面、深刻的营销策划理念，如何进行市场突破？如何开展"核"打击？先有精心策划，后有努力拼杀！一切都是成本，只有通过营销才能变成利润，营销策划是现代商战的"运筹帷幄"。

　　"营销是企业的生命，策划是营销的灵魂"。市场经济的发展让越来越多的有识之士认识到，营销策划是否成功关系到现代企业生存与发展，而独特奇妙的"策划与创意"是市场营销成功的关键。《营销策划学》就是助你掌握营销成功秘诀，启发你策划金点子的创意灵感。

　　本书的内容特色与突破体现在：一是在营销策划论述中更突出了策划的论述，弥补了目前市场相关图书的欠缺，力图阐述最前沿的营销策划理念，提炼最详尽的营销策划技巧，展现最经典的营销策划个案，提供最有效的技能学习方法。二是在一般论述营销策划理论的同时，重点地介绍了营销策划的一般过程、程序或步骤、技术与方法，并坚持理论与实践相结合。为了便于读者的阅读、操作，每章都设有"案例与相关衔接""复习思考"等内容。三是对当今营销策划理论体系进行了全方位地思考和创新，提出了营销策划的理论体系新架构，即策划概述、战略设计、组合技能和方式创新等基本模块，并具体论述了营销策划的创意培养，营销策划的设计与方案制订、撰写，营销战略的设计及各项富有创意的方式、内容，包括一些应用技巧等，体现了很强的实际指导作用与应用价值。四是本书精选的成功案例具有很好的学习借鉴价值，力求避难就易，删繁就简，所选的近年来的国内外成功的营销案例，让读者不用花多少时间和精力，便可以领悟到策划的高超妙用。

编者

2015 年 6 月于光华园

目 录

第一章　营销策划基础理论

案例与相关衔接

注重宣传造势　扩大执法影响
江西省价格监督检查局

2005 年，江西省各级价格监督检查机构立足实际，注重宣传造势，扩大执法影响，有力地推动了工作开展，赢得了上级价格主管部门、地方各级党委政府和广大经营者、消费者的一致好评。我们的做法是：

一、创新理念，把宣传造势作为推动工作开展的有效途径

在 2004 年总结价格监督检查机构成立 20 周年经验教训的过程中，我们发现，有些地方多年来埋头做了大量工作却默默无闻，社会影响小，群众认可度低，在"行风评议"中排名靠后。针对这一现象，我们提出了"注重宣传造势，扩大执法影响"的构想。最初，不少人持反对意见，觉得"造势"是贬义词，有人为炒作之嫌，不能这么提。经过反复讨论分析，我们认为，所谓"势"，就是正在生成、尚未完全显现的趋向、苗头；所谓"造势"，就是通过积极努力，最大限度地凝聚自身能量，最大限度地谋求外力支持，从而主动营造出有利的环境、格局和态势。"造势"既不是贬义词，也不是褒义词，而是中性词。关键看为什么"造势"、怎么"造势"、效果如何。为了规范价格秩序、维护群众利益、促进经济发展，宣传工作成果、展示队伍风采、树立执法形象，不仅要"造势"，而且要理直气壮、大张旗鼓地"造势"。常言说："只干不说是傻把式，只说不干是假把式"。我们固然不能做"只说不干"的"假把式"，但也不能做"只干不说"的"傻把式"。时代在发展，社会在进步，只有与时俱进，研究新情况、形成新理念、创设新方式、解决新问题，才能推动价格监督检查工作不断深入开展。

二、确立原则，理清宣传造势的基本思路

在统一认识的基础上，我们研究确定了"一坚持""两围绕""三结合"的宣传造势原则。

"一坚持"就是坚持正确舆论导向，大力宣传价格法律、法规和整顿规范价格、收费秩序的成果，服务大局、服务大众。"两围绕"就是紧紧围绕各级党委政府的中心工作开展监督检查、组织宣传报道；紧紧围绕群众反映强烈的价格、收费热点难点问题开展监督检查、组织宣传报道。"三结合"就是正面宣传引导和曝光价格违法反面典型相结合、宣传造势与检查办案进程相结合、常规传媒渠道与现代网络手段相结合，提

高宣传造势的针对性和有效性。

我们开展宣传造势的基本思路是：视角广泛化，形式多样化，传媒立体化。

视角广泛化——既宣传普及价格监管知识和有关监督检查的法律规范，又宣传价格行政执法工作动态和进展情况；既宣传事，又宣传人，大力表彰价格执法队伍中刻苦钻研业务、勇于创新、无私奉献、共产党员先进性作用发挥得好的优秀分子；既公开襄扬模范执行价格政策法规的单位和个人，又公开曝光价格违法性质恶劣、情节严重、屡查屡犯的"钉子户"；既披露违法案例，又跟踪报道整改情况，直至落实到位，确保舆论监督达到效果。

形式多样化——灵活运用公告、公示、专题采访、现场咨询等方式宣传造势。每次专项检查前，我们先在《江西日报》公告检查的内容、重点、时间及12358价格举报电话，引起社会关注，为专项检查造声势；通过建立健全农村价格监督网络和推进"价格监督进社区"，用设立公示牌、橱窗、专栏等形式，对涉及农民和城镇居民的价格、收费予以公示；编辑《江西价格监督检查》简报和《价格举报情况反映》，对上及时反映工作动态信息，对下使党委和政府的声音及时传达到基层；与江西电视台"都市现场"栏目合作举办专题采访，我局举报中心主任就群众关心的教育、医疗、物业管理等价格收费热点问题进行详细解答，社会反响良好。

传媒立体化——注重利用报纸、刊物、广播、电视等多种媒体开展宣传，特别是充分利用互联网信息容量大、时效性强、覆盖面宽、查询方便、互动性好的优势，在江西省发展和改革委员会门户网站上开设价格监督检查栏目，每一期简报、每次对重大活动的宣传、网上受理举报及答复等都在网站上发布。为了加大宣传力度，从2005年10月起，我局着手筹建江西省价格监督检查网站，近期即可建成。届时，网站将成为彰显服务理念的广阔平台。"最新法规"及时传递最新价格法律、政策信息；"投诉指南"让不知如何举报的群众轻轻点击便一目了然；"局长信箱、意见簿"为群众提供了随时表达意见建议的便捷通道；"网上立案"哪怕远隔千山万水，也能即时办理立案手续，将大大降低成本、提高效率。未来两年内，省价格监督检查局将投资800万元，建设覆盖全省112个市、县（区）的信息网络，把宣传造势工作提升到一个新台阶。

三、强化领导，切实把宣传造势摆上重要议事日程

我们要求各地价格监督检查机构主要负责同志亲自抓宣传造势，把宣传造势纳入重要议事日程，做到"四同"（与日常业务工作同安排、同落实、同检查、同考核）和"两个凡是"（凡是重大活动，都成立专门的宣传组；凡是有关宣传的经费要求，都尽量满足）。

目前，全省11个设区市都建立了主要领导负总责、其他领导分工协作的责任制，做到宣传工作年初有计划，年终有总结；配备专人或兼职干部，组建通讯员、联络员队伍抓宣传；萍乡、宜春、新余等地下发了加强宣传工作的文件，将宣传造势作为年度目标考核的重要内容之一，建立了每年或半年召开一次宣传工作会议的例会制度，对在省市县新闻媒体发表稿件的数量做出具体要求，进行严格的量化评分，制定了宣传工作先进集体评比办法。

为了建立长效机制，保障工作持久开展，我们把宣传造势这个"软约束"转化为

"硬指标"，实行量化考核，制定了《价格监督检查宣传工作奖励办法》，对作者进行奖励，激发了干部的写作热情和积极性，由过去的被动索稿转变成主动投稿，稿件数量明显增多，质量明显提高，宣传造势工作得到空前重视和加强，焕发出蓬勃的生机和活力。

四、发掘亮点，适时形成宣传造势新高潮

2005 年，我们精心谋划，瞄准价格监督检查工作亮点，配套组织了大量宣传报道。仅在第四季度前两个月，就掀起了七次宣传造势高潮。

10 月 5 日，在《江西日报》特别报道版，以《谨防掉进低价陷阱》为题，对全省各级价格主管部门加强"十一"黄金周市场价格监管，为市民营造放心消费环境的举措进行了宣传，扩大了价格执法影响，得到社会各界认可。

10 月 8 日，我省食盐价格波动，省局和赣州、新余等地相关部门立即到各超市、副食品店等相关场所巡查，了解第一手材料，将详情公告给广大消费者，两天后，食盐价格恢复正常，市场平稳，群众对此给予了广泛好评。

10 月 10 日，在《江西日报》要闻版，以《优化农村价费监管环境，5 000 义务监督员助农民明白交费》为题，宣传全省各级价格主管部门服务"三农"，大力推行农村价格监督网络建设，切实减轻农民负担。这篇文章一经刊出，便被新华网、江西新闻网、省人民政府网站等多家网站转载。11 日，中央人民广播电台记者到我局采访后做了报道。16 日，我们在江西人民广播电台新闻综合频道，以《农民利益的保护者——义务价格监督员就在您身边》为题，做了 45 分钟的现场直播专题节目，除当场接听和受理群众价格举报外，还连线赣州、宜春等地的义务价格监督员，通过他们现身说法，直接反映农村价格监督网络建设是一项顺民意、得民心、办实事、减负担的"民心工程"，收到了较好的宣传效果。

10 月 19 日，我局投入 4 万元在《江西日版》A4 版（1/2 版），以彩版形式，刊登《优化价格政务环境，维护群众切身利益——省发展改革委创新价格监管举措倾情为民》的形象专版，大力宣传省价格主管部门近年来紧紧围绕党和政府的中心工作，认真落实宏观调控政策，转变工作职能，创新工作机制，加强市场监管，推进诚信建设，完善监督网络，搞好价格服务，坚决制止乱涨价、乱收费，努力解决群众"上学难""看病贵""电费高"等问题所做的卓有成效的工作。

11 月 8 日，参加《江南都市报》和《信息日报》主办的执法热线活动，认真接听和受理群众价格举报，积极解答价格咨询，为广大群众提供优质服务。

11 月中旬，通过中国移动、中国电信、中国联通发出"推进价格诚信，打击价格欺诈；举报违法行为，请您拨打 12358"的短信，提高了价格举报电话的知名度，也提升了全省价格主管部门执政为民的良好形象。

11 月 26 日，九江发生 5.7 级地震，省局派人专程赴九江深入了解灾后市场价格动态，九江市物价局向全市百余家大型综合超市、批发网点下发了保持市场价格稳定告诚书，并派出 10 多个检查组昼夜实施不间断巡查，有效地防范了灾后突发价格异常波动，维护了灾区市场和社会稳定，保护了受灾群众的利益，充分展示了价格监督检查队伍"灵敏反应、雷厉风行、团结协作、无私奉献"的工作作风，赢得广泛赞誉。

我们注重宣传造势收到了成效，尝到了甜头，但这仅仅是探索和尝试，还处于起步阶段，宣传造势工作总体上还比较薄弱，进展不平衡；在操作过程中各自为战多，协调联动少，整体功能没有得到充分发挥；一般性的宣传多，有重大导向作用的宣传报道少，深度挖掘不够。今后，我们要在国家发展和改革委员会的指导下，在省发展和改革委员会直接领导下，发扬成绩，弥补不足，认真向兄弟单位学习，大胆运用新方式、新手段，探寻提高工作有效性的新途径、新办法，争取使价格监督检查宣传造势工作更上一层楼，进一步扩大执法影响，更好地树立价格主管部门执政为民的良好形象。

资料来源：中华人民共和国国家发展和改革委员会、国家信息中心、中国经济信息网。

第一节 营销策划原理

营销策划原理是指营销策划活动中通过科学总结而形成的具有理性指导意义和行为规律性的知识。营销策划原理具有客观性、稳定性和系统性。一般来说，营销策划所依据的基本原理包括：整合原理、人本原理、差异原理和效益原理等。

一、基本原理

1. 整合原理

营销策划人要把所策划的对象视为一个系统，用集合性、动态性、层次性、相关性的观点处理策划对象各个要素之间的关系，用正确的营销理念将各个要素综合起来，以形成完整的策划方案和达到优化的策划效果。

整合原理同时强调策划对象的优化组合，包括主附组合、同类组合、异类组合和信息组合等。这些原理用以指导营销策划的应用就会产生产品功能组合、营销方式组合、企业资源组合以及各种职能组合等策划思路和灵感。

2. 人本原理

人本原理是指营销策划以人力资源为本，通过挖掘人的积极性和创造性作为企业进步的动力的理论系统。人本原理要求营销策划人在拟定策划方案时要兼顾两个方面：一方面要调动和激发企业人员的积极性和创造性，要有"以人为本"的理念；另一方面要体现"以消费者为中心，为消费者服务，令消费者满意"的内容，把企业的行为紧密地与销售对象的利益联系在一起，使营销策划方案有利于培育忠诚的顾客群。

3. 差异原理

差异原理是指在不同的时期，对不同的主体，视不同的环境而做出不同选择的理论体系。营销策划没有固定的模式，营销策划工作也不能一味的刻舟求剑、生搬硬套。不同的策划主体和客体，不同的时间和环境形成的策划书应该是千差万别的。检验营销策划书的优劣的标准只能是实践。只有在具体的实践活动中提炼的素材，才是"这一个"企业的，才会在此基础上产生新的创意，形成新的有别于其他企业的营销策划书，从而产生差异。

4. 效益原理

效益原理是指营销策划活动中，以成本控制为核心，追求企业与策划本身双重的经济效益和社会效益为目的的理论体系。营销策划效益是策划主体和对象谋求的终极目的。营销策划主体的行为也是以营销策划对象能获取较佳的效益为生存条件的。

二、营销策划的联动效应原理

在策划活动中，运行活动产生的整体效果和整个过程也会有联动影响，我们称它为营销策划的联动效应原理。策划活动能产生联动效应，从而达到营销的目的，比实施某种单独的手段效果要好得多。

三、营销策划的互动效应理论

所谓媒介的互动效应，是指各种媒介混合宣传所产生的策划效果，也叫策划的立体效果。通过媒介的互相影响达到策划的最大或最佳效果，叫媒介的互动效应原理。在营销的策划过程中，媒介的互动效应是不容忽视的。有时在某一种媒介上做新闻，广告的效果不是很好，但与其他媒介配合后，效果就可能大增。

四、营销策划的口碑效应原理

口碑效应是指企业形象、产品等信息通过群体传播的途径进行扩散，让更多的人以及人群知道，从而扩大影响的过程，也就是人们常说的"一传十，十传百"。产品的知名度在很大程度上依赖于群体传播的影响，并经常利用消费者对群体身份、归属感和对社会团体的忠诚来增强感染力。

群体传播的主要途径有：内部影响和参照群体影响。

五、营销策划的心理学原理

1. 动机理论

动机是一种升华到足够强度来驱动人们采取行动的需要，它能够及时地引导人们去探求满足需要的目标。最流行的人类动机理论有三种，即弗洛伊德理论、马斯洛理论和赫茨伯理论。

2. 感觉理论

一个受激励的人随时准备行动，但具体如何行动取决于他对情景的感觉程度。感觉可定义为"个人通过选择、组织并解释输入信息来获得对世界有意义的描述之过程"。感觉不但取决于身体的刺激，而且还依赖于这一刺激同环境的关系及个人状况。人们会对相同的事物产生不同的感觉，是因为人们要经历三种感觉过程：选择性注意、选择性曲解和选择性记忆。

3. 学习理论

人类行为多半源于学习。一个人的学习是通过驱动力、刺激物、诱因、反应和强化的相互影响而产生的。由于市场营销环境不断变化，新产品、新品牌、新技术不断涌现，消费者必须经过多方收集有关信息之后，才能做出购买决策，这本身就是一个学习过程。

4. 信念与态度理论

信念是指个人对某些事物所持有的描述性思想。企业应关注人们头脑中对其产品或服务所持有的信念，即本企业产品和产品形象。

态度是指个人对某些事物和观念长期持有的好与坏的认识上的评论、情感上的感受和行动倾向。态度能使人对相似的事物产生相当一致的行为。

第二节　营销策划创意

营销策划是根据企业营销的历史、现状而谋划未来的行为，是一种创新行为。创新就是要把创意贯穿于营销策划的过程中，创意成功与否是营销策划是否出新的关键。从某种意义上说，创意是营销策划的灵魂。营销策划的创意是指在营销策划中，利用系统的、整合的方法，加上各种巧妙的手段进行的策划活动。它是对整个活动从构思到实施、从酝酿到统筹安排的一个完整过程，使自己的策划活动能尽量不同于别人的策划活动，显示出自己的创造性、独特性和新颖性，使策划活动产生较大的效果，从而得到满意的实际效果。

一、在营销策划中的表现形式

1. 理论思维

理论思维是指认识系统化的思维方式。企业营销策划中事物发展的规律要求对策划对象进行系统思维训练。理论思维具有科学性和真理性，它要求避开情感因素和主观愿望，对客观环境造成的机会和威胁，对企业发展的起点和可能达到目标，对企业应具备的条件和不完善的因素都要进行理论思维。

2. 直观思维与逆向思维

直观思维指人们的大脑对外界事物所产生的直接感觉。企业形象策划中对企业的发展历史和生存现状的认识就是一种直观思维。逆向思维是指人们的思维循着事物的结果而逆向追溯事物发生的本源的思维方式。它引导人们透过事物的现象探究其本质，然后根据事物本身发展的逻辑做出与原发展态势截然相反的判断，为创意者标新立异甚至反其道而行之开拓创新的思路。

3. 形象思维与抽象思维

企业营销策划中，企业的视觉形象系统的创意、产品品牌的确定、企业理念广告用语等都需要形象思维。而抽象思维要把具体的问题抽象化，以便突破具体问题的束缚，突破层层障碍，从多角度寻求启迪。

4. 联系思维与倾向思维

联系思维是指运用事物存在着普遍联系的哲学观点，努力发现事物之间联系，寻求新的发展机会的思维方式。企业营销策划中有关企业行为识别系统的创意，就要用联系思维的方法。倾向思维是指人们在思维活动中，常常依据一定的目标和倾向进行思维的方式。营销策划中，创意人反复思考，有时会偶然中突然开窍，获取灵感，找到最佳创意。

二、创意的步骤

明确目标—环境分析—信息加工处理—产生创意—制作创意文案—总结

三、营销策划创意的途径

（1）培养创意意识。

（2）突破思维定式，训练发散思维。

（3）寻求诱发灵感的契机，提高想象力。

四、创意效果的类别

按其内容划分，创意效果可分为经济效果、心理效果和社会效果。

按产品的生命周期阶段划分，创意效果可划分为介绍期的创意效果、成长期的创意效果、成熟期的创意效果和衰退期的创意效果。

按活动程序的测定划分，创意效果可分为事前测定的创意效果、事中测定的创意效果和事后测定的创意效果。

第三节 营销策划方法

营销策划方法是指采用不同的工具对营销进行科学的策划，利用现存的可利用资源，选择最佳手段完成策划目标的过程。

一、概念挖掘，主题开发

1. 产品概念

菲利普·科特勒教授认为，在产品的开发策划中，产品概念有着重要的地位。产品概念是指用有意义的消费术语表达的精心阐述的构思，或者说是能够满足消费者某种需求的产品特征。在这里，概念构成了策划的核心。

2. 产品概念的挖掘

概念创意的内现，也是主题的原始生长点。概念的挖掘过程是连续运用创造性思维和分析性思维的过程，即在系统目标的指向下，从现实和经验中抽取出来一系列的前提，从而创造性思维，提出许多的构想。再运用分析性思维，使这些构想向同一目标流动，形成一个策划的轮廓，并且由此形成策划的概念。

3. 营销策划主题

营销策划主题是营销策划活动的中心内容，是营销策划书所要表达的中心思想，是企业进行营销策划的目标指向。

营销策划主题有：营销广告主题、产品延伸主题、多品牌主题、包装改进主题、商标设计主题、商标注册主题、产品认证主题、渠道选择主题、营销方式选择主题和商品定价调整主题等。

完整的营销策划主题具有三要素：策划者的策划目标、策划者提供给策划对象的信息个性和参与者的心理需求。

4．策划主题的开发

主题的开发要在概念的基础上进行，首先要运用创造性思维，发挥丰富的想象力，得到多个构思；然后再运用分析性思维进行筛选，依据主题的特点来确定主题。

在此阶段发挥想象更为重要，在发挥想象的过程中要注意以下几点：

（1）去掉为自己设置的障碍。

（2）以概念作为发挥想象的支点。

（3）重新组合不同的元素。

二、宣传造势

在营销策划方案实施前和实施过程中，企业要注意进行对外宣传造势，这样能够扩大影响，有助于提升企业形象，改善公共关系。

1．营销策划宣传的意义

（1）促进营销策划方案的顺利实施。

（2）传播信息。

（3）提升企业形象。

（4）促进产品销售。

（5）改善公共关系。

2．营销策划宣传的原则

营销策划宣传的原则有：准确性原则、及时性原则、针对性原则、适度性原则、反馈性原则、创造性原则。

3．营销策划宣传的对象

营销策划宣传是为整个策划活动服务的，策划活动的对象也就是宣传的对象，不同的营销策划有不同的对象，相应的宣传工作所针对的对象也不同。促销策划的对象是消费者，分销策划的对象是销售商，产品、价格策划的对象包括消费者和销售商，而企业形象策划和公共关系的宣传对象则包括以上所有对象。营销策划的宣传造势应根据目标对象的不同采取不同的方法。

4．营销策划的企业渗透

营销策划的企业渗透是指在企业营销策划方案实施之前和实施过程中，通过各种方式使企业全体员工了解策划方案，理解策划活动的必要性，从而支持并认真地执行企业营销策划方案的过程。营销策划的企业渗透可以通过印发内部刊物、举行报告会、进行培训、召开座谈会、填写调查表以及进行非正式沟通等方式进行。

三、其他方法

在营销策划中，除了上面提到的比较常用的方法之外，还有一些方法经常采用，这些方法既可能应用于整体营销策划，又可能在策划的某一具体环节中运用。

1. 集思广益法

集思广益法就是把每个人的智慧汇总起来，进行综合处理，选择出一个切实可行的策划方案，在这个过程中每个人都可以发言，提出自己的不同见解，把每个人的意见综合提炼就可以得到一个策划方案。当然选择的人应该是这方面的专家。

2. 调查法

调查法即通过策划者组织的调查，从中得到相关方面的信息，然后对这些信息进行分析处理得出结论，最后根据调查的结论进行策划，策划的直接依据是调查的资料。

3. 经验法

经验法即策划者根据自己多年的经验，找出与本次策划背景相似的一些案例，同时考虑不同的执行环境等因素进行策划。

4. 系统法

系统法是指综合哲学观点与专门学科而进行的，主要的原理是把事物看成是一个完整的系统，这个系统既包括自身组成要素的各个方面又包括各要素之间的联系，还有与这个事物相关联事物间的关系与地位。系统方法要求从统一的一方面或几个方面或整体出发，对其进行不同角度的整体分析。常见的系统分析法有：逻辑法、预测法、抓主法和类比法等。

5. 权变法

事物的发展不是固定的，其中一些因素会因环境的改变而发生权变，针对这种变化，在正常思维下，由于一点的突变，会产生相对的"不规则"的思维，这种思维是由于事物发展中的突变而触发的。

复习思考题

1. 营销策划所依据的基本原理包括哪些方面？
2. 营销策划创意的途径包括哪些方面？
3. 营销策划方案对现代企业的现实意义是什么？
4. 营销策划的主要步骤有哪几个？

第二章 营销策划流程

案例与相关衔接

丰田进军美国

1958 年，丰田车首次进入美国市场，年销量仅为 288 辆。丰田进入美国的第一种试验型客车，是一场灾难。这种车存在着严重的缺陷：引擎的轰鸣声大于载重卡车；车内装饰粗糙又不舒服；车灯太暗，不符合标准；块状的外形极为难看。并且与其竞争对手"大众牌甲壳虫"车 1 600 美元的价格相比，它的 2 300 美元的定价吸引不了顾客。结果，只有 5 位代理商愿意经销其产品，而且在第一个销售年度只售出 288 辆。1960 年，美国汽车中心底特律推出了新型小汽车 Falcom、Valiant、Corvair 与"甲壳虫"竞争，尽管丰田公司并非底特律的竞争对手，但由于美国方面停止进口汽车，迫使丰田公司进行紧缩。

面对困境，丰田公司不得不重新考虑怎样才能成功地打进美国市场。他们制定了一系列的营销战略。其中最重要的一步就是进行大规模的市场调研工作，以把握美国的市场机会。

调研工作在两条战线上展开：一是丰田公司对美国的代理商及顾客需要什么，以及他们无法得到的是什么等问题进行彻底的研究；二是研究外国汽车制造商在美国的业务活动，以便找到缺口，从而制定出更好的销售和服务战略。

丰田公司通过多种渠道来搜集信息。除了日本政府提供信息外，丰田公司还利用商社、外国人及本公司职员来搜集信息。丰田公司委托一家美国的调研公司去访问"大众"汽车的拥有者，以了解顾客对"大众"车的不满之处。这家调研公司调查了美国轿车风格的特性、道路条件和顾客对物质生活用品的兴趣等几个方面。从调查中，丰田公司发现了美国市场由于需求趋势变化而出现的产销差距。

第一节 营销策划前期

在营销策划前期，策划公司或者策划人面临的紧迫课题就是"接单"。如何让企业相信你这个策划公司和策划人的实力，相信你确实能帮助这个企业解决问题，以最为有效的方法促进企业实现目标，是这个企业能否将策划工程给你实施的首要前提。

如何才能得到企业的信任呢？围绕这个问题首先要做的工作就是对企业产品定位问题、营销观念问题、市场渠道问题、营销网络问题、营销战略问题以及营销管理问题等，进行初步的诊断和需求分析定位，从而确定企业的营销重点和具体的需求。

一、初步沟通考察

策划人到企业，首先要做的就是沟通考察，到企业进行访谈。但要注意的是，策划工程从某种意义上就是"一把手工程"，事关企业发展大局，所以策划人在对企业进行初步沟通考察时，一定要听取"一把手"的想法，从对企业的初步访谈中抓企业最需要解决的问题，对症准备，赢得企业的信任。

二、需求定位分析

在对企业的决策人或有关部门进行初步访谈之后，接下来还要对企业营销状况、行业状况进行初步的实地诊断调查，运用企业策划的原理和方法分析企业自身的资源和面临的环境状况的策划步骤进行分析和和整理。主要是找出问题，明确企业的机会和威胁点，从而"对症下药"，展开创意。需要强调的是，在与企业未签订策划工程合同，没有正式展开策划时，我们所说的诊断调查只是初步的，目的就是要弄清楚该企业是不是需要营销策划，需要什么样的营销策划，策划人能为该企业创造怎样的策划工程。这是在需求定位分析中必须要明确的。

第二节 营销策划准备

一、界定问题形成建议

在对企业进行初步访谈、诊断调查之后，就要对企业进行概略瞄准，确定企业策划需求和目标。怎么做？做得怎么样？工程要多少费用？把这些问题用图文的形式制作成文本。策划提案的质量，直接关系着企业对策划公司或策划人的认可度。因此策划提案必须进行认真充分地准备，不可太仓促。提案完成后，要与企业进行沟通，约定给企业报告提案的时间和地点。

二、确定合作，签订合同

企业在听、看策划公司或策划人的提案之后，一般不会当即答复是行还是不行，这需要一些时间的研究比较，同时还要对策划公司或策划人进行实力信誉的考察。如果企业确定策划公司或策划人及提案可信，能够帮助企业实现目标，就会通知策划公司或策划人来企业进一步洽谈合作的细节，包括策划的费用、合同以及提案的修订意见。在此基础上双方签订合作合同。

从企业策划工作的特征和实践出发，在确定策划目标和与企业签订合同的过程中，应注意五个问题：目标管理、目标主题、目标原则、辩证求解和有效合同。

三、项目团队组建与进驻

策划公司或策划人在与企业签订合同、企业项目首期付款后，根据项目的具体情况立即组建强大的策划团队进驻企业。具体人数要根据项目的大小、难易程度和项目实施的安排来确定。

四、精细方案，再度共识

项目团队进驻企业后，要立即与企业组建工程策划委员会。企业要派得力的主要领导和骨干，共同组成作业团体。同时，项目团队应迅速制订出项目实施的详细方案和计划，制订出全员培训计划和项目的运筹图，并与企业达成共识。

第三节　营销策划实施

一旦策划方案被通过之后，策划人就应及时地将自己的工作重心转移到策划方案的制订和实施操作上，以保证策划目的的最终实现。企业和策划公司、策划人要共同参与策划方案的制订和执行。因为如果策划人不参与实施操作，那么由于执行者都不是策划者，他们根本不理解方案的来龙去脉，肯定会在执行中"走样"，再好再周全的策划方案也无法实现。另外，策划方案在设计时与执行时的客观环境、约束条件等都可能发生变化，甚至是根本变化。所以策划方案实施操作应该是一个不断检查调整、螺旋推进的"再创造"的过程。这个步骤包括基本思路和基本内容，也就是组织实施和监控调试两个部分。

一、调研讨论，展开培训

策划公司和企业就工程的实施方案达成共识后，应迅速展开三项行动：一是对策划企业的市场现状，包括产品定价问题、市场通路问题、营销网路问题、营销战略问题等展开细致的内外调研，以便对企业进行精确瞄准；二是展开分析论证，对企业进行细致的研究；三是展开全员培训，围绕策划的目标，对企业干部、员工的素质进行提升。

实施的基本路线就是把企业策划的实施作为一个连动优化的系统过程，并且是一个"前馈—反馈"耦合控制系统。因此，在实施操作过程中，要坚持系统分析的思路和"前馈—反馈"耦合控制系统的思路。

1. 系统分析思路

主要是根据系统理论原理，从策划实施操作的整体出发，揭示操作系统的功能特征和内部结构，预测实施操作系统的变化趋势，提出解决矛盾的可行性方案，然后连动优化，进行分析、对比、优选，为可执行过程中的监控调适提供实用的工具。

2. "前馈—反馈"耦合控制系统思路

所谓控制，是指主控系统对被控系统的一种能动作用，其目的是使被控系统依据主控系统的预定目标而运作，并最终达成这一目标；所谓反馈，指被控系统对主控系统的反作用，其目的是将主控系统发出的信息通过被控系统再返回到主控系统中去，从而对主控系统进行控制；所谓前馈是指尽可能在偏差发生之前，根据预测的信息采取相应措施，预防偏差。把前馈信息与反馈回路耦合起来，构成"前馈—反馈"控制系统，以解决控制滞后的问题，提高系统的抗干扰能力。"前馈—反馈"耦合控制系统思路主要是根据信息论与控制论原理，对实施操作系统中的人、财、物等资源及其操作过程，进行全面预测并有效地监控和调试的现代化策划技术和手段。

二、形成初步解决方案

策划公司或策划人根据工程的运筹图在一段时间内，对企业进行认真细致地调研论证后，在此基础上，展开创意和策划，按照规定的时间完成企业营销诊断报告书、营销战略规划报告书、营销整合传播方案的创意制作，并形成规范的文本向企业报告讲解，并与企业达成共识。如果企业不认可方案，要对问题进行反复修订，直到企业满意为止。另一种情况是企业的认识有偏差，对策划方案不能做出正确的评判，这就要耐心地做企业的说服工作，也可请专业委员会评审。

第四节 营销策划兑现价值

一、提交报告，阐述验收

企业做策划，要的是市场实效，通过策划卓有成效地解决问题，提升市场能力、扩大市场份额。因此，策划公司或策划人在向企业提交策划方案后，还要组织有关专家对策划方案进行科学的评估。之所以策划实施完毕还要进行评估，就是基于策划方和委托企业共同成长的理念。企业策划只不过是双方共同成长道路上的一站，双方要实现长久合作，就必须加强评估服务的工作。评估是企业策划一个阶段的结束，也是继续为企业提供智力服务的基础，因而了解和掌握其意义、原则、内容和方法是十分必要的。

1. 评估的意义

对策划进行全面、细致、认真、有效地总结和评论，使整个策划活动能够有一个良好的结局，这是非常重要的。首先，能科学有效地总结评估，使策划工作者更加全面、系统而又深刻地理解策划的操作、功能及其价值，从而增强其对企业策划的事业心和责任感。其次，可以便于策划管理，树立以客户为中心的经营理念，从而使策划队伍更加成熟和富有战斗力。再次，有助于积累经验，吸取教训，克服不足，丰富企业策划理论，提高策划水平，改进策划技能，为开展新的企业策划工作奠定良好的基础。最后，通过评估，可以对成功的经验继续发扬和坚持，对失误的工作进行补救和改进完善，加强服务企业的针对性、有效性，提高服务的水平和质量。

2. 评估的原则

在对企业策划进行评估时，一定要从企业策划操作的实际情况出发，认真研究和分析、判断评定策划实施系统的内部联系，从中总结出带有规律性的结论，使主观认识和客观规律相一致，提高策划评估的水平。具体还要坚持公正透明、严格标准、内容全面等原则。

3. 评估的方法

策划的评估是一项极其严肃而又复杂的工作，为了让此项工作顺利开展并获得圆满成功，就必须采用科学的总结评估方法。策划实施评估结果可以采用定性的评语式、定量的等级式和记分式，最后形成书面材料交给策划主体双方存入档案，以便作为奖惩、查询和为新的策划提供参考的依据。常用的有效方法主要有统计法、达标法、评议法和列表法。

二、全面实施，督导执行

1. 策划的组织实施

企业策划的实施操作是一项系统的思维与高度组织性的实践相结合的过程。它的启发与发展有着本身所固有的内在规律。首先要做好实施前的准备工作，其次要严格工作制度，再次要加强宣传培训，最后就是开展实际性操作，从而为策划方案的全面付诸实施，总结教训，积累经验，奠定基础。

2. 策划的监控与调适

所谓监控，就是对策划组织系统、实施内容、操作行为进行科学的系统分析和严格地监督控制；所谓调适，就是将策划实施中产生偏差的操作行为及时地调整到符合策划意图的正确轨道上来。在操作过程中，监控与调适是密切联系、有机统一的，必须在监控基础上予以调适，在调控过程中实施监控。策划的监控与调适常用阶段考核法和检测评比法。

阶段考核法就是在策划实施过程中及时地对策划执行的实际状况以及操作水平进行阶段性考核，以便及时发现问题，调整解决，确保策划目标的顺利实现。阶段考核法大体划分为定期考核法与不定期考核法两种。

检测评比法就是把策划实施团队划分为若干小组分别进行检查评比、判断优劣，以发现问题，纠正偏差，达到奖优罚劣、策划成功的目的。

三、项目结案，后期服务

项目通过企业验收后，策划公司或策划人还要做好对企业的后期服务工作，后期服务的时间由双方在签订合同时商议决定，服务是企业策划活动中的最后一个环节，策划服务有着重要的地位和作用：

(1) 策划服务是委托企业与策划人联动优化理念的需要。

(2) 策划服务可以创造策划产品的差别化优势。

(3) 策划服务有助于保持忠诚的顾客关系。

复习思考题

1. 营销策划前期工作包括哪些方面?
2. 营销策划前期阶段应该做哪些方面的工作?
3. 营销策划的实施有效性是什么?
4. 营销策划前期兑现的价值是什么?

第三章 营销调研策划

案例与相关衔接

三门峡黄河旅游国际文化节活动策划初案

一、策划背景

1. 基本概况

三门峡市总面积 10 310 平方千米，总人口 227.48 万人（2005 年年底）（根据《三门峡市行政区划简册》）。

2. 行政区划

三门峡市辖 1 个市辖区、3 个县，代管 2 个县级市，市人民政府驻湖滨区。

湖滨区　面积 219 平方千米，人口 33.22 万人。

义马市　面积 112 平方千米，人口 16.10 万人。

灵宝市　面积 2 997 平方千米，人口 73.23 万人。

渑池县　面积 1 368 平方千米，人口 33.64 万人。

陕　县　面积 1 610 平方千米，人口 34.49 万人。

卢氏县　面积 4 004 平方千米，人口 36.80 万人。

3. 历史概况

地处黄河流域的三门峡市是华夏文明发祥地之一。在漫长的历史进程中，先民们在这块土地上生息繁衍，用勤劳的双手创造了光辉灿烂的历史文化，成为华夏浩瀚文化的重要组成部分。这些历史文化对于推进历史的前进乃至当今社会各个方面都产生了重要极其深远的影响。仰韶文化、虢国文化及由老子《道德经》衍化而来的道家、道教文化便是这诸多历史文化的典型代表。

4. 经济发展

"十五"以来，市委、市政府立足于我市实际，确立了发挥比较优势，大力培育特色经济，构建区域特色经济体系的发展思路；突出五大产业基地建设，构筑九大产业链条，使三门峡经济呈现出前所未有的发展势头，成为河南省最具发展潜力的区域之一。

5. 科技发展

改革开放以来，三门峡市的科技事业得到了长足发展。科技综合实力明显增强，全民科技进步意识显著提高，科技发展社会环境得到大力改善，同时科技工作以技术创新为主线，以深化科技体制改革、扩大科技对外开放为动力，以优化科技发展环境、完善区域创新体系、实施人才战略和加大科技投入为主要措施，大力推动科技进步与创新，有力地推动了传统产业的改造提升、高科技产业的发展和农业科技进步，科技已成为经济发展和社会进步的重要支撑力量，科技对经济增长的贡献率进一步提高。

6. 旅游资源

三门峡地处豫、晋、陕三省交界处，东与洛阳市为邻，南依伏牛山与南阳市相接，西望古城西安，北隔黄河与三晋呼应，是历史上三省交界的经济、文化中心。华夏的古老文明、祖国的今朝奇迹、南疆的湖光山色、北国的秀丽冰川，在这里得到了巧妙的浓缩和展现，发展旅游业有着得天独厚的条件和十分广阔的前景。厚重的历史文化为这里留下了许多名胜古迹和人文景观。自然景观主要有融观光、登山、避暑为一体，享有"小华山"之美称的亚武山国家级森林公园；"四面环山三面水，半城烟村半城田"的陕州老城风景区；风光旖旎、景观险胜、古迹遍布的三门峡黄河游览区等。近年推出的"黄河之旅"旅游线路，已被国家旅游局定为14条旅游专线的第二条，推向国际市场。

7. 历史沿革

1986年1月18日，国务院批准，三门峡市升为地级市，原洛阳地区的渑池、陕县、灵宝、卢氏4县划归三门峡市管辖，义马市由三门峡市代管。

1990年，全市共设93个居民委员会。1992年，为适应改革开放与经济发展形势，三门峡市内设经济技术开发区管理委员会，驻地在陕州城遗址；开发区管委会下辖向阳、后川、南关、三里桥、韩庄等5个村民委员会。

1993年5月，报经国务院批准，灵宝县撤县设市。

2000年年底，三门峡市共设76个乡（镇）、10个街道办事处，1 347个村民委员会、152个居民委员会。

此次河南三门峡黄河旅游国际文化节的举办本着政府搭台，企业出钱，百姓唱戏的原则，为各市县进行招商引资，搞活一方经济，促进三门峡的政治、经济、文化全面发展。

二、策划目的

（1）塑造和传播三门峡城市形象，提高三门峡的知名度、提升三门峡的竞争力和影响力，树立品牌。

（2）带动三门峡地区的经济发展，吸引投资商、企业家到三门峡投资。

（3）推进河南省旅游开发建设精品化，旅游宣传促销品牌化，促进全省旅游业发展。

（4）推动三门峡乃至整个河南省其他相关行业的发展。

三、策划原则

（1）整体策划，分级负责，协调合作，务求实效。

（2）经济效益、环境效益、社会效益相结合。

（3）活动具有新颖性、独特性、现实性。

四、组织形式

政府主导，各部门分工合作，社会各界力量参与。

五、主题口号

黄河明珠三门峡，千年文明古华夏，老子骑牛送真经，五千真言代代传。风水宝地迎商客，融资融智融天下。

六、主办单位

主办单位：河南省三门峡市旅游局、河南省三门峡人民政府新闻办公室、河南省三门峡市广播电视局。

承办单位：三门峡市旅游局及有关县（市）人民政府。

七、主要活动及程序

由烟花拼成的"热烈祝贺黄河旅游文化节隆重开幕"巨大字幕在空中升起拉开以舞蹈形式为主的大型晚会的序幕，辅以锣鼓、舞狮、戏曲、彩色气球等表演。此外，还将举行三门峡各地手工艺品的制作展、国际书画艺术展等系列活动。

（1）画面——展开历史画卷。

从磐古开天地以来，人们一直是面朝黄土背朝天，日出而作，日落而息，晴天一身汗，雨天一身泥的辛勤劳作，突然一声惊雷打破了黄河两岸的宁静，紧接着是大雨瓢泼而下，黄洪猛涨，树被冲走，房被冲倒，田地被淹，黄河两岸人们流离失所，无家可归。

雨后人们重建家园，一代一代食不果腹、衣不遮体地繁衍生息，代代饱受黄灾之害。这时，画面出现一个名叫大禹的人，不忍看到人们痛苦不堪的生活，发誓一定要改变历史的现状，治理好黄河，三过家门而不入，终于发现黄河是年年治理年年治，越治越不行，最终原因是堵是堵不住的，必须因势利导，以水治水，减缓水势，水到渠成。然而一座大山拦住水路，大禹经过周思密虑后决定，想缓解水势必须劈开大山。于是就上演一位身穿古装的青年，手挥大斧将大山劈开三个口子（用道具或是布景），这就是传说中的人门、鬼门、神门。然后滚滚黄河之水从人门、鬼门、神门三个口子顺流直下（穿着黄铜色古装的演员迅速组成一个三门峡辖区全图案），中间再醒目的闪出八个金黄大字"三门峡人民欢迎您"。

（2）画面二——波涛汹涌的黄河之上，冉冉升起一轮红日——黄河明珠。

《三门峡之歌》男高音独唱。

（3）"白天鹅之都"三门峡，少儿巴黎舞（由三门峡幼儿园）。

（4）"老子出关""紫气东来"演义灵宝函谷关的由来、《道德经》的出现。

（5）各地地方特色展示。

如灵宝三大宝：黄金、苹果与大枣。卢氏：木耳、猴头与核桃、烟叶、旅游等。

八、三门峡黄河旅游节新闻通报会以及旅游推介会

（1）三门峡市市长杨树平召开三门峡黄河旅游节安排新闻发布会。

（2）推介三门峡旅游资源、旅游胜地。推进旅游开发建设方案精品化、宣传促销品牌化。

（3）费用。

（4）邀请人员：境内外各地媒体、记者、旅游局及相关部门的相关领导，境内外旅行商。

九、三门峡黄河文化旅游节礼品

具有代表意义的古代特色的竹笈雕刻的《道德经》（精装版盒），可印制成三门峡人民政府赠的高档礼品包装盒。既有纪念意义，又有收藏价值和观赏价值。上印老子骑牛过关图像。

备注：此方案还需完善，需到实地考察后定夺。

资料来源：新活动网。

获取信息的市场调研活动是企业营销的基础，是企业开展营销活动的第一环节。如何获取重要的信息、获取怎样的信息等成为营销活动首先要解决的问题。这些问题的解决就需要进行营销调研的策划，通过策划明确企业获取信息的途径和方式，帮助企业在缤纷的信息中找到有用的信息，为整个营销活动提供基础性支持。

第一节　营销调研策划概述

为了能使顾客对商品质量和服务产生最大限度的满意，企业的每一个决定都需要各种信息，只有这样才能比竞争者更好地满足市场需求，赢得竞争优势，进而取得合理的利润。所以，企业必须进行市场调研，广泛收集市场信息，对市场需求和产品销售前景作出合理的预测，从而制定积极有效的市场营销战略。

一、市场调研的意义

市场调研就是科学地、系统地、客观地收集、整理和分析市场营销的资料、数据、信息，帮助企业管理人员制定有效的市场营销决策。我们要使企业的产品满足客户的需求并取得赢利，必须先要调查客户需要什么，所以，市场调研具有十分重要的作用。

（1）通过市场调研，了解顾客的需求，才能生产客户需要的产品，保证企业获得满意的利润。

（2）市场是不断变化的，顾客的需求各不相同。

（3）通过市场调研可以发现企业产品的不足及经营中的缺点，及时加以纠正，修改企业的经营策略，使企业在竞争中保持清醒的头脑，永远立于不败之地。

（4）通过市场调研还可以及时地掌握企业竞争对手的动态，掌握企业产品在市场上所占份额的大小；针对竞争者的策略，对自己的工作进行调整改进。

（5）通过市场调查研究，可以了解整个经济环境对企业发展的影响，了解国家的政策法规变化，预测未来市场可能发生的变化。

二、营销调研的类别

根据营销问题的性质，市场营销调研可分为探索性调研、描述性调研和因果性调研。

探索性调研是为了澄清问题的性质而进行的，它帮助管理者更好地理解问题和分析环境。

描述性调研要表明问题的特征，试图寻找诸如何人、何物、何时、何地和怎样等问题的答案。

因果性调研是为了辨明变量间原因和结果之间的关系的调研。

三、营销调研的步骤

市场营销调研是一项复杂而细致的工作，为保证这一工作有条不紊地进行，提高研究工作的质量，市场营销调研必须按照一定的程序进行。营销调研的程序包括五步，即确定问题和调研目标、制订调研计划、实施调研计划、信息处理和分析以及提交调研报告。

1. 确定问题和调研目标

市场营销调研的首要任务是对调研问题和调研目标的界定，这一工作做得如何，将对调研结果以及据此制定的营销决策产生重大影响。在确定调研问题和调研目标时，必须保证调研问题与调研目标的要求相一致。在根据调研目标确定需要调研的问题时，调研问题的范围应当恰当。

2. 制订调研计划

调研计划实际是收集所需的资料信息的计划。要解决调研目标涉及的有关问题，需要收集不同的信息，而这些不同信息在来源、获取方式等方面存在很大的差别。因此需要制订一个有效的信息收集计划，以确保收集到全部的信息。在制订调研计划时，主要涉及资料来源、资料收集方法、资料收集工具和抽样方案等问题。

3. 实施调研计划

市场调研的计划执行过程实际是信息收集过程。这一过程也是最艰苦、最易出问题并且费用最多的一个环节。在使用观察法和实验法收集资料时，如果借助于仪器设备，则这一过程比较容易管理，只要将仪器设备安装到所选的地方即可；但是如果使用调查法中的个人访问法收集信息，则要涉及许多方面的管理工作，如访问员的选择、培训和访问工作管理等。

访问人员必须具备一定的素质。对访问工作的管理一般应确定管理的原则，特别是对访问工作中常出现的问题要有明确的处理方案，以保证每个访问人员都能按统一的要求去完成访问工作。

4. 信息处理和分析

首先要对回收的问卷进行处理，如对问卷做进一步审查，剔除不合格的问卷，对合格的问卷进行编辑、整理和输入等。完成后，就可以借助市场营销决策支持系统统计库中的统计分析方法进行统计分析，相应的分析结果很快就可以得到。之后，还应该要求市场调研人员对所得到的结果进行综合分析，特别是当在问卷调查中使用开放式问题时，利用计算机无法进行分析的信息，对统计结果进行进一步的补充，以得到更可靠的调研结论。具体步骤有：校检、输入、制表和分析。

5. 提出调研报告

对收集到的信息进行整理分析，得出相应的调研结果后，还要根据企业决策人员的需要提出调研报告。所得出的调研报告，一般应包括调研目标、调研的问题、分析方法、调研的结论等内容。无论调研报告以什么格式提出，都必须简明扼要、结论明确，特别要避免借题发挥，随意进行根据不充分的推论。一般来说，调研报告包括：题页、目录表、调查结果和有关建议的概要、本文、结论和建议以及附件等几个部分。

第二节　营销调研策划书

营销调研策划是指为管理者提供解决特定营销问题所需信息的处理方法和程序。它的成果表现为市场营销调研策划书。市场营销调研策划书是调研方案的书面表达形式，它系统地勾画出在每个调研阶段特定的调研方法和更详细的程序。一般来说，营销调研策划书应该包括以下几个方面：

一、确定调查项目

市场调查的第一步是确定调查项目，也就是要明确问题的范围和内容。调查项目必须符合的要求是：

（1）调查项目切实可行。

（2）可以在短期内完成。

（3）能够获得可观的资料。

二、明确调查目的和内容

每次调查应有特定的目的与相应的内容，常见的营销调查内容包括以下几个方面：

（1）市场容量。市场可能拥有的最大数量及本企业可能拥有的比例。

（2）需求特点。包括产品、价格、促销、分销。

（3）主要竞争对手及潜在竞争者。包括竞争产品的品牌、产量、质量、价格、市场占有率、企业实力、可能潜在的竞争者等。

（4）目标顾客。本企业产品的目标顾客、不同类型购买者、哪类客户最能接受和购买我们的产品等。

（5）市场环境。如经济环境、人口环境、技术环境、自然环境、政治法律环境和社会文化环境等。

三、确定调查方式

调查方式就是采取哪种方式进行调查，也就是企业开展市场调查的具体形式，主要包括：

1. 资料类型

在进行市场调研时，根据资料获取方式或途径的不同将资料分为两类，即第二手资料和第一手资料。

第二手资料是指用于其他目的的已经收集好的资料。第二手资料是为某一特定的目的而直接收集的资料。第二手资料的渠道一般有国家统计资料、行会协会信息资料、公开出版的图书资料、大众传播媒体、各种信息咨询机构、计算机信息网络、企业内部资料、国际组织等。

第一手资料需要企业自己去收集，或委托有关的调研机构去收集。在收集第一手资料时，不管是由谁具体收集，都需要按照市场营销调研计划的要求去进行。所以这里所讲的调研计划，实际是一个收集第一手资料的计划。

2. 资料范围

理论上市场调查若能采用普查法，那么结果是最准确的。但普查法只适合小型母体的市场调查。对于大型母体的调查，从时间、财力、组织上都适宜采用抽样法。因此市场调查多数采用抽样调查。

3. 资料收集方法

收集资料的主要方式有面谈调查、邮寄调查、电话调查、留置调查、观察调查和实验调查等。

4. 资料收集工具

在收集第一手资料时，可以使用的工具包括仪器设备和调查问卷两种。

四、明确调查程序和日程安排

调查程序在市场调查中一般是既定的，根据调查范围的大小，时间有长有短，但一般为一个月左右。基本原则是保证调查的准确性、真实性，不走马观花；尽早完成调查活动，保证时效性，同时也节省费用。

五、制定质量控制措施

在调查过程中，控制质量措施主要体现在以下几个方面：

（1）明确实地调查的注意事项。

（2）控制调查员的素质。

（3）试调查。

（4）制定管理措施。

六、明确经费预算

市场调研的费用一般包括：

（1）资料收集、复印费。

（2）问卷设计、印刷费。

（3）实地调查、劳务费。

（4）数据输入、统计劳务费。

（5）计算机数据处理费。

（6）报告撰稿费。

（7）打印装订费。

（8）组织管理费等。

第三节　营销调研技术

营销调研策划过程中需要各种各样的技术支持，比较常见的就是数据收集的方法，其中有些可看做是市场调查的方法。此外，营销调研的技术还包括抽样调查以及问卷设计等。

一、间接资料调查方法

间接资料也就是从各个文献档案中收集的资料，也称第二手资料。

1. 间接资料调查法的优缺点

间接资料的优点：调查人员只需花费较少的费用和时间就可以获得有用的信息资料。同时，间接资料调查可以不受时间和空间的限制，通过文献档案资料的收集和分析，不仅可以获得有价值的历史资料，而且可以收集到比直接调查范围更为广泛的多方面资料。由间接资料调查收集的资料都是书面形式的，因此不受调查人员和被调查者主观因素的影响，反映的信息内容更为真实、客观。

间接资料调查的不足：首先，间接资料都是历史记载，随着时间的推移和市场环境的变化，这些数据资料难免会过时；其次，文献档案中所记载的内容，大多数情况是为其他目的而做的，因此，很难与调查人员所从事的调查活动的要求相一致，需要进一步的加工处理；最后，由于间接资料的分析工作通常需要使用难度较高的数量分析技术，这在一定程度上限制了它的利用率。

2. 间接资料选择的基本原则

市场调查人员在进行间接资料调查过程中，要根据调查目的的要求，从繁杂的文献档案中识别、归纳出有价值的信息资料，减少资料收集的盲目性，同时必须遵循相关性、实效性、系统性和经济效益型等原则。

二、直接资料调查法

直接资料是指通过实地调查收集的资料，也称第一手资料。实地调查的方法有很多种，包括访问法、观察法和实验法。

1. 访问调查法

访问调查根据调查者与被调查者接触方式的不同，可以分为面谈调查法、邮寄调查法、电话调查法和留置调查法等。

2. 观察调查法

所谓观察调查法是指通过观察正在进行的某一特定市场营销过程，来解决某一市场营销调研问题。观察法也可分为直接观察法、亲身经历法、痕迹观察法和行为记录法。

3. 实验调查法

实验调查法是从影响问题的若干因素中选择一两个因素，将他们置于一定的条件下进行小规模试验，并尽可能地排除一切非试验因素的影响，然后对试验结果进行分析，研究是否值得大规模推广的一种调研方法。

三、抽样调查

按调查范围大小，市场调查可分为全面调查和抽样调查。全面调查是对调查对象中每一个个体都进行调查。全面调查花费的人力、物力较多，成本很高，时间又长，不适合一般企业的要求，只有在产品的销售范围很小或用户很少的情况下采用。

1. 随机抽样

随机抽样即按随机原则抽取样本，完全排除人们主观意识的干扰。在总体中每一个个体被抽取的机会是平等的。常用的抽样方法有：简单随机抽样法、等距抽样、分层随机抽样法和分群随机抽样法。

2. 非随机抽样

非随机抽样是指并非根据随机原则抽取样本，而是调查者根据自己的主观选择抽取样本的一种方法。也就是说，调查总体中每一个单位被抽取的概率并不相等。在实践中使每一样本被抽取的机会相等的方法，并非对所调查都具有可能性。非随机抽样常用的抽样方法有：任意抽样法、判断抽样法、配额抽样法。

第四节　问卷设计技巧

问卷也叫调查表，是一种以书面形式了解被调查对象的反应和看法，并以此获得资料和信息的载体。问卷是市场调查中必不可少的重要工具，因此，对问卷内容及其设计技术加以全面的了解非常必要。

一、问卷构成

问卷一般由开头、正文和结尾三个部分构成。

1. 问卷的开头

问卷的开头主要包括问候语、填表说明和问卷编号。

2. 问卷的正文

问卷的正文一般包括资料收集、被调查者的基本情况和编码三个部分。

3. 问卷的结尾

问卷的结尾可以设置开放题，征询被调查者的意见、感受，或是记录调查的情况；也可以是感谢语以及其他补充说明。

二、提问项目设计

问卷所要调查的资料有若干个具体项目即问题所组成。科学、准确地提出所要调查的问题，是问卷设计中十分重要的一步，对调查质量有着重要的影响。

在设计提问项目时，需要注意以下几点：提问的内容尽可能的简短，用词要确切通俗，一个问题只包含一项内容，避免诱导性、否定形式、敏感性问题。

三、问卷设计的方法

根据具体情况的不同，问卷可以采用不同的形式，主要有开放式问卷、封闭式问卷。

四、问题顺序的设计

在问卷设计过程中，安排好问题的顺序也是很重要的。具体来说，在设计问题的顺序时，应注意以下几点：

（1）问题的安排应具有逻辑性。

（2）问题的安排应先易后难。

（3）能引起被调查者的兴趣的问题放在前面。

（4）开放性问题放在后面。

复习思考题

1. 市场营销调研的意义是什么？

2. 市场营销调研技术都包括哪些方面？

3. 如何有效地设计市场营销调研的问卷调查表？

第四章 现代企业供应策划

案例与相关衔接

宣传造势 先礼后兵
——长江鄂赣皖交界水域非法采砂专项整治行动第一阶段工作侧记

义正词严，晓之以理。自 2008 年 10 月 20 日 "长江鄂赣皖交界水域非法采砂专项整治行动" 启动以来，联合行动小组在开展声势浩大、形式多样、内容丰富的组织、动员及宣传活动，营造三省交界水域沿江两岸群众 "学法、懂法、守法" 的良好氛围的同时，分别在多处召集小型采砂船主进行知法、守法相关教育。

此次专项整治行动由长江委、长江航务管理局联手，湖北、江西、安徽三省水行政主管部门联动，海事、航道、公安共同参加，将持续一个月的时间。如此多部门、大规模、长时间协同作战，还是近年来长江河道采砂管理执法中的第一次。行动分为组织、动员及宣传阶段，清江阶段，专项打击阶段和总结阶段四个部分。通过第一阶段有关工作的开展，有力地震慑了三省边界水域的违法采砂活动，部分外地采（运）砂船已自动返回原籍。这样的开局为整治行动下阶段有关工作的深入展开奠定了良好基础。

水上宣传 三军齐发

10 月 22 日，江风凛冽、秋雨袭人，记者随从联合整治专项行动第二小组的水上宣传艇出发。在长江张北水道湖北黄梅的段窑至安徽宿松县汇口镇一带，沿岸有好几处都停靠着密密麻麻的采（运）砂船只，阵势颇为 "壮观"。听闻联合行动组到来，船主们纷纷弃船而逃，冲入岸边的小树林中躲避。

见此情形，行动小组用扩音器不停地向他们喊话，明示此行只是进行宣传教育，船主们这才三三两两地走出树林。

随即，行动小组将事先印好的法律法规宣传单，以及《致沿江采（运）砂户的公开信》分发给大家，将宣传标语张贴到船上，并耐心地向他们宣传有关政策法规。行动小组队员们劝告他们，尽快自行拆除采砂机具，返回船籍港，或自行转产，若不听劝阻、顶风作案，将会受到重罚。

据了解，10 月 22 日至 24 日，三个联合执法组出共动 140 余人，近 20 艘执法船，分三个小组分别对长江干流鄂赣皖省际交界水域湖北武穴至九江长江大桥段、张北水道段、张南水道段进行河道采砂管理、船舶管理及通航安全等有关方面法律法规宣传，向该水域采砂、运砂以及过驳等涉砂船只以及沿岸有关砂场，发放、张贴宣传资料，并利用扩音喇叭，巡回宣读宣传口号，宣讲联合整治专项行动的目的、意义以及有关政策法规。

在宣传的同时，专项行动小组还对重点水域进行了初步摸查。据了解，宣传活动开展的第一天，从城子镇到八里江口，有数百艘非法采（运）砂船和过驳吊机，特别是八里江口，滞留着十几艘涉砂过驳吊机。行动组人员介绍，这些非法船只昼伏夜出，有组织、成规模，如不及时清理，危害极大，行动小组到达时依然有一些小船进进出出。"我们进行宣传的目的，一方面是让他们知道在长江进行偷采是违法的，另一方面是营造声势，震慑那些有组织的非法采砂活动，让他们认清形势，尽快解散。"

据了解，水上宣传只是第一阶段活动的一个方面，在三省交界水域的沿岸县市，专项行动小组还督促开展了形式多样、声势浩大的组织、动员及宣传活动。

陆上造势　家喻户晓

10月24日下午，走进江西省九江市九江县河道管理局会议室，这里正在进行一场"别开生面"的座谈会——采砂执法者与"砂老板"坐在一起畅所欲言、倾心交谈。

"也许大家都还记得十年前，九江堵口那惊心动魄的一幕，长江堤防安全与否与在座各位息息相关，而在长江违法盗采直接威胁到长江的防洪安全和河势的稳定。可以说，偷挖江砂就是在挖长江防洪大堤的堤脚，也等于在掘你们自己的坟墓！"专项小组第一组组长、长江委砂管局砂管支队支队长王德跃从采砂业主自身利益出发，晓之以理，对他们进行耐心地宣传教育，许多话语触动了这些人的内心深处。他们纷纷表态："我们将深刻反省自己的行为，用实际行动来维护大家共同的生存环境，不能贪图个人利益而影响了长江的防洪安全。"

王德跃对记者说，造成目前小型采砂船偷采愈演愈烈的原因，除了非法偷采的暴利驱使、非法组织者的操控之外，另一个重要原因是，沿江一些群众的法律意识不高，对乱采滥挖江砂的危害性认识不足，盲目投资采购采砂船。通过面对面的方式，"先礼后兵"，让这些人深刻意识到非法采砂的危害，自觉收敛自己的行为，"对于少数顽固不化的人，下一步将采取严厉措施，对其非法采砂船和机具予以没收、拆解，决不姑息！"据悉，专项行动现场指挥部多次派出人员与采砂船主进行面对面的交谈，宣传政策法规，引导他们转产转业。

另外，专项行动现场指挥部还积极督促地方政府及其水行政主管部门，严格按照长江采砂地方行政首长负责制的要求，进行深入宣传，严格贯彻落实此次专项行动的精神。几天来，三省边界水域八个县区均开展了大规模、大范围、大声势的宣传活动。沿江区县、村镇广泛张贴了宣传标语、悬挂了横幅、发放了传单。许多区县还启用了专门的宣传车，沿街、沿江进行广播通告，有的还在当地电视台滚动播出此次专项行动的精神和要求，大力宣传相关法律法规，营造声势，让上至政府领导、下到村民个人，人人皆知，家喻户晓。

重点督导　落实责任

10月25日上午，联合整治行动现场指挥部派员对非法采砂活动猖獗的当地区县政府进行了重点宣传督导。他们辗转江西省九江县政府和庐山区政府，将此次专项行动的安排部署和具体要求，向两地政府领导进行了传达，并提出了明确的要求。

联合行动小组相关负责人说，非法采砂活动不仅影响了长江河道、河势的安全，也严重威胁着社会稳定。此次专项整治行动不仅要开展一次声势浩大的宣传活动，也要开展严打行动，对非法采砂活动猖獗的水域要进行重点打击。对有组织、成规模的违法采砂及涉黑势力，要从重从严查处。

联合行动小组将近日初步摸查的一些情况向有关地方政府进行了通报，希望地方政府积极配合此次专项整治行动，积极贯彻落实长江河道采砂地方行政首长责任制，深入开展宣传活动，并对辖区内非法采砂船只进行整顿，对"钉子户"进行专项清理。

地方政府的主要领导均表示，这次专项行动对推动本行政区域长江采砂管理工作是一个很好的契机，要充分借此机会对一些涉黑势力进行严厉的查处和打击，"不漏一条船，不漏一个人"。九江市庐山区政府分管领导说："这些采砂涉黑势力是地方稳定的毒瘤，由于他们大多在三省交界水域游荡，往往难以进行有效管理，我们会充分利用此次机会，认真组织，全力以赴，彻底打击他们的嚣张气焰！"

联合行动小组人员告诉记者，开展长江河道采砂管理，必须紧紧依靠地方政府，才能够有力地扼杀非法采砂势力。据悉，联合行动小组还对安徽省宿松县和湖北省黄梅县进行了督导宣传。

联合作战　成效显著

10月26日中午，长江鄂赣皖交界水域非法采砂联合整治工作小组召开会议，总结了第一阶段的宣传成果。长江委、长航局以及鄂赣皖三省水利厅有关负责人参加了此次会议，并分别介绍了各单位的工作情况。

据介绍，一周以来，各个联合行动小组，水陆并进，面向市、县、乡、村分管领导及相关责任人，采砂人、沿岸村民以及沿江砂场经营人进行了多层次、全方位、大规模地组织、动员及宣传活动，营造了良好的专项整治氛围。三省交界水域沿岸各级政府也采取了系列行动，宣传造势。目前三省边界水域成规模、长时间聚集偷采的状况已经得到控制，非法采砂活动基本停止，部分外地采（运）砂船已陆续返回原籍。

长航局有关负责人表示，下一阶段，将重点对采砂人员和采砂船只进行实名登记，并对集中停靠的船只进行检查。对这些具有采砂能力的小型船只进行分类处理，对于违法相关交通法规、损毁航运设施的非法船只，将进行重点打击，必要的时候，通过司法程序，立案侦查。长航局将充分发挥自身优势，联合长江委做好此次专项整治行动。

鄂赣皖三省水行政主管部门也分别对第一阶段的工作进行了总结，就下一阶段工作的开展提出了建议和意见，并纷纷表态，将按现场指挥部的要求全力以赴完成好下阶段的各项工作。

据悉，三省交界的长江干流河道目前没有解禁可采区，所有采砂活动都是违法的。各个单位要充分利用相关法律法规，彻底遏制住小船偷采不断蔓延的趋势。各单位应该进一步加强合作，打破地域、部门的界限，统一行动，及时沟通信息。

这次会议还进一步落实了组织机构和定期信息沟通机制，并对第二阶段的任务进行了细化。

据联合行动现场总指挥、长江委砂管局副局长马水山介绍，省际边界水域的小型采砂船非法采砂活动的存在原因复杂，打击查处难度非常大，但各行动小组纷纷表示，有信心通过此次联合行动使三省边界水域的采砂活动达到可控状态。同时，要彻底解决省际边界水域的小型采砂船非法采砂活动，还必须依靠地方政府，建立长效机制，一方面加大打击力度，另一方面让地方政府采取有效措施，引导采砂业主转产转业，从源头上解决相关问题。

文章作者：杨亚非　袁杰锋

资料来源：人民长江报。

现代企业供应策划是企业在企业经营战略决策的基础上，根据企业经营环境特别是市场环境的现状及其变动趋势而做出的资源供应方面的决策，其最终的结果是形成企业供应方案。

第一节　企业供应策划概述

一、企业供应的含义和要求

企业供应是指将企业经营所需的资源提供给企业中需要资源的部门的企业经营活动。但是这里的资源既不包括财务资源也不包括人力资源，这里的资源专指实物资源和无形资源。因此，企业供应是指将企业所需的实物资源和无形资源提供给企业中需要实物资源和无形资源的部门的企业经营活动。

从一般意义上讲，企业供应活动是企业生产、营销经营活动的前提，没有供应活动，企业生产经营活动、营销经营活动就不可能进行或不可能发展。企业供应提供给企业的实物资源如原材料、动力、设备等是企业生产或经营的对象及生产或经营的工具，企业供应提供给企业的专有技术、发明成果等无形资源是企业生产经营的手段，没有这些资源的获取，企业经营也将无法进行。

企业供应活动是企业经营活动的一项不可缺少和非常重要的一项经营活动。在企业供应活动中，必须做到用尽可能少的合理的支出及时地提供企业经营所需的合格的实物资源和无形资源。因此，企业供应必须满足以下几个要求：

1. 按质供应

不论是实物资源，还是无形资源，都是企业经营活动的基本并且主要的生产、经营要素，如果供应的实物资源、无形资源在质量方面不合乎企业生产及经营的要求，对于工业企业来说，不仅不能保证及时地按计划生产出产品（如生产设备出现问题时），而且还会使生产出来的产品不合格（如原材料的质量出现问题时）；对于商业企业来说，则不能将实物资源、无形资源顺利地销售出去或根本无法销售出去。因此，企业必须按质购买企业经营所需的实物资源、无形资源才能保证企业生产经营活动的顺利进行。

2. 按量供应

按量供应是指企业应按企业所需求的实物资源数量和无形资源数量特别是实物资

源的数量来供应及采购。企业所需求的量既要保证企业的生产及经营活动不间断、连续地进行，又要使企业的供应成本降到最低。这就要求企业既要确定合理的库存量及适宜的供应批次、批量，又要选择最终的供应渠道及供应商。

3. 及时供应

企业的生产及经营活动一般是一连续性活动，各个经营要素如资金、原材料、动力、人力、技术都是互相联系、紧密结合，并按一定比例进行配置的。如果某一经营要素供应不上，不仅会使经营要素的比例关系严重失调，而且还会导致整个生产及经营系统瘫痪，使企业生产及经营活动无法进行。因此，及时供应各种经营要素（含实物资源、无形资源要素）是企业生产及经营活动正常进行的基本要求。

4. 低成本供应

低成本供应就是企业在供应活动中要讲究经济效益。企业在供应活动中讲究经济效益，就是要从全局出发考虑降低企业供应成本。不仅要降低资源采购成本，而且还要降低资源的库存费用、运转费用，即要全面考虑构成企业供应成本的各项费用，确定合理的库存量、采购批量，使总供应费用最低。一般情况下，应尽可能采用大批量购进方式，以获得规模效益。大批量购进，可以获得更多的价格折扣，节约进货费用，直接降低采购成本。但不是批量越大越好，还应考虑库存费用、运输费用等。除此之外，还要注意供应厂商的选择。一般来说，应选择那些实力强、信誉好、产品质量高、供货及时的厂商作为自己的供货单位，并尽量直接从生产厂家进货，而且应在满足企业质、量和及时供应的要求前提下，选择总供应成本最低的厂家作为自己企业的供应商。

二、企业供应决策的基本内容

企业供应决策是指企业在企业经营战略（方案）的指导下，根据企业内外部环境的客观要求，制订、评价、选择企业实物资源、无形资源供应方案的过程和职能。和任何决策方案一样，供应方案或供应决策方案是由供应方向、供应目标、供应方针三部分构成的，供应方向、供应目标确定了供应所应达到的结果，而供应方针则规定了实现供应目标所应采取的措施或手段。

企业供应活动是一项牵涉十分广泛的经营活动，也是一件繁杂而艰巨的企业工作。从企业供应的内容来看，企业供应包括实物资源的供应和无形资源的供应，因此，企业供应资源的决策包括了实物资源的供应决策和无形资源的供应决策。但无形资源的供应决策我们这里不讨论。而实物资源又可分为固定实物资源和流动实物资源，因此，实物资源的供应决策又可分为固定实物资源供应决策和流动实物资源供应决策。一般来说，固定实物资源的供应购买是一次性的、非定期的，而流动实物资源的供应是经常性的、定期的。由于固定实物资源如机器、设备、厂房的供应决策一般包括在企业投资决策之中，因此，在我们的供应活动中，面临的决策主要是流动实物资源的供应决策，即企业生产及经营所需要的原材料等的供应决策。

从整体来看，企业原材料等的供应决策，主要包括了企业原材料的库存决策（简称企业库存决策）和企业原材料采购决策（简称企业采购决策）。

第二节 企业库存策划

企业库存是企业的一种暂时处于闲置状态的应用于将来的资源。我们这里谈的库存主要是指企业原材料库存，而不包括企业半成品库存、成品库存。设置库存的目的是预防不确定的、随机的原材料需求变化，保持生产及经营的连续性、稳定性，以确定经济批量供货。因此，库存决策主要是确定订货的经济批量。

在企业各部门或机构，由于立场不同，对库存的看法有很大差别。从供应部门或采购部门来看，为了享受购买优惠和降低运费支出，大多希望扩大一次进货的数量；从生产部门来看，为了使生产进度保持不变，总是力求建立较高的进货原材料储备，以应付生产上的急需；从经营部门来看，要增强竞争能力和应变能力，以随时应付顾客的需要，总是希望库存多多益善；而对于制订企业供应方案的企业研究人员和其他人员，更主要的是从企业经济效益考虑。过多库存，势必占有较多的资金，并且容易发生库存过时、循环变质、利息和保险费增大等不必要的成本；而库存过低又可能会发生停工待料或丧失营销机会等不必要的损失。因此，企业经营研究人员及决策人员，必须综合考虑各方面的需要，保持库存成本最低但又能满足生产及经营的需要。为此，必须确定订货的经济批量，然后据此确定合理的库存量。

一、订货经济批量的确定

订货批量或采购批量是指一次进货的数量。订货经济批量是指由采购成本和库存成本构成的年度购存总成本最低的每次订货数量。采购成本是指为订购原材料或商品等而发生的采购费用，如购入费、差旅费、电报费、办公费等。通常采购次数越多，采购成本越高。库存成本是指为贮存原材料或商品而发生的仓储费、搬运费、保险费、占用资金支付的利息等，通常库存量越高，成本越高。这两部分是互相矛盾、互相制约的。若每次采购量扩大，则采购次数可减少，从而可降低采购成本，但由于库存量会相应上升而使得库存成本增加；若降低每次采购量，则可使库存量下降，从而降低库存成本，但这又会使采购次数增多，相应地需增加采购成本支出。只要使采购批次和每批数量达到最终结合，才能使购存总成本降到最低，这个最低点就是订货经济批量。

订货经济批量可以根据不同的经济批量模型来确定，这里介绍几种确定条件下的模型。

1. 简单条件下的经济批量模型

简单条件下的经济批量模型是指建立在许多假定基础上的简单性的计算经济批量的模型。这些假定是：①需求量已知并且稳定不变，库存量随着时间均匀连续地下降；②库存补充的过程可以在瞬间完成，即不存在一边进货，一边消耗问题；③产品的单位价格为常数，不存在批量优惠；④存贮费用以平均库存为基础进行计算；⑤每次的订货成本以及订货费用均为常数；⑥对原材料或产品的任何需求及时得到满足，不存在缺货方面的问题；⑦订货、到货间隔时间是已知和固定的。

在上述假设条件下，设定 TC 代表每年的购存总成本，PC 代表每年的采购成本（包括购置价格及购入费），HC 代表每年的库存成本，D 代表每年的需要量，P 代表货物的单位购买价格，Q 代表每年订货的数量，I 代表每年订货的成本，J 代表单位货物的库存成本，F 代表单位货物的库存成本与单位购买价格的比率。

则每年的平均库存量为 Q/2，每年的库存成本为（Q/2）×J，每年订货次数 D/Q，每年的订货成本为（D/Q）×I，每年的采购成本为 D×P +（D/Q）×I，企业每年的购存总成本（TC）为采购成本（PC）和库存成本（HC）之和，即：

$$TC = PC + HC = D \times P + (D/Q) \times I + Q/2 \times J$$
$$= D \times P + (D/Q) \times I + (Q/2) \times F \times P$$

通过对上式进行微分求导数，并令求导数后的方程式为零，通过解这个方程式，所求得的订货量就是使购存总成本最小的最佳订货量，又称为经济批量，如下式所示：

$$经济批量 Q^* = \sqrt{(2D \times I) / J} = \sqrt{(2D \times I) / (F \times P)}$$

在按经济批量进行订货的情况下，最小的购存总成本 TC^*、每年订货次数 N 和订货间隔期间 T 分别如下表示：

$$TC^* = D \times P + \sqrt{(2D \times I) / J} = D \times P + \sqrt{2D \times I \times F \times P}$$
$$N = D/Q^* \qquad T = 365/N = 365 \times Q^* / D$$

例：长城公司是生产某机械器具的制造企业，依计划每年需采购 A 零件 10 000 个。A 零件的单位购买价格是 16 元，每次订货成本是 100 元，每个 A 零件每年的保管仓储成本是 8 元。求 A 零件的经济批量，每年的总库存成本，每年的订货次数和每次订货之间的间隔时间。

解：

$$经济批量 Q^* = \sqrt{(2D \times I) / J} = \sqrt{2 \times 10\,000 \times 100 / 8} = 500（个）$$

每年的总库存成本 $TC^* = D \times P + \sqrt{2D \times I \times J}$

$$= 10\,000 \times 16 + \sqrt{2 \times 10\,000 \times 100 \times 8}$$
$$= 164\,000（元/年）$$

每年的订货次数 $N = D/Q^* = 10\,000/500 = 20（次/年）$

每次订货之间的间隔时间 $T = 365/N = 365/20 = 18.25（天）$

2. 数量折扣条件下的经济批量模型

供应者（供应商）为了吸引顾客购买更多的商品，往往规定对于购买数量达到或超过某一数量标准时给予购买者价格上的优惠，这个事先规定的数量标准为折扣点。在数量折扣的条件下，由于折扣之前的单位购买价格与折扣之后的单位购买价格不同，因此，对经济批量模型要进行必要的修正。

在多个折扣点的情况下（如表 4-1 所示），依据确定条件下的经济批量模型计算最佳订货量（Q^*）的步骤如下：

表 4 - 1　　　　　　　　　　　　多重折扣价

折扣点	$Q_o = 0$	Q_1	…	Q_1	…	Q_n
折扣价格	P_o	P_1	…	P_n	…	P_n

（1）计算最后折扣区间（第 n 个折扣点）的经济批量 Q_n^*，与第 n 个折扣点 Q_n 比较。

如果 $Q_n^* \geq Q_n$，则令最佳订货量 $Q^* = Q_n^*$，否则转向下一步骤。

（2）计算第 t 个折扣区间的经济批量 Q_t^*。

如果 $Q_t \leq Q_t^* < Q_{t+1}$，则计算经济批量 Q_t^* 和折扣点 Q_{t+1} 对应的总库存成本 TC_t^* 和 TC_{t+1}，比较 TC_t^* 和 TC_{t+1} 的大小，如果 $TC_t^* \geq TC_{t+1}$，则令 $Q^* = Q_{t+1}^*$，否则令 $Q^* = Q_t^*$。

如果 $Q_t^* < Q_t$，则令 $t = t + 1$，重复步骤 2，直到 $t = 0$，其中 $Q_0 = 0$。

例：A 零件的供应商为了促销采取以下的折扣策略：一次购买 500 个以上打 9 折，一次购买 800 个以上打 8 折。假定单位零件的保管仓储成本是单位价格的一半。求在此条件下长城公司的最佳订货量。

解：

表 4 - 2　　　　　　　　　　　　多重折扣

折扣区间	0	1	2
折扣点（个）	0	500	800
折扣价格（元）	16	14.4	12.8

①计算第二折扣区间的经济批量：

经济批量 $Q_2^* = \sqrt{2 \times 10\,000 \times 100 / (12.8 \times 0.5)} = 559$（个）

$$< Q_2 = 800（个）$$

②计算第 1 折扣区的经济批量：

经济批量 $Q_1^* = \sqrt{2 \times 10\,000 \times 100 / (14.4 \times 0.5)} = 527$（个）

由于　$Q_1 (500) < Q_1^* (527) < Q_2 (800)$

则计算

$TC_1^* = D \times P_1 + \sqrt{2 \times D \times I \times F \times P_1}$

　　　$= 10\,000 \times 14.4 + \sqrt{2 \times 10\,000 \times 100 \times 0.5 \times 14.4}$

　　　$= 144\,000 + 3\,794.7$

　　　$= 147\,794.7$（元）

$TC_2 = D \times P_2 + (D \times I) / Q_2 + (Q_2 \times F \times P_2) / 2$

　　　$= 10\,000 \times 12.8 + 10\,000 \times 100 / 800 + 800 \times 0.5 \times 12.8 / 2$

　　　$= 131\,810$（元）

由于 $TC_2 < _1$

则最佳订货批量 $Q^* = 800$（个）

3. 延期购买条件下的经济批量模型

当企业向供应商订货时，在供应商库存不足发生缺货的情况下，如果不转向购买其他供应商的替代产品而是延期购买的话，供应商为了尽快满足需要，会加班生产产品，加速运送发货。这样对供应商来说由于加班和快速发送而产生延期购买成本，在这种情况下，就需要对经济批量模型进行必要的修正。

经对经济批量模型修正并求导，并令其为零，可获得最佳订货经济批量：

$$Q^* = \sqrt{(2D \times I)/J} \times \sqrt{(J + B)/B}$$

及最大库存水平：

$$V^* = \sqrt{(2D \times I)/J} \times \sqrt{B/(J + B)}$$

其中 V 代表容许缺货情况下的最大库存量，Q 代表每次的订货量，B 代表单位产品的延期购买成本。

由于 $\sqrt{(J + B)/B} > 1$，则可知在延期购买条件下的经济批量要大于正常条件下的经济批量。当单位延期购买成本 B 不断增加时，在延期购买条件下的经济批量逐渐接近于正常条件下的经济批量。

例：在长城公司发生延期购买的情况下，假定 A 零件的单位延期购买成本为单位购买价格的一半，求在延期购买条件下的最佳订货量和容许缺货情况下的最大库存水平。

解：

最佳订货量 $Q^* = \sqrt{(2D \times I)/J} \times \sqrt{(J + B)/B}$

$= \sqrt{2 \times 10\ 000 \times 100/8} \times \sqrt{(8 + 0.5 \times 16)/(0.5 \times 16)}$

$= 500 \times 1.414 = 707$（个）

最大库存水平 $V^* = \sqrt{(2D \times I)/J} \times \sqrt{B/(J + B)}$

$= \sqrt{2 \times 10\ 000 \times 100/8} \times \sqrt{(0.5 \times 16)/(8 + 0.5 \times 16)}$

$= 500 \times 0.707 = 353$（个）

4. 价格上涨条件下的经济批量模型

当已知采购价格在将来某一段时间会上涨时，就面临一个应在价格上涨之前购买多少，以便使总库存成本最少的题。在价格上涨条件下，需要对经济批量模型进行必要地修正。

经对经济批量模型修正并求导，并令其为零，可获得最佳特别订货经济批量：

$Q^* = D \times (P_2 - P_1)/(P_1 \times F) + (P_2/P_1) \times Q_2^* - q$

其中：Q_2^* 为价格上涨之后的最佳订货经济批量；q 为涨价之前最后一次订货到货时点的原有库存量；P_1 为涨价之前的价格；P_2 为涨价之后的价格。

例：A 零件的供应商 7 月 1 日向长城公司通告 A 零件的价格将在 10 天后（7 月 11 日）上涨至 17 元，此时长城公司尚有 A 零件 250 个的库存。假设交纳周期是 5 天，A

零件每年的保管仓储成本是其本单位价格的一半，问长城公司应该在什么时候发出订单？最佳特别订货量是多少？

解：

涨价后的经济批量 $Q_2^* = \sqrt{(2D \times I)/(P_2 \times F)}$

$\qquad = \sqrt{2 \times 10\ 000 \times 100/(17 \times 0.5)}$

$\qquad = 485$（个）

当前库存零件可支持的天数 $M = (250/10\ 000) \times 365$

$\qquad\qquad\qquad\qquad = 9.12$（天）

也就是说，库存零件只能用到 7 月 9 日，因此应在库存全部使用完之前 5 天（7 月 5 日）发出订单，这时 q 值等于零。

最佳特别订货量 $Q^* = D \times (P_2 - P_1)/(P_1 \times F) + (P_2/P_1) \times Q_2* - q$

$\qquad = 10\ 000 \times (17 - 16)/(16 \times 0.5) + (17/16) \times 485 - 0$

$\qquad = 1\ 250 + 515.3 = 1\ 765.3$（个）

二、库存量的确定

库存量的确定包括原材料或商品的最高库存量、最低库存量和采购时点库存量的确定。

1. 最高库存量的确定

最高库存量是指某种原材料或商品可库存的最高限额，超过这一限额必然造成不必要的浪费。其计算公式如下：

最高库存量 = 平均每日需要量 ×（供应间隔日数 + 整理准备日数 + 保险日数）

或 　　　　　 = 最低库存量 + 经济采购批量

2. 最低库存量的确定

最低库存量是指某种原材料或商品要求达到的库存最低水平，低于这一水平将造成停工待料或影响销售。其计算公式如下：

最低库存量 = 平均每日需要量 ×（整理准备日数 + 保险日数）

3. 采购时点库存量

采购时点库存量是指某种原材料或商品必须重新采购时的库存量，若在这一库存量之前采购将造成库存过多，若在这一库存量以后采购则会使购存量达不到最低库存的要求，其计算公式如下：

采购时点库存量 = 采购每日需要量 ×（在途及验收日数 + 整理准备日数 + 保险日数）

保险日数是指为了防止特殊原因造成原材料或商品供应中断而建立的保险库存所需要的占用日数。

整理准备日数是指原材料和商品投入生产或销售过程之前需要进行自然技术处理或产销准备所需占用日数。

在途及验收日数是指从采购到原材料或商品入库所需占用的日数。当某种原材料或商品同时有多个供应单位时，应按平均在途及验收日数计算。

$$平均在途及验收日数 = \frac{\sum 某供应点全年供应量 \times 在途及验收日期}{各供应点全年供应量之和}$$

供应间隔日数，是指每两次采购之间的时间间隔，当同种原材料或商品有多个供应单位时，应按平均间隔计算。

$$平均供应间隔日数 = \frac{\sum 某供应点供应量 \times 供应间隔日数}{各供应点全年供应量之和}$$

第三节　企业采购策划

在经过库存策划确定了每次订货的最佳经济批量和订货间隔时间或订货时间后，下一步工作就是要通过对企业内外部环境特别是企业市场进行分析，确定最佳供货渠道即最佳供应商及供应方式，也就是要进行采购策划。企业采购是指企业在一定的条件下向供应商购买其产品作为企业资源以保证企业生产及经营活动正常开展的一项企业经营活动。从职能或过程来说采购活动包括了以下内容：

（1）明确所需采购产品的要求（数量、质量、交货时间等）；

（2）进行供应市场调研和分析，制订、评价、选择采购方案（包括选择合适的供应商）；

（3）实施或执行采购方案：

①同供应商签订相应的合同或协议；

②下订单给选定的供应商；

③跟进订单及交货；

④付款及采购后续工作跟进；

⑤采购控制。

（4）采购过程的绩效衡量、监督及改善。

上述（1）项实际上是库存决策，（2）项实际上就是采购决策，（3）项实际上是采购管理，（4）项实际上就是采购监督与改善。

与对企业总体经营活动和企业其他分项经营活动策划一样，采购策划首先要对供应环境及市场或采购环境及市场进行调查、预测、分析、研究，然后根据企业的经营战略（方案）、企业的供应要求（经济批量、供应时间、供应间隔、品种、数量）和供应环境及市场或采购环境及市场的现状及变动趋势，制订、评价、选择采购方案，最终达到确定最佳或满意的供应商或供应方式的目的。

一、确定需进行采购策划的资源（原材料或商品）种类

企业中需要采购的资源种类繁多，如果对每一种需采购的资源进行采购策划，不仅是企业力所不及的，也是没有必要的。因此，在进行采购策划时，必须首先确定需要进行采购决策的资源（原材料或商品）种类。

　　确定需要进行采购策划的资源（原材料或商品）种类可以借助采购物品分类模块和采购物品的 80/20 规则。

　　1. 采购物品分类模块

　　1983 年 Kraljc 提出了采购物品分类模块。分类模块主要基于两个要素：一是采购物品的重要性，主要指该采购物品对企业生产、质量、供应、成本以及产品等影响的大小；二是供应风险，主要指短期、长期供应保障能力、供应商的数量、供应竞争程度、自制可能性大小等。依据不同采购物品的重要性及供应风险，可将它们分为战略采购物品、瓶颈采购物品、集中采购物品以及正常采购物品，如图 4-1 所示：

图 4-1　采购物品的分类模块

　　所谓战略采购品，指价值比例高、产品要求高，同时又只能依靠个别供应商供应或者供应难以确保的采购物品。瓶颈采购品，指价值比例虽然不高、但供应保障不力的采购品。集中采购品，指价值比例较高但很容易从不同的供应商处购得的采购物品。正常采购品则是指价值低、有大量的供应商的采购物品。

　　2. 采购物品的 80/20 规则

　　采购物品按采购金额累计值占总采购金额值的比例和采购数量或种类累计数占采购总数量或总品种数的比例这两指标来分类，可以得到采购物品的 80/20 规则，采购物品的 80/20 规则是指以下几个含义：一是通常数量或种类为 80% 的采购物品只占有 20% 的采购金额值；二是有 50% 的采购物品的采购总金额值之和在 2% 以下。采购物品的 80/20 的规则给了我们有益的启示：由于数量仅 20% 的采购物品（它们一般是战略采购品和集中采购品）占据了采购价值或金额的 80%，它们的采购成本控制与降低对企业整体成本来说就显得十分重要。因此，它们应成为企业采购决策的对象。但是由于战略供应品的供应商一般是个别的并且难以供应，因此，对战略供应品主要是找到可靠的供应商并和供应商建立长期合作或伙伴关系。所以企业采购决策的对象应集中于集中采购品。集中采购品由于供应充足，产品通用性强，因此，应通过供应市场分析，制订、评价、选择采购方案，选择最佳的或满意的供应商和供应方式。而对于瓶颈采购品、正常采购品不需经过采购决策程序，直接进入采购管理程序。

二、企业供应市场分析

　　确定了需要进行采购策划的资源（原材料或商品）的种类后，企业经营研究人员就要对其供应市场进行分析,以便为制订、评价、选择采购方案或供应商、供应方式提供依据。

供应市场分析是指企业针对所采购的物品或服务系统地进行供应商、供应价格、供应量和供应风险等与供应市场相关情报数据的调研、收集、整理、归纳,从中分析出所有相关要素以获取采购决策所需要的依据的过程。

1. 供应市场研究

在论述供应市场研究中,我们主要介绍供应市场研究的过程、不同层次的供应市场结构特点等。

(1) 供应市场研究过程。

供应市场研究是企业采购策划的基础工作,它可以连续地进行,比如说收集市场信息及价格数据、掌握供应商所在国家或地区的经济发展趋势等,也可以针对某项产品专门进行。研究的方法有定性研究和定量研究,时间跨度可长可短,主要步骤包括:

①确定目标。要解决什么问题、问题解决到什么程度、解决问题的时限有多长、需要什么信息、信息准确到什么程度、如何获取信息、谁负责获取信息、如何处理信息、信息来源于哪里、市场范围多大等。

②成效分析。研究需要多少人力物力和财力,研究是否有附加值等。

③可行性分析。现在已有什么信息,从可掌握的刊物、网络、年报、统计材料等中可能获取哪些信息,是否需要利用咨询,是否要外出调研等。

④制订研究方案及方案实施。确定供应市场调研的具体安排,包括目标、工作内容、时间进度、负责人、所需资源等,然后按确定的方案开展供应市场调研。

⑤总结报告。供应市场调研及信息收集结束,要对所获信息和情报进行归纳、总结、分析,在此基础上提出总结报告,并就不同的供应商提出采购方案。

(2) 供应市场结构。

从供应的角度来说,市场结构通常可划分为完全竞争市场、完全垄断市场、垄断竞争市场和寡头垄断市场四类。

①完全竞争市场。市场结构的特点是无论是采购商还是供应商都不能单独影响产品的价格,产品的价格由分享该产品市场的所有采购商和供应商共同影响确定。该产品市场具有高度的透明性,产品结构、质量与性能不同的供应商之间几乎没有差异,市场信息完备,产品的进入障碍很小。完全竞争市场的典型产品包括小麦、咖啡等农产品以及铁、铜、铝等金属产品,主要存在于专业产品市场、期货市场。

②完全垄断市场。企业是市场唯一的供应商,其产品几乎没有接近的替代品,因而该供应商也是相应产品的价格决定者。产生完全垄断的原因及其分类有自然垄断、政府垄断和控制垄断。自然垄断往往来源于显著的规模经济如飞机发动机、中国的供电等;政府垄断是基于政府给予的特许经营如铁路、邮政及其他公用设施等;控制垄断包括因拥有专利权、拥有专门的资源等而产生的垄断。

③垄断竞争市场。这种市场结构是最具现实意义的市场结构,其中存在大量的供应商,各供应商所提供的产品不同质,企业进入和退出市场具有完全自由。多数日用消费品、耐用消费品和工业产品都属于此类。

④寡头垄断市场。该市场通常由少数几个企业占绝大多数市场份额，这些企业往往存在明显的规模性经济，市场准入障碍明显。

不同的市场结构决定了采购企业在买卖中的不同地位，因而需要采取不同的采购方法。在完全竞争市场情况下，应将供应商看成是商业型的工业业务合作关系；在垄断竞争市场情况下，应尽量优化已有的供应商并将其发展成优先型或伙伴型的供应商；对于寡头垄断市场，则必须尽最大可能与供应商结成伙伴型的互利合作关系；要从产品设计的角度出发尽量避免选择完全垄断市场中的产品，如不得已则应与供应商结成伙伴型的合作关系。根据市场中买卖数量的多少，供应市场结构可概括如表4-3所示。

表4-3　　　　　　　　　　　　　供应市场结构

供应商的数目		采购商品的数目		
		一个	少数	大量
供应商的数目	一个	双向、相互的完全垄断	有限的、完全供应垄断	完全供应垄断
	少数	有限的、需求完全垄断	供需双向平衡、垄断竞争	寡头垄断供应市场
	大量	完全需求垄断	寡头垄断采购市场	完全竞争或垄断竞争市场

（3）宏观、中观、微观供应市场。

在进行供应市场研究时，可遵循从宏观到微观的思路，由大到小、由粗到精进行分析。表4-4给出了不同层次供应市场研究所应考虑的因素。

表4-4　　　　　　　　不同层次供应市场研究所应考虑的因素

	考虑因素
宏观供应市场	产业范围、经济增长率、产业政策及发展方向、行业设施利用率、货币汇率及利率、通货膨胀率、工资水平及增长速度、税收政策与税率、关税政策与进出口限制、政府体制结构与政治环境等
中观供应市场	供求分析、行业效率、行业增长状态、行业生产与库存量、市场供应结构、供应商的数量与分布等
微观供应市场	供应商的财务状态、组织架构、质量体系与水平、产品开发能力、工艺水平、生产能力与产量、交货周期及准时率、服务质量、成本结构与价格水平等

2. 供应市场风险分析

供应市场风险分析作为采购决策的一项重要依据，通常应在新供应商评价、选择和认可之前进行，但对于现有的供应商也可定期进行分析。

供应市场风险分析包括四个阶段：准备阶段、分析阶段、行动改进阶段以及总结提高阶段。

（1）准备阶段。

该阶段包括供应市场风险分析评价前的所有准备工作。首先，需要明确潜在的风险性以及是否需要进行风险分析；其次，要找出风险分析的缘由，制定风险分析的准则、方法，界定风险分析所涉及的供应商及采购物品范围；最后，明确参与风险分析的人员并提出进一步的工作计划。

（2）分析评价阶段。

供应风险分析评价可采用检查表作为指导，由评价队伍通过对供应商提问、现场考察等方式进行。评价内容应包括以下几个方面：

①总体情况，如企业业务状况、财务状况、企业经营状况等。

②管理对策或措施，如产品技术市场对策或措施与本企业要求的适合程度。

③质量保证体系，如质量方针与本企业要求的适应性，产品质量与过程质量控制、质量改进等。

④设计、工程能力，如供应本企业的产品技术能力、生产工艺水平、生产管理水平、开发水平等。

⑤企划及供应商管理，如产品及订单变化承受力、生产计划系统应用情况、对供应商管理水平、主要供应商表现的好坏、使用配套的稳定性等。

⑥市场及顾客服务，如顾客服务的综合表现、对顾客投诉的处理、为顾客提供有关信息的主动性等。

⑦环境管理，如环境管理体系、污染物的排放与控制、产品中的环境因素、工厂建设中的环境因素等。

评价检查各要素依据实际情况可划分为四种状态：不适用、红、黄和绿。

不适用指该要素针对供应商来说不适用，实际评价时可跳过不管。

红指供应商在该要素对本企业来说存在较严重的潜在风险，不符合本企业的要求，必须立即采取纠正行动。

黄指该要素的状态不是太好，不能完全满足本企业的评价要求，为此需要进一步改进。

绿指要素的状态良好或超过本企业的要求。

（3）改进及总结提高阶段。

根据评价分析调查结果，企业研究人员及其评估小组应在企业采购人员的协调下，就供应商中存在的红色状态要素及黄色状态要素向供应商提出纠正及改进提高的建议，如果供应商乐于纠正及改进提高并有能力纠正及改进提高，那么在总结报告中就按纠正及改进提高后的状态进行评价，而且在改进行动实施时，必须对相关改进过程进行跟踪控制；如果供应商不乐于纠正及改进提高或者无能力纠正及改进提高，那么在总结报告中就按原状态进行评价。

三、制订、评价、选择企业采购方案

企业研究人员在对企业供应市场进行分析后，就要在企业供应市场分析结论及报告的基础上，根据企业的经营战略（方案）和在库存决策中所确定的供应要求（经济批量要求、供应时间要求、供应间隔要求、品种要求、总数量要求）制订相应资源（原材料或商品）的各种采购方案，采购方案应包括采购方向、采购目标及采购方针。

企业采购方案制订后，接下来就是对企业各种采购方案进行评价和选择。和企业

经营战略（方案）的评价选择一样，企业采购方案评价、选择首先在企业经营研究人员中实行民主评价、选择，然后在企业董事会成员中进行，同样也应实行民主评价、选择，即民主决策。但企业采购方案一般不提交企业股东大会或股东代表大会进行表决通过。

对各采购方案进行评价、选择，实际上就是对各种供应商进行评价、选择。下面我们介绍对供应商的评价、选择要涉及的评价和选择的方法。

1. 对供应商的评价、选择的要素

对供应商评价、选择的最基本指标应该包括以下几项：技术水平、产品质量、供应能力、价格、地理位置、可靠性（信誉）、售后服务。

（1）技术水平是指供应商提供商品的技术参数是否能达到要求。供应商具有一支技术队伍或能力去制造或供应所需的产品吗？供应商有产品开发和改进项目吗？供应商能够帮助改进产品吗？这些问题都很重要。选择具有高技术水准的供应商，对企业的长远发展是有好处的。

（2）供应商提供的产品质量是否可靠，这是一个很重要的评价、选择指标。供应商的产品必须能够持续稳定地达到产品说明书的要求，供应商必须有一个良好的质量控制体系。对供应商提供的产品除了在工厂内做质量检验以外，还要考察实际使用效果，检查在实际环境中使用的质量情况。

（3）供应能力即供应商的生产能力，企业需要准确了解供应商是否具备相当的生产规模与发展潜力，这意味着供应商的制造设备必须能够在数量上达到一定的规模，能够保证供应所需数量的产品及满足采购企业其他供应要求。

（4）供应商应该能够提供有竞争力的价格，这并不意味着必须是最低的价格。这个价格是考虑了要求供应商按照所需的时间、所需数量、质量和服务后确定的。供应商还应该有能力向购买方提供改进产品成本的方案。

（5）供应商的地理位置对库存量有相当大的影响，如果物品单价较高，需求量又大，距离近的供应商有利于管理。购买方总是期望供应商离自己近一些，或至少要求供应商在当地建立库存，地理位置近送货时间就短，这意味着紧急缺货时可以快速送到。

（6）可靠性是指供应商的信誉。在选择供应商时，应该选择一家有较高声誉、经营稳定以及财务状况良好的供应商。同时，双方应该相互信任，讲究信誉，并能把这种关系保持下去。

（7）供应商必须具有优良的售后服务。如果需要他们提供可替代元器件，或者需要能够提供某些技术支持，好的供应商应该能够提供这些服务。

除了以上七点以外，还应该考虑提前期、交货准确率、快速响应能力等评价、选择指标，有时还有一些其他因素，如供应商的信用状况、互惠经营、供应商是否愿意为购买方建立库存等。

2. 评价与选择方法

供应商的评价与选择是一个多对象多因素（指标）的综合评价和选择问题，有关此类问题的决策已经建立了几种数学模型。它们的基本思路是相似的：先对各个评价指标确定权重，权重可用数字 1 ~ 10 之间的某个数值表示，可以是小数（也可取 0 ~ 1 的一个小数值，并且规定全部的权重之和为 1）；然后对每个评价指标打分，也可用 1 ~ 10 之间的一个数值表示（或 0 ~ 1 的一个数值）；再对所得分数乘以该指标的权重，进行综合处理后得到一个总分；最后根据每个供应商的总得分进行排序、比较和选择。以下举一个例子加以说明。

某种物品可由三家供应商提供，表 4 - 5 给出全部的评价数值和供应商的总得分。

表 4 - 5   供应商评价表

评价指标 （1）	指标权重 （2）	评价数值（3）		
		A 供应商	B 供应商	C 供应商
技术水平	8	7	8	5
产品质量	9	8	9	7
供应能力	7	10	7	8
价格	7	7	6	8
地理位置	2	3	6	9
可靠性	6	4	7	8
售后服务	3	4	6	7
综合得分 （2）×（3）后累加		289	308	302

上面例子虽然非常简单，但如果企业在采购前适当地考虑这些问题，可以大大降低采购的失误率。

3. 莱曼（Lehmann）和奥肖内西（O'shaughnessy）选择方法

由于供应商的种类繁多，提供的商品差异很大，确定权重是一件十分重要的工作，但也是一件比较困难的事情。关于这项工作 Lehmann 和 O'shaughnessy 在 1974 年和 1982 年得到了有意义的研究成果。他们的主要贡献是分析了产品属性对供应商选择的影响作用。他们通过对工业采购的产品进行分类，使问题得到了简化。

他们认为购买者具有希望所购买的商品发生问题越少越好的偏好，所以把产品按购买后可能遇到的问题类型将采购产品分为以下四类：

（1）常规订货产品（Routine order products）：频繁订货和使用，不需学习就会使用的产品。

（2）过程问题产品（Procedural problem products）：产品使用无问题，但用户必须学习如何使用该产品，否则可能出现问题。

（3）性能问题产品（Performance problem products）：产品在使用中可能产生技术上的问题。

（4）行政问题产品（Political problem products）：购买需要大量的资金，涉及企业内部不同职能的部门。

由于这项工作的重要性，Elizabeth Wilson 在 Lehmann 和 O'shaughnessy 分类的基础上做了新的调查研究，将评价指标简化到四项，并得到了关于每类产品的评价指标的权重，如表 4 - 6 所示。

表 4 - 6　　　　　　　　　　　**产品类型及指标权重**

产品类型	指标权重及排序			
	质量	价格	送货	服务
常规订货产品	0.49（1）	0.36（2）	0.06（4）	0.29（3）
过程问题产品	0.29（2）	0.20（3）	0.13（4）	0.38（1）
性能问题产品	0.40（1）	0.35（2）	0.04（4）	0.35（2）
行政问题产品	0.24（1）	0.11（4）	0.15（3）	0.17（2）

上表中括号内的数字为权重排序。表中显示，由于产品的类型不同，指标权重差异较大，但质量的重要性是一致的。

1982 年 Lehmann 和 O'shaughnessy 对产品的分类方法作了修改，他们根据四个变量组合把产品分为八类。四个变量是：①标准化程度（标准化或非标准化）；②制造（简单或复杂）；③应用（标准或新颖）；④占公司年采购额的比例（高或低）。在调查分析基础上列出了八类产品供应商选择指标的权重，如表 4 - 7 所示，采购物品的性能指标是最重要的，由于性能指标与质量指标的关系很密切，其结果与表 4 - 6 是一致的。

随着时代的发展，尤其是信息产业的兴起，企业供应环境已经发生了巨大的变化，企业对供应商的要求也在发生变化，评价指标和权重需要不断地补充和修正。此外，迄今为止对供应商的选择的主要研究都是针对工业采购、商业采购的；对于服务行业，例如运输、配送等服务的购买，其供应商的选择与工业、商业供应商的选择有很大的不同。

表 4 - 7　　　　　　　　　　　**产品类型及指标权重**

产品				各类产品各指标的平均权重			
标准化程度	制造	应用	占公司年采购额比例	经济指标	性能指标	综合指标	适应性指标
标准	简单	标准	低	4.89(1)	1.93(2)	1.64(3)	1.54(4)
标准	复杂	新颖	高	2.32(2)	3.76(1)	1.77(4)	2.17(3)
非标准	简单	新颖	高	2.86(2)	3.16(1)	1.59(4)	2.37(3)
非标准	复杂	标准	低	2.31(2)	3.84(1)	1.76(3)	2.11(3)
标准	简单	标准	高	4.40(1)	1.72(3)	1.47(4)	2.42(2)
标准	复杂	新颖	低	2.36(2)	3.53(1)	1.90(4)	2.32(3)
非标准	简单	新颖	低	2.84(2)	3.10(1)	1.82(4)	2.52(3)
非标准	复杂	标	高	2.58(2)	3.56(1)	1.63(4)	2.23(3)

复习思考题

1. 企业供应的要求和意义是什么？
2. 企业供应决策的基本内容包括哪些方面？
3. 如何确定订货经济批量或采购批量？
4. 现代企业采购活动包括哪些内容？

第五章 现代企业生产策划

案例与相关衔接

安全生产管理策划书

安全生产管理策划书详细叙述工程开工后安全管理策划及实施总承包安全管理细则。

1. 编制依据及原则

1.1 国家现行法律、法规、规范、标准

1.2 企业内部有关安全生产的有关规定、文件、制度

1.3 编制原则

2. 工程概况

3. 本工程安全生产管理控制目标

3.1 安全生产管理目标

3.2 安全生产管理目标分解

4. 安全、文明施工资金投入计划

5. 安全生产管理制度

5.1 建立安全生产保证体系

5.2 落实安全生产责任制

6. 安全生产管理措施

6.1 加强安全教育与培训

6.2 加强班前安全教育活动

6.3 加强安全技术管理

6.4 加强安全检查

6.5 建立安全隐患整改制度

6.6 建立安全生产例会制度

6.7 建立安全生产奖惩制度

6.8 建立工伤事故报告制度

6.9 建立消防管理制度

6.10 建立保卫值班制度

7. 安全生产管理重点

7.1 "三宝""四口"防护

生产活动是人类最早的经济活动，自猿变成了人开始，生产活动就一直伴随着人类。今天，生产活动成为个人、经济组织乃至企业特别是现代企业的一项最基本的经营活动。

第一节 生产策划概述

一、生产的含义及地位

(一) 生产的含义

产品（有形产品、服务产品）是通过人类的生产活动而创造出来的，因此生产活动是人类社会赖以生存和发展的最基本的人类经营活动。人类早期的生产活动是从自然界获取自然财富。随着人类社会的发展，人类开始将取自自然界的自然物质加工成自己所需要的物质，在这一时期，人类才开始了真正意义上的生产活动。在原始共产主义社会，生产活动是在原始群、氏族内进行。进入奴隶社会后，生产活动主要是在现代意义上的"两"内进行。进入资本主义社会后，出现了企业这个先进的经济组织，生产活动一般集中在企业中进行，在现代意义上的"家庭"中进行的生产活动逐渐减少。

在 20 世纪前，生产活动主要表现为个人或经济组织（含企业）在自然界的物质中，通过提取、加工、组织，将低价值的生产要素转换为高价值的具有一定效用的有形产品。这种生产活动就是狭义的生产活动。因此狭义的生产是指将资源（原材料、能源等）经过人的劳动加工转换成有形产品的经营活动。

但是，随着时间的推移，人类进入 20 世纪后，尤其是第二次世界大战以来，非制造业获得了迅速发展。许多提供服务产品的企业开始大量出现，从而使生产的含义得到延伸和扩大，出现了广义的生产。

广义的生产是指把输入变为产出或输出的活动。也就是说，是一个投入一定的资源，经过生产系统转换，使其价值增值，然后以某种形式的产出或输出提供给社会的过程及经营活动。从这个定义可知，广义的生产活动包括三个基本要素：投入、产出或输出、转换过程。

（1）投入是生产活动所需要的各种资源，包括有形资源（实物资源和财务资源）、无形资源、人力资源。

（2）产出或输出。产出或输出是指生产活动的结果，包括有形产品和服务产品。有形产品也称实物产品，如汽车、冰箱、机器设备、食品等，它通常以实物状态存在，其生产过程和消费过程一般是分离的；服务产品也称无形产品，如咨询企业提供的建议及创新方案；银行企业提供的金融服务；邮电企业提供的通讯、邮递服务；宾馆娱乐企业提供的住宿、娱乐服务；航空企业提供的运输服务等。

（3）转换过程。转换过程是制造有形产品和创造服务产品的过程，是通过人的劳动使生产要素价值增值的过程。转换过程在制造业和非制造业（服务业）是不相同的。在制造业中，转换过程所产出或输出的是制成品，即有形产品，它是由生产过程所采用的工艺方法决定的，因而在不同行业、不同企业、不同产品甚至不同的生产规模中都各不相同，但它们都是将各种形态的原材料、设备、劳动力、资金及其他资源转化成有形产品即制成品的生产过程。在非制造业（服务业）中，转换过程所产出或输出的不是制成品而是服务，它是一个由劳动力、资金、信息、附属设施及其他资源组合成各种服务产品的生产过程。如航空公司，其投入的各种人力资源为人员、飞机、能源、配备设施等，而它产出或输出的是各航空港之间的位移服务产品；再如医院（医疗企业），其投入的资源主要是医护人员、医疗设备、附属设施等，它的产品则是为病人提供的医疗服务产品。但在通常情况下，一般将有形产品的转换过程称为生产过程，而将服务产品的转换过程看作一种特殊的生产过程，称为服务过程。

现代企业的生产活动是采用现代自然科学技术的社会大生产活动，它具有以下的特点：①采用机器体系，应用现代自然科学技术成果，实现了生产机械化或生产自动化；②规模较大，劳动分工精细，协作严密；③生产过程的连续性强，生产效率高；④面向市场、立足市场而生产。

（二）生产活动在企业经营活动中的地位

企业是一个有机的整体，是一个完整的大系统，它是由许多子系统组成的，如供应系统、营销系统、人力资源开发系统、生产系统、财务系统、后勤系统、安全系统等。生产系统作为一个子系统，在企业这个大系统中所处的地位是由生产活动在企业经营活动中所处地位决定的。生产活动是企业经营活动的重心，是企业营销活动的前提，并为企业的供应活动提供反馈信息，但同时，生产活动也受供应活动和营销活动的制约。

1. 生产活动和企业总体活动的关系

生产活动是企业经营活动的一个非常重要的组成部分，是企业经营活动的一个非常重要的分项经营活动。它必须根据企业总体经营活动的经营方案即企业战略方案所确定的一定时期中的战略方向、战略目标、战略方针来确定自己的经营方案即生产方案，也就是生产决策必须根据企业的战略决策来做出。因此，在企业经营活动中，企业总体经营活动即企业战略经营活动和企业经营战略决策处于核心地位，生产活动和生产决策必须围绕着企业总体活动即企业战略经营活动和企业经营战略决策来开展和进行。

但是，承认企业总体经营活动即企业战略经营活动的核心地位，并不是要否认企业生产活动的重要作用及其地位，实际上，企业生产活动在企业经营活动中起着基础性的作用，处于基础地位。因为企业经营活动只有通过生产活动将处于理想状态的产品转化为现实产品才能使自己成为真正意义上的和现实的企业经营活动，没有生产活动，其他经营活动及企业总体经营活动即企业战略经营活动都将是一句空话。

2. 生产活动和营销活动、供应活动的关系

（1）生产活动是营销活动的前提条件。

生产活动为营销部门及营销活动提供用户满意的、适销对路的产品（有形产品、服务产品）。做好生产工作对于开展营销工作、提高产品（有形产品、服务产品）的市场占有率有着十分重要的意义。所以，生产活动是营销活动的后盾，对营销活动起着保证作用。只有通过生产活动及时地生产出价格稳定、质量好、适应市场需求的产品，才能保证营销活动的正常进行。

（2）生产活动是连接供应活动、营销活动的纽带和中间环节。

没有生产活动，供应活动和营销活动就不可能自动地连接起来，对于制造业来说是如此，对于非制造业来说也是如此。如在商业企业中，从表面上看，好像不存在生产活动，但是商业企业在购入待售商品后，一般要经过包装、贮藏、运输等环节才能到达消费者手中，而包装、贮藏、运输实际上就是商业企业的生产活动。因此，只有通过生产活动，才能将供应活动和营销活动连接起来。

二、生产策划的含义及其内容

生产策划是根据企业的经营战略方案及企业内外经营环境的状况确定企业的生产方向、生产目标、生产方针及生产方案的过程或职能。

生产系统一般是企业——特别是制造企业的一个复杂而庞大的系统，生产活动涉及的范围很广，内容多种多样，因此，就生产活动方面，需要决策的内容很多。但是，如果将所有生产活动的内容都提交企业董事会及股东大会或股东代表大会决策，不仅没有必要和可能，而且会使生产决策和生产管理者的权利和责任丧失。因此，必须将企业的生产活动的内容进行科学的分类，然后选择一些重要并影响广泛的内容来进行决策。

一般来说，就企业生产活动方面考虑，需要经过董事会、股东大会或股东代表大会进行决策的内容主要包括：自然技术水平即工艺和设备决策、生产成本即产品成本决策、生产类型和厂址决策。

1. 工艺和设备决策（自然技术水平决策）

一个企业采用什么等级的自然技术水平来进行生产是生产决策必须首先面对的一个重要问题。因为只有确定了企业所采用的自然技术水平，其他生产决策才能在此基础上按顺序顺利进行。自然技术水平决策就是企业确定采用什么等级的自然技术水平

及相应的自然技术方案。从自然技术的发展的方向来分类，主要有两种自然技术方案：自然技术领先方案和自然技术追随方案。自然技术领先方案就是在生产活动中采用最先进的自然技术；自然技术追随方案就是在生产活动中采用一般先进的自然技术。而在企业经营活动特别是企业生产活动中，自然技术方案包括自然技术水平和设备技术水平两个方面，因此，应对企业所采用的自然技术水平和设备技术水平进行决策。

2. 产品成本策划（生产成本决策）

产品成本策划实际上就是企业生产成本策划。产品成本策划追求的最终目的就是确定企业产品成本的标准或企业产品的标准成本。随着经济增长方式由粗放型向集约型的转变，产品成本策划将显得越来越重要。

3. 生产类型和厂址策划

企业特别是制造业企业由于在产品结构、生产方法、设备条件、生产规模、专业化程度等方面各具特点，不同特点的企业对工艺、设备及生产活动方面有不同的要求。因此需要按照一定的标准，将企业划分为不同的生产类型。而不同的生产类型对于各类企业的效果是不同的，企业必须根据本企业的实际情况选择最符合企业要求的生产类型。厂址决策就是如何运行科学的方法确定工厂（生产系统）坐落的区域位置，使它与企业的整体经营体系有机结合，以便有效地达到企业的经营目标。厂址决策对生产系统的运行有着非常重要的作用，是企业生产方案的一项重要内容。对于企业来说，厂址一旦确定，企业的不动资产也就固定下来了，而且这在很大程度上限定了企业的生产成本及企业的经营成本，从而影响到企业生产效率和企业经济效益。

第二节　工艺和设备策划

现代企业的自然技术水平主要体现在采用的工艺和使用的设备的技术水平方面。因此，对工艺和设备进行决策，实际上是确定企业要采用什么等级或水平的自然技术。

一、工艺策划

工艺即生产工艺，是加工制造产品或零件所使用的路线、设备及加工方法的总称。同一种产品或零件，往往可以按不同的生产工艺进行加工。采用不同的生产工艺不仅对产品质量有重大影响，而且也对产品的生产成本和生产效率有重大影响。

生产工艺策划就是对产品主要的制造技术和产品的基本制作流程进行制定（设计）、评价和选择。一般来说，生产工艺越先进，产品质量越高，其固定成本也越高，单位变动成本就越低；生产工艺落后，则产品的质量相对较低（些），其固定成本也较低，但单位变动成本却较高。因此，决策者必须结合企业的实际情况及自然技术发展的趋势来选择企业最佳的生产工艺。

（一）工艺策划的内容

工艺策划主要包括两个方面的内容：一是产品的主要制造技术决策；二是产品的

基本制造流程策划。

1. 产品的主要制造技术策划

制造技术的策划通常要考虑自然技术上的可行性和经济方面的效益性两方面的因素。自然技术方案的选择是非常复杂的。比如，两片金属材料的成型、连接和精加工过程，就有十一种铸造和造型的方法，八种切削加工方法，七种不同的装配方式，八种光整方法，或者说共有三十四种加工方法。因此，对于工艺设计人员，对每一项工艺都要做仔细的分析和试验，确保工艺的可靠性。但是企业决策人员只需考虑其中几种主要的工艺，这些工艺技术将决定产品能否加工、产品的关键功能是否能够较好地实现、产品的质量能否保证、制造成本是否适宜以及能否大幅度提高产品的附加值。另外，在选择技术时，还要从经济角度考虑，即从技术所具备的功能角度选择适当的技术，避免选择过剩功能的技术。尤其是在引进技术时，要根据产品性能、质量要求及生产规模等因素综合考虑后再确定。

2. 产品的基本制造流程策划

不同的产品特点、不同的生产规模、不同的品种数量以及不同的工艺方法都会影响制作流程的选择。选择的原则是有利于提高设备利用率和劳动生产率。

图 5-1 描述了四种基本制造流程特点和使用原则。

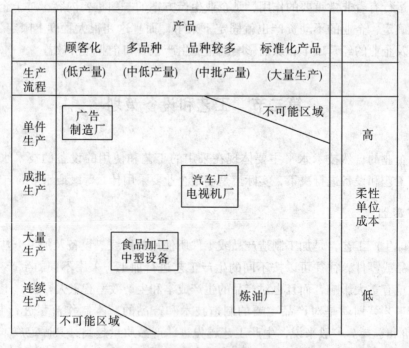

图 5-1 生产流程类型

单件小批量生产方式适用于产品体积大、结构复杂、品种数量多、批量小的企业，例如飞机厂、船舶制造厂、大型机床制造厂等。制造这些产品的企业需要大量不同的工艺、不同的加工顺序，迄今为止这类企业采用单件小批量的生产方式是最有效益的。

批量生产方式一般适用于产品体积较大、需求量比较稳定、品种和数量也比较大的企业。企业可以组织稳定的生产线，有利于提高设备利用率和生产效率。

流水线生产方式是一种效率很高的制作流程，它适用于产品品种单一、生产量大而稳定的企业。这种生产方式是在一条流水线上大量地重复生产同一种产品，生产线被设计成按产品的加工顺序排列，将加工对象按节拍从前道工序流向后道工序，逐次加工，可以得到非常高的生产效率。

连续生产流程往往被用于生产过程连续性和整体性较强和有较大生产规模的企业，如炼油厂、化工厂、啤酒厂等。

一般而言，企业根据所生产产品的特点和企业自身条件来确定适合于自己的制作流程并不困难。但要指出的是确定制作流程时一定要谨慎，因为这是一项企业最基础但至关重要的决策，既要考虑企业目前资源条件的限制，又要尽可能考虑到扩大生产规模，为以后的发展留下余地。

（二）工艺策划的程序

工艺决策就是制订（设计）、评价、选择工艺方案。但是，在决策前必须对产品设计的工艺进行分析和调整，因此，工艺决策的程序包括了产品设计的工艺性分析与审查、工艺方案的制订、工艺方案的评价、工艺方案的选择四个阶段。

1. 产品设计的工艺性分析与审查

产品设计的工艺性分析与审查就是对产品设计图纸的工艺性分析与审查。产品图纸的工艺性分析和审查，是保证产品结构工艺性的重要措施。它主要是根据工艺上的要求、企业的设备能力以及协调的可靠性，来评定产品设计是否合理，是否能够保证企业在制造这种产品时获得较好的经济效益。

（1）产品结构的继承性即产品结构是否与现有的生产类型相适应；

（2）产品结构的标准性即产品结构是否充分利用了已有的工艺标准；

（3）产品结构的工艺性即现有工艺是否便于加工新产品并保证质量；

（4）零件的形状尺寸和配合是否合适；

（5）产品零件的强度、光洁度及技术要求是否合适；

（6）所选用的材料是否适宜，是否符合材料标准规格；

（7）在企业现有设备、技术力量等条件下的加工可能性和方便程度。

对产品的设计图纸进行工艺性分析和审查，一般以工艺员为主，质量管理人员、该产品的专业工艺员和车间有经验的工人共同进行这项工作。重大新产品还应请企业技术负责人参加，并要事先进行必要的工艺试验，审查结束还应履行会签手续。

2. 工艺方案的制订

工艺方案是工艺设计的指导性文件。工艺方案主要是确定产品的工艺加工路线，明确编制工艺规格应遵循的原则，明确关键工艺及其解决办法，确定工艺设备系数和工装设计原则。

制订或编制工艺方案，一般由主任工艺师提出初稿，并在此基础上确定工艺装备系数。工艺装备系数是为制造某种产品而设计的专用工艺装备的总数与所制造的专用零件总数之比。一般来说，产品质量大、工装标准化与通用化程度低、工人技术水平低，工装系数应大一些；反之，工装系数则小一些。

3. 工艺方案的评价

生产一种产品可用不同的设备和方法来进行，使用的设备和方法不同，其经济效果也就不同。因此，在制订工艺方案时不应只制订一种方案，而应制订多种方案，并对各种工艺方案作出评价。

在评价时，首先由工艺方案制订者自己作出评价意见，然后由工艺技术负责人或技术负责人召开会议共同作出评价意见。在评价时，不仅要从自然技术方面对各工艺方案作出评价意见，而且还要考虑经济方面的因素，对各工艺方案进行具体的经济分析和评价。因此，评价工艺方案时，还应吸收经济方面的专家参加。

经济分析和评价，可以采用一种简便易行的方法——工艺成本分析。工艺成本分析，是通过比较不同方案的工艺成本来作出工艺评价。工艺成本是指产品在加工制作过程中发生的费用。工艺成本按费用和产量的关系划分，可分为固定成本与变动成本两种。固定成本是指不随产量变化的成本（比如一次投入的工装模具费）；变动成本是指随产量变化而变动的成本（如操作工人的工资）。全年工艺成本可用以下公式计算：

$$C = F + VP$$

式中：C——年工艺成本（元/件）；

　　　V——单位产品变动成本（元/件）；

　　　F——固定成本（元/年）；

　　　P——产品年产量（件/年）。

评价后，应对各工艺方案作出集体评价意见，并由专人写出各工艺方案的评价报告。

4. 工艺方案的选择

工艺方案的选择是从经过评价程序的各备选工艺方案选择最佳或最满意工艺方案的过程或活动。工艺方案的选择应首先在自然技术或工艺研究人员中进行，由自然技术或工艺研究人员通过评价后选择两个或三个工艺方案作为企业董事会选择的备选方案。

企业董事会选择时要吸收自然技术方面的专家和经济方面的专家参加，并按民主的原则选择一个最佳或最满意的工艺方案，有的工艺方案特别是从外面引进并花费巨大成本的工艺方案还要通过企业股东大会或股东代表大会做出最终决策。

二、设备策划

在企业生产活动中，随着机器化和自动化的发展，设备的作用更加重要。搞好设备经营，对于保证企业生产活动的正常进行，推动技术进步，促进产品开发，提高产品质量和企业经济效益都有着重要的意义。因此，设备经营活动是企业生产活动乃至企业经营活动的一个重要方面。

要搞好设备经营就必须首先搞好设备策划。设备策划就是根据企业生产方案、工艺方案和企业内外部环境的状况，制订、评价、选择企业的设备方案。设备决策，无论对新建企业购置设备，还是老企业购置新设备和自行设计、制造专业设备以及从国外引进设备，都是十分重要的。因为，设备策划决定了设备的使用寿命、施工工期、产品质量和制造成本等。由于设备策划的程序基本和工艺决策的程序相类似，只不过策划时要吸收设备技术专家和设备技术人员参加，所以这里不再重复。下面主要讨论设备评价的内容及方法。

设备评价一般可以从自然技术方面和经济方面及社会方面来进行。下面仅介绍从自然技术角度来评价设备（方案）时应考虑的因素和设备的经济评价方法。

（一）从自然技术角度来评价设备（方案）时应考虑的因素

一般来说，设备可分为专用设备和通用设备。设备除了要服从制作流程的一般类型外，对专用设备及通用设备评价及决策时应通常考虑以下因素：

1. 设备的生产性

设备的生产性，主要指设备的生产效率，一般表现为设备功率、效率等指标。购置设备时，既要考虑生产现状的需求，又要以发展的眼光看未来一定时期内的生产要求，生产能力的使用过度或不充分都是不可取的。如果刚刚购置的设备很快就超负荷，则当初的购置决策显然是不明智的；同样，如果购置的设备始终拥有并不需要的生产能力，尤其在设备价格较为昂贵时更是一种不可原谅的损失。因此在选择设备时必须客观评价生产的发展和设备的性能，使生产能力得到充分合理地发挥。

2. 设备的可靠性

设备的可靠性是指设备加工精度、准确度的保持性，零件的耐用性、安全可靠性等。设备质量反映设备的可靠性，是设备在规定条件下和规定时间内，完成所需功能的用概率表示的产品特性。在日益激烈的竞争中，要保证生产的连续性，保证严格的交货期必须拥有安全可靠的设备。

3. 设备的维修性

设备的维修性是指设备整体结构与零部件等需要维修的系统所具有的易于维修程度的大小及可否修理的情况。由于绝大多数设备总是难免出现故障，因此在其他因素基本一致时，结构合理，易于检查、维护和修理应该是选购时考虑的一个重要因素。

4. 设备的互换性

新购置的设备应尽可能与企业的现有设备相关联，以节约人员培训、辅助装备等费用。

5. 设备的安全性

由于设备的安全性对企业的生产安全、人员安全等方面关系重大，因此在选购时需谨慎抉择。

6. 设备的配套性

设备的配套性，是指本企业设备的相互关联度和配套水平。设备成套是形成企业生产能力的前提条件。在选择主机时应该将辅助设备的配套情况及其利用率作为决定因素来考虑，尤其是对于广泛应用的数控设备，如果缺乏相配套的软件，其作用很难发挥。配套大致分三类：单机配套，指一台机器设备中各种随机工具、附件、部件配套；机组配套，指主机、辅机、控制设备等相互配套；项目配套，指投资项目所需的各种机器设备配套，如加工设备、动力设备和其他辅助生产设备配套。

7. 设备的操作性

过分复杂的操作易引起操作人员的疲劳和失误，还会增加培训费用，所以应考虑选择操作相对简便的设备。

8. 设备的安装性

选购设备前应对安装地点做到心中有数，对于一些大型设备还要考察运输路线，这样才能保证设备的可安装性、易安装性。

9. 设备的节能性

设备的节能性指设备节约能源和节约原材料的能力。节能不但是降低产品成本的需要，也是能源发展的基本趋势。

10. 设备的环保性

设备的环保性，是指设备的噪声和排放的有害物质对环境污染的程度。在选择设备时，要把噪声控制在保护人体健康的卫生标准范围内并配备相应的治理"三废"的附属设备和配套工程。

11. 设备的灵活性

设备的灵活性，是指在工作对象固定的条件下，设备能够适应不同的工作条件和环境，操作、使用比较灵活方便；而在工作对象多变的条件下，设备能适应多种加工性能，通用性强。此外，设备的灵活性还指设备结构紧凑、重量轻、体积小，故而占用场地面积小，搬运方便。机器设备在另一方面向大型化、简易化、廉价化发展。在选择设备时，要从实际出发，不要盲目追求大、高、精，要讲求实效。

12. 对现行组织的影响

购置更为先进、精密的设备会对现行生产组织产生一定的影响，如工艺准备、生产计划、现场监控人员等方面都可能发生变化，这些均应在设备购置之前予以充分的评价。

13. 备件供应及售后服务

对于进口设备尤其要考虑其备件的供应情况，包括交货期、价格等。同时应考察供货厂家的安装、调试、人员培训及维修服务的条件，确保良好的售后服务。

(二) 设备的经济评价方法

设备的经济评价方法很多，下面介绍几种定量的经济评价方法。

1. 投资回收期法

投资回收期法是评价设备投资效益的主要方法。投资回收期是指用设备的盈利收入来偿还设备支出所需要的时间。用这种方法评价设备时，先计算不同设备的投资费用，然后再计算投入设备所带来的净收益或节约额，确定投资回收期，然后选出最小的回收期作为最佳选择。

$$投资回收期（年）= \frac{设备投资额(元)}{新设备运行带来净收益或节约额(元/年)}$$

考虑资金的时间因素，设：

T——设备投资回收期；

R——设备运行带来的年评价净收益；

I——设备投资额；

i——年利率

则　$I(1+i)^T = R(1+i)^{T-1} + R(1+i)^{T-2} + \cdots R(1+i) + R$

$I(1+i)^T = R\left[\frac{(1+i)^T - 1}{i}\right]$

$I = R\left[\frac{(1+i)^T - 1}{i(1+i)^T}\right]$

2. 年费法（年价法）

运用这种方法时首先把购置设备一次支出的设备费（指投资费）依据设备的寿命周期，按复利计算，换算成相当于每年的费用支出。然后加上每年的使用费，得出不同设备的总费用，然后进行比较、分析，选择最优方案。

设备的年费用计算公式如下：

$C_I = I \cdot \frac{i(1+i)^n}{(1+i)-1} + C_0$

式中：

C_I——年费用；

C_0——年使用费；

I——设备最初投资费；

i——年利率；

n——设备寿命周期；

例如：设年利率为6%，A、B两种设备的相关参数如表5-1所示。

表5-1　　　　　　　　　　A、B两种设备的相关参数

设备	初始投资（元）	年使用费（元）	寿命周期（年）
A	7 000	2 500	20
B	10 000	2 000	10

由费用公式得：

$C_{IA} = 7\,000 \times \frac{(1+6\%)^{10} \times 6\%}{(1+6\%)^{10} - 1} + 2\,500 = 3\,451$（元）

$C_{IB} = 10\,000 \times \frac{(1+6\%)^{10} \times 6\%}{(1+6\%)^{10} - 1} + 2\,000 = 3\,359$（元）

因为 $C_{IA} > C_{IB}$

所以选择设备 B 较为划算。

3. 现值法

这种方法是将设备寿命周期每年的使用费，按复利利率计算，换算成相当于最初一次性投资的总额，再加上设备的最初购置投资额，得到设备的寿命周期费，选较小

寿命周期费作为选择决策标准。

设备寿命周期费用计算公式如下：

$$C = I + C_0 \left[\frac{(1+i)^n - 1}{i(1+i)^n} \right]$$

式中 C 为设备寿命周期费用，其他参数与"年费法"中含义相同。

我们仍然利用"年费法"中的例子，则：

$$C_A = 7\ 000 + 2\ 500 \times \frac{(1+6\%)^{10} - 1}{6\% \times (1+6\%)^{10}} = 25\ 400\ （元）$$

$$C_B = 10\ 000 + 2\ 000 \times \frac{(1+6\%)^{10} - 1}{6\% \times (1+6\%)^{10}} = 24\ 720\ （元）$$

因为 $C_A > C_B$

所以选择设备 B 优于设备 A。

用年费法或现值法评价设备投资方案时，首先应当比较各设备的寿命周期。如果各方案寿命周期相同，则两种评价方法均可采用；如果设备的寿命周期不同，考虑投资风险的问题，则用年费法评价为好。另外，年费法和现值法的计算公式都是基于设备是一次性最初投资，每年使用费相同的假定，如果上述假设不能符合，即设备投资费是分期支出，或各年使用费不用，或两个假设均不满足，则需要用投资决策的其他相关方法来进行。

4．损益平衡分析法

例如：加工一部件有三种设备方案可选择：①在普通车床上加工，每件 100 元（包括材料）；②在数控半自动车床上加工，每件 75 元（包括材料）；③在加工中心加工，每件 15 元（包括材料）。普通车床价值 50 000 元；半自动车床价值 80 000 元，加工中心成本 200 000 元。

（1）每项选择的总成本为：

①普通车床加工成本 = 50 000 + 100 × 需求量

②数控车床加工成本 = 80 000 + 75 × 需求量

③加工中心加工成本 = 200 000 + 15 × 需求量

（2）损益平衡点的计算：

80 000 + 75 × 需求量 = 200 000 + 15 × 需求量

需求量 = 120 000/60 = 2 000（件）

（3）损益平衡点的计算：

50 000 + 100 × 需求量 = 80 000 + 75 × 需求量

需求量 = 30 000 ÷ 25 = 1 200（件）

只要它们保持线性关系，我们可按成本最小化或按收益最大化解决问题。以上计算了每个过程的损益平衡点。如果预计需求量超过 2 000 件，加工中心是最好的选择，因为其成本最低。若需求量在 1 200 件与 2 000 件之间，数控半自动车床的成本最低。若需求量低于 1 200 件的选择则是购买普通车床进行加工。

第三节 产品成本策划

由于企业成本主要由于生产成本构成，而且计算产品成本时，一般采用生产成本法：只分配与生产活动没有直接关系和关系不密切的费用（如销售费用、管理费用、财务费用）作为期间费用直接计入当期损益。所以，我们将成本策划放在生产策划这一章来论述，而且我们在这一章只讨论产品成本策划即企业生产成本策划。

一、产品成本的含义及其分类

（一）产品成本的含义

就企业来讲，产品成本实际上就是产品的生产资本。因此，产品成本是指企业为生产一定种类、一定数量和质量的产品所支出的各种生产费用的总和。

从上述产品成本的概念可知，企业的产品成本包含如下内容：

1. 直接材料

这是产品生产中直接发生的并伴随该产品的增加而发生正比例变动的有关材料费。包括企业生产活动中实际消耗的原材料、辅助材料、设备备件、外购半生品、燃料、动力、包装物、低值易耗品以及其他直接材料。

2. 直接人工费

它是生产过程中直接发生并伴随产量的增减而变动的人工费用，包括生产工人的工资、按产品产量计算的加班津贴、补贴和超产奖金等。

3. 其他直接费用

目前一般包括直接从事产品生产人员的职工福利费等。

4. 间接制造费用（习惯称制造费用）

它是指企业内部生产系统或生产部门为开展生产活动而发生的共同费用。包括分厂、车间一级管理人员工资、职工福利费，生产单位房屋、建筑物和机器设备折旧费，原油储藏量使用费、油田维修费，矿产维检费、租赁费（不包括融资租赁费）、维修费、机物料消耗、低值易耗品摊销、取暖费、水电费、办公费、差旅费、运算费、保险费、设计制图费、实验检验费、劳动保护费、季节性及修理期间停工损失以及其他间接制造费用。

在这里我们需要指出的是，企业成本或企业经营成本和企业产品成本是两个不同的概念，企业产品成本是指产品的生产成本，而企业成本或企业经营成本则是整个企业的成本，它包括企业各个领域及各个方面所发生的费用。因此，企业成本或企业经营成本不仅包括了企业产品成本，而且还包括了企业经营费用（含企业管理费用）、企业销售费用、企业财务费用等费用，我们将这些费用的总和称为期间费用或期间成本。因此，企业成本或企业经营成本由产品成本和期间成本构成。在这里需要指出的是：企业销售费用是企业从事营销活动所发生的费用；企业财务费用就是指企业为筹集资金而发生的各项支出，其内容包括企业在经营期间的利息支出（减利息收入）、汇兑净损失、金融机构手续费以及筹资发生的其他财务费用；企业经营费用（习惯称为企业管理费用）是指除产品成本、销售费用、财务费用以外的企业所发生的所有其他费用，它包括企业决策者（企业董事会、企业股东大会及经历委员会）、企业最高管理者（企业经理及经理委员会）从事企业经营活动所发生的各项费用，其他非生产非营销机构从事企业活动所发生的各项费用及其他各项支出。

（二）产品成本的分类

企业产品成本按照不同的标准可以分为不同的类型。如按产品成本的性质可以将企业产品成本分为制造性成本和服务性成本；按产品成本构成可以将产品成本分为固定成本和变动成本。

1. 制造性成本与服务性成本

制造性成本是制造性企业为生产一定种类、一定数量和质量的有形产品所支出的各种生产费用的总和。制造性企业是通过一系列生产工艺过程，采用一定技术方法，将各类生产要素有机结合起来，生产出具有某种使用价值的实物状态产品（有形产品）的企业。这类企业的劳动成果，表现为物质的实物形态的产品（有形产品），能以产品产出的时间和地点来确定成本计算对象、汇集生产费用、计算产品成本。

服务性成本是服务性企业（非制造性企业）为提供服务产品并取得各项服务收入而发生的各项生产费用的总和。服务性企业是指那些具有某种服务功能的设施，以及提供服务者的技能，来为用户提供服务产品以满足其某方面需要的企业。如商业企业、电讯企业、饮食宾馆旅游企业、娱乐企业、金融保险企业等。这类企业经营的是服务产品，其劳动成果一般不具有实物形态，只能按提供服务产品的性质、数量和质量和汇集所发生的各项费用来计算成本。

2. 固定成本与变动成本

固定成本是在一定时间、一定产量（业务量）变动的范围内其发生额不直接受产量（业务量）变动的影响，总额保持不变的成本。但就单位固定成本而言，则随产量（业务量）变化而成反比例变化。如企业管理人员工资、固定资产折旧费、保险费、房屋租金等，均属固定成本。

变动成本是其总额随产量（业务量）的变动而成正比例变动的成本。但是在一定时间一定产量（业务量）范围内，单位变动成本将保持相对稳定。如直接材料、直接人工均为变动成本。

二、产品成本策划的程序和方法

产品成本策划是根据企业的经营战略方案及生产方案，在企业工艺、设备、厂址、生产类型等策划基础上，通过成本预测制订、评估、选择企业产品成本方案的过程或职能。事实上产品成本策划就是要确定产品成本的标准，即制定产品的目标成本。一般来说，产品成本策划的程序和方法如下：

1. 调查研究

在进行成本策划前必须首先进行广泛、深入地调查研究，收集各种信息材料。调研包括市场调查和内部调查。市场调查内容包括本企业与竞争对手的产品成本、售价、质量、产量及市场销售状况等。内部调查主要是调查企业在工艺方案、设备方案、生产类型及厂址方案确定的情况下，企业产品成本的构成情况和能达到的水平。然后在市场和内部调查的基础上对这些收集来的信息资料进行研究。

2. 制订产品成本方案

制订产品成本方案实际就是确定产品成本的标准或产品的标准成本。制定企业产品的标准成本可以采用两种方法：一是采用预测法；二是采用目标成本法。

预测法主要是在调查研究的基础上，通过各种实际计算和预测模型、预测方法确定企业的初步产品成本方案（企业初步产品标准成本）。在实际计算企业产品成本时，一般采取分别计算直接材料的成本、直接人工的成本、其他直接成本及间接制造费用（制造费用），然后再加以汇总的办法。

目标成本法是根据企业战略目标确定战略目标利润，然后对战略目标利润进行分解，确定某产品的目标利润，最后根据某产品目标利润确定其目标成本。可按下式来计算目标成本：

目标总成本 ＝ 预测销售收入 － 税金 － 目标利润

$$单位目标成本 ＝ 预测单价 \times （1 － 税率） － \frac{目标利润}{预测销售量}$$

在通过预测法、目标成本法确定了企业初步的标准成本或目标成本后，紧接着就要对企业初步的标准成本或目标成本进行功能分析，确定企业各种备选的标准成本或目标成本。

利用功能分析来确定企业各种备选的标准成本或目标成本，一般可按下列步骤进行：

第一步是论证企业初步的标准成本或目标成本、匡算标准，提出降低成本的措施；

第二步是根据降低成本的主要措施对未来成本进行预测；

第三步是开展功能成本分析，找出降低成本的途径；

第四步是进行功能评价，定量地评估功能的价值，找出实现功能可能需要的最终费用，制定出更准确的标准成本或目标成本；

第五步对现行产品、工艺、设备等设计及材料等提出改进方案，然后在改进方案的基础上，进一步修正初步的标准成本或目标成本形成各种备选标准成本或目标成本（方案）。

3. 评价和选择产品成本方案

通过制订产品成本方案后，就形成了各种备选的产品成本方案即各种备选的产品标准成本。因此，下一步要做的工作是通过评价和选择，选择一个最终或最满意的产品成本方案即产品标准成本。

成本决策的评价选择首先要经过专家小组，然后要通过董事会，最后甚至要通过股东大会或股东代表大会。其程序和其他决策程序基本相同，这里不再重述。

第四节　生产类型和厂址策划

一、生产类型策划

生产是把投入转为产出的经营活动，同时也是把投入转化为产出的过程。生产过程是指围绕产出的一系列有组织的生产活动的运行过程。不同的生产过程决定了不同的转换机制，因此，需要不同的管理及经营模式。按照一定的分类标志划分的生产过程叫做生产类型。

企业生产类型是根据企业工艺特点、生产数量、接受生产任务方式、工作地专业程度等多种因素，将其分类，以便把握各种生产类型特点和规律。这是进行生产经营活动的基本前提。它在很大程度上决定了企业与车间的生产结果、工艺流程、工艺装备的特点，生产过程的组织方式，工人的劳动分工及生产管理方法。划分企业生产类型的一个最重要的标准是生产任务的重复程度和工作地专业化程度，以此可把企业划分为大量生产、成批生产、单件生产三种类型。

1. 大量生产类型

大量生产类型的特点是：生产的产品品种少，产量大，经常反复生产一种或少数几种类似的产品；采用高效率的专业设备和专用的工艺装备，工作地专业化程度高，大多数工作地固定完成一二道工序；按照对象专业化原则组织生产，多采用生产线、流水线等生产组织形式；生产过程机械化、自动化水平高，易于工人掌握操作技术，能迅速提高其操作熟练程度；产品设计和计划编制工作量比较小，编制出的计划细致、精确，易于检查和控制；生产效率高，产品成本低。大量生产类型的最大缺点是适应外界品种变化的能力差。

2. 成批生产类型

这是介于大量生产类型与单件生产类型之间的类型，可以分为近似大量生产的大量大批类型，或近似单件生产的单件小批类型。成批生产类型的工作地专业化水平、设备布置、产品设计、计划、生产效率等介于两个生产类型之间。

3. 单件生产类型

单件生产类型的特点是：生产产品品种繁多，每种产品仅生产一件或少数几件；生产的稳定性和专业化程度低，多采用通用设备和通用的工艺装备；按照工艺专业化原则组织生产，每个工作地要完成很多工序，需要工人具备较高的技术能力和较广泛的生产知识；单件生产产品的设计和生产计划工作量大，不易进行精确的计划，设备利用水平低，产品变动成本很高。单件生产的最大优点是最能适应外界品种的变化。

企业的生产类型是生产的产品产量、品种和专业化程度在企业技术、组织和经济上的综合反映和表现。我们可以采用量本利分析法给予定量的说明，如图5-2所示。

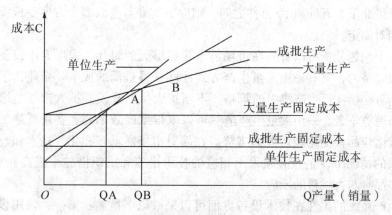

图 5-2 不同生产类型成本与产量的关系

单件生产类型采用的通用设备价格低，但是生产效率低，表现为变动成本率高；大量生产类型采用昂贵的专用设备，其固定成本最高，但是生产效率高，表现为变动成本率最低；成批生产的固定成本与变动成本介于两种类型之间。采用哪种类型进行生产应由社会需求的产品数量来确定。如果产量小于单件生产费用与成批生产费用相交的 A 点，采用单件生产类型最为经济；如果产量大于成批生产与大量生产费用相交的 B 点，采用大量生产类型最为经济；如果产量介于 A 点与 B 点之间，采用成批生产类型最为合适。

例：某企业准备在某一地区建立一个工厂，产品仅供当地销售。现在拟订三个方案进行选择，每个方案因采用的技术和设备专业化程度不同，投资后所形成的固定成本和变动成本有所不同。根据测算，方案 I 每年固定成本 60 万元，单件产品变动成本 41 元；方案 II 每年固定成本 130 万元，单件产品变动成本 27 元；方案 III 每年固定成本 250 万元，单件产品变动成本 15 元。请给予决策。

以上问题是一个典型的需要采用量本利分析的规模经济问题，见图 5-2 所示，决策思路在于找到不同变动成本曲线相交的 A 点和 B 点的产量。现设方案 I 和方案 II 变动成本曲线相交 A 点的产量为 Q_a，方案 II 和方案 III 变动成本曲线相交 B 点的产量为 Q_b。

各方案的成本为：

$C_I = 600\,000 + 41Q$

$C_{II} = 1\,300\,000 + 27Q$

$C_{III} = 2\,500\,000 + 15Q$

求 Q_a：$600\,000 + 41Q_a = 1\,300\,000 + 27Q_a$

$Q_a = 50\,000$（件）

求 Q_b：$1\,300\,000 + 27Q_b = 2\,500\,000 + 15Q_b$

$Q_b = 100\,000$（件）

以上所求出的 Q_a 产量 5 万件和 Q_b 产量 10 万件是两个经济规模界限，如果当地的市场需求量小于 5 万件，则取方案 I；如果市场需求量大于 10 万件，则取方案 III；如果市场需求量介于 5 万件和 10 万件之间，则取方案 Ⅱ 。选取哪个方案要根据当地的市场需求量相对而定。

根据以上例题分析可以看到在市场需求量足够大的时候，采用专用设备的大量生产方式是最经济的，只有采用大量生产方式才能获得最低的成本。企业为了生存和发展，从长期看必须实行生产集中的策略，不断扩大生产规模、扩大市场、增加市场份额，以此挤垮竞争者。采用大量生产虽然可以取得生产效率高、费用低廉的优势，但是又存在着适应品种变化能力差的劣势。在面对市场需求多样化、技术和产品升级换代不断加快的情况下，企业必须采用相应的技术措施和组织措施来提高企业的柔性，正确处理多品种与大批量的矛盾。

提高生产系统的柔性在技术设备方面可以采取以下措施：第一，采用多品种的可变流水生产取代单一品种流水生产。丰田汽车公司首先在世界上推出了可变流水生产线，采用快速更换工艺装备技术，半个小时内更换一套加膜工具，一条汽车装配流水线上可以生产六种类型汽车，迅速适应市场需求的变化。第二，采用柔性制造系统。它包括把计算机控制下的若干数控机床用自动化物料传送系统连接起来，以适应多品种小批量的生产需要，极大地提高设备的利用效率，缩短交货期。

在生产组织和产品设计方面也需要采取相应的措施：第一，推行产品系列化、零部件标准化、通用化的标准化措施，减少零部件的数量，扩大生产规模；第二，推行成组技术，应用相似性原理，把同类的零件归为零件族，迅速进行相同工艺过程的加工，增加生产批量；第三，采用减少变化方案的方法（VRP），这是日本学者 20 世纪 90 年代提出的面向市场多样化需求的制造工程思想和方法。它以分析产品"变换性"的根源入手，分析产品结构变化性和制造结构变化性对产品制造成本的影响，创造性地将产品成本分为"功能成本""变化成本"和"控制成本"。该方法采用固定与可变技术、模块化技术、功能复合和集中技术、范围划分技术和趋势分析技术，寻求三种成本间的平衡，从而达到增加产品的批量、控制产品成本、生产产品多样化的目的。

面对全球化的市场竞争，单个企业依靠对自己资源的组织和调整是赶不上市场变化的，必须充分利用外部资源的优势，实行敏捷制造的战略。企业通过互联网与相关企业结成动态联盟，利用各企业的分工优势，例如甲厂的设计、乙厂的生产能力和丙厂的销售网点形成合力，迅速开发新产品，占领市场。

二、厂址策划

1. 厂址策划的含义及意义

厂址策划是指确定企业坐落的区域位置。厂址确定是否合理对企业发展有着重要的意义：第一，合力确定厂址可以节约建厂投资，缩短建厂周期；第二，它对投产后企业的运输、成本、质量、职工稳定都起着重要的作用；第三，对企业周围地区的环境污染、劳动就业、财政收入、社区发展产生重大影响；第四，某些重大企业建立对国民经济的生产力布局调整发挥作用。

2. 厂址策划应考虑的影响因素

厂址策划属于重大决策，涉及的面广，需要考虑的影响因素多，一般应从以下几个方面考虑：第一，自然地理方面的因素，它包括建厂地区土地、气候、水源、能源、交通和环保等方面的基本情况；第二，经济方面的因素，它包括建厂所要投入的土地、基础设施、电力、环保等各种费用，估算投产运行后在材料、工资、运输等方面形成的成本、售价和利润；第三，政治社会方面的因素，包括当地政治环境、政策法律、文化教育、生活水平等各种因素能否有利于企业的建立和发展。

3. 厂址策划的程序

选择的程序一般分为三个阶段。第一个阶段是准备阶段，收集各方面的资料，初步拟订一个建厂规划，对准备建厂的地区、地点提出设想。第二个阶段是现场勘查，由企业、设计、城建、环保等主管单位组成小组，对各种设想的方案进行现场勘查，选择出若干个厂址，分析整理成厂址比较方案汇总表。最后一个阶段是确定方案，对待选的厂址方案进行全面的技术经济论证，确定出一个最合理的方案。

4. 厂址策划的方法

厂址决策可以采取多种方法，既可采用计量模型的定量分析方法，也可采用一些设计原则作为判断标准的定性评价方法。在这里，我们重点介绍线性规划法和综合评价法在厂址选择中的应用。

例：某企业现有两个工厂 A 和 B，在 U、V 和 W 三个地区销售。企业为了发展，准备在某个城市新建一个工厂，现有两个备选地址 C 和 D。各工厂的生产能力、各地区的需求能力及各工厂到各地区的单位运价如表 5-2 所示：

表 5-2　　　　　　　　生产能力、需求和单位运价

现有工厂和备选工厂	生产能力（台/月）	到仓库的单位运费（元）		
		U	V	W
A	2 800	10	24	36
B	2 000	20	16	14
C	2 400	30	22	12
D	2 400	40	30	8
各仓库的需求（台/月）		2 200	1 400	2 600

采用线性规划的方法，我们把 C 和 D 分别作为备选的方案，计算出各方案的运费，经比较找出合理的方案。计算结果如表 5-3 和表 5-4 所示。

表 5-3　　　　　　工厂 C 方案选定情况下运输问题最优解　　　　　单位：台/月

工厂	仓库				能力
	U	V	W	虚拟仓库	
A	2 200（10 元）	（24 元）	（36 元）	600（0 元）	2 800
B	（20 元）	1 400（16 元）	200（14 元）	400（0 元）	2 000
C	（30 元）	（22 元）	2 400（12 元）	（0 元）	2 400
需求	2 200	1 400	2 600	1 000	

注：表中括号内数据表示每台运费的单价。

表 5 - 4   工厂 D 方案选定情况下运输问题最优解

工厂	仓库				能力
	U	V	W	虚拟仓库	
A	2 200（10 元）	（24 元）	（36 元）	600（0 元）	2 800
B	（20 元）	1 400（16 元）	200（14 元）	400（0 元）	2 000
D	（40 元）	（30 元）	2 400（8 元）	（0 元）	2 400
需求	2 200	1 400	2 600	1 000	

注：表中括号内数据表示每台运费的单价。

计算工厂 C 方案的运费：

$2\,200 \times 10 + 1\,400 \times 16 + 200 \times 14 + 2\,400 \times 12 = 76\,000$（元/月）

计算工厂 D 方案的运费：

$2\,200 \times 10 + 1\,400 \times 16 + 200 \times 14 + 2\,400 \times 8 = 64\,400$（元/月）

因此，取工厂 D 方案为最优方案。

例：现有 A、B 和 C 三个备选厂址的方案，选择方案过程不仅从经济方面进行，还要从能源、水源、发展、环保等诸多方面进行比较。如表 5 - 5 所示，它表明不同因素的权重分数级别表，从投资费用到三废处理工 8 个因素，每个因素在整体评估值中权重不同，分四个等级评分。根据这个评分标准聘请专家对三个方案进行打分，其结果如表 5 - 6 所示，以 A 方案分值最高，为最优方案。

表 5 - 5   厂址选择评价因素分值表

选择因素	等级评分			
	最优（1）	良好（2）	一般（3）	不好（4）
投资费用	40	30	20	10
交通运输	40	30	20	10
能源供应	40	30	20	10
劳力来源	20	15	10	5
用水供应	20	15	10	5
企业协作	16	12	8	4
发展余地	16	12	8	4
三废处理	8	6	4	2
最大分值	200	150	100	50

表 5-6 厂址方案评价表

选择因素	甲方案		乙方案		丙方案	
	等级	分值	等级	分值	等级	分值
投资费用	(1)	40	(2)	30	(3)	20
交通运输	(3)	20	(1)	40	(2)	30
能源供应	(1)	40	(3)	20	(2)	30
劳力来源	(2)	15	(4)	5	(3)	10
用水供应	(2)	15	(3)	10	(1)	20
企业协作	(3)	8	(2)	12	(1)	16
发展余地	(1)	16	(3)	8	(4)	4
三废处理	(2)	6	(3)	4	(1)	8
合计值		160		129		138

复习思考题

1. 生产策划的含义和内容包括哪些方面？
2. 工艺决策的内容包括哪些方面？
3. 产品成本策划的程序和方法是什么？
4. 厂址策划的含义及意义是什么？

第六章　营销战略策划

案例与相关衔接

何谓公关策划战略策划

与其他营销策划的流程基本一致，在完成了项目调查研究以后，公关活动策划就进入了设计规划阶段。这是公共关系工作中最富有创意的部分。公共策划可以分成战略策划和战术策划两个部分。

战略策划指对组织整体形象的规划和设计，因为这个整体形象将会在相当长一段时间内连续使用，关系到组织的长远利益。而战术策划则是指对具体公共关系活动的策划与安排，是实现组织战略目标的一个个具体战役。制订公关计划，最根本的任务就是组织形象的战略策划。在每一次具体公关活动中，公关部门究竟要完成什么任务，首先取决于在计划阶段的形象设计。只有在此基础上，组织才能进一步策划具体的公关活动。简言之，离开了组织形象的战略策划，具体的公关活动就失去了灵魂，变成了一种效益低下的盲目投资，有时甚至会产生负面的效果。

（1）组织形象的战略策划。组织形象的战略策划，包括对组织未来若干年内生存发展环境的战略预测，组织将会遇到哪些竞争对手，组织的公众结构及公众的需求将会发生什么样的变化等组织发展的战略性思考。可以说，组织形象的战略策划应成为组织各项工作的基本指针。同时组织形象的战略策划，要有一定的稳定性，应在至少5年以上的时间内保持不变，因此意义重大，必须慎重。

注意战略策划与战术安排的协调

战略和战术这两个词是从军事上借用来的，战略是指涉及一场战争或战役的关键性决定，如向谁开战，何时开战，要达到什么战略目标等。战术则是指为了实现战略目标，如何调动兵力，使用飞机还是导弹，如何安排后勤支援等。将其应用于公关实践，就是在确定了组织的总体形象以后，还要通过具体制订公关活动计划，以保证总体形象的实施。为此要注意以下几点：注意公关目标与组织整体形象的一致性；制订公关计划要避免范围过广，主题不突出；公关活动在完成战略目标的前提下，要有一定的灵活性，包括时间和要求；公关计划要注意上下衔接，为下一次活动留下余地和接口。

（2）公关活动的战术安排。当组织的战略形象确定以后，具体的任务就是落实它，每一次战术性的公关活动，都是公关战略目标的实现。具体公关活动的策划过程如下：

①确定主题。公共关系目标是经过公关人员的专业策划，开展各类公关活动所要

追求和渴望达到的一种目的或状态。也就是组织通过公关活动，准备"做什么"，和"要取得什么成果"。对于公关活动来说，确定公关目标具有十分重要的意义。

②选择公众。一个组织的公众往往是多方面的，但一次公关活动则要有所侧重，面面俱到是不现实的。组织需要根据宣传的主题选择公众。这样，公关活动才能重点突出，顺利达到预期的目的。由于不同的公众有不同的经济条件、文化修养、生活习惯、价值观念、利益要求，对组织所持的态度也不尽一样。因此，组织在选择公众以后还要根据公众的特点选择传播渠道和公关模式。总之，对公众的了解越彻底，公关目标就越有针对性，实行效果也就越好。

③选择公关模式。所谓公关模式，就是指由一定的公关目标和任务，以及为现实这种目标和任务所应用的一整套工作方法构成的一个有机系统。公关模式不同，其功能也就不同。在制订公关计划时，要根据事先确定的主题选择的公众，选择公关模式。常见的公关模式包括：

宣传型公关。主要利用各种传播媒介直接向公众表白自己，以求最迅速地将组织信息传输出去，形成有利于己的社会舆论。这是最经常采用的公关模式，包括发新闻稿，登公关广告，召开记者招待会，举行新产品发布会，印发宣传材料，发表演讲，制作视听材料，出内部刊物、黑板报，等等。其特点是：主导性强，时效性强，范围广，能迅速实现组织与公众的沟通，获得比较大的社会反响。但它的局限性主要表现为：传播层次浅，信息反馈少，使传播效果一般停留在"认知层次"。

交际型公关。以人际交往为主，目的是通过人与人的直接接触，为组织广结良缘，建立起社会关系网络，创造良好的发展环境。其具体内容包括：各种招待会、座谈会、宴会、茶会、慰问、专访、接待、个人信函、电话等。交际型公关特别适用于少数重点公众。其特点是：灵活而富有人情味，可使公关效果直达情感层次，但缺陷是活动范围小，费用高，不适用于大数量的公众群体。

服务型公关。以提供各种实惠的服务工作为主，目的是以实际行动获得社会公众的好评，树立组织的良好形象。其具体工作包括：售后服务、消费引导、便民服务、义务咨询等。服务型公关能够有效地使人际沟通达到"行动"层次，是一种最实在的公共关系。

社会型公关。以各种社会性、赞助性、公益性的活动为主，组织通过对社会困难的行业的实际支持，为自己的信誉进行投资。其主要形式包括：开业庆典，周年纪念，主办传统节日，主办电视晚会，赞助文体、福利、公益事业，救灾扶贫等。一个组织不论经营什么行业，它都是社会整体中的一员，负担着不可推卸的社会责任。

征询型公关。以采集信息、调查舆论、收集民意为主，目的是通过掌握信息和舆论，为组织的管理和决策提供参谋。其具体工作包括：建立信访接待制度、进行民意调查、建立热线电话、收集报刊资料等。征询型公关是一项日常的工作，要坚持不间断地进行下去。

④选择公关策略。公关策略是指组织根据环境的状况及组织自身的变化，所采取的公共关系行为方式。具体而言，公关策略包括以下几种：

建设型公关是指组织的初创时期，或某一产品、服务刚刚问世的时候，以提高知名度为主要目标的公关活动。这时组织的形象尚不确定，产品的形象也没有在公众的头脑中留下什么印象。此时公关策略应当是以正面传播为主，争取以较大的气势，形成良好的"第一印象"。从公众心理学的角度讲，就是争取一个好的"首因效应"。其常用的手段包括：开业庆典、剪彩活动、落成仪式、新产品发布、演示、试用、派送等。

维系型公关是指社会组织在稳定、顺利发展的时期，维系组织已享有的声誉，稳定已建立的关系的一种策略。其特点是采取较低姿态，持续不断地向公众传递信息，在潜移默化中维持与公众的良好关系，使组织的良好形象长期保存在公众的记忆中。

防御型公关是指社会组织公共关系可能出现不协调，或者已经出现了不协调，为了防患于未然，组织提前采取或及时采取的以防为主的措施。

进攻型公关是指社会组织与环境发生某种冲突、摩擦的时候，为了摆脱被动局面，开创新的局面，采取的出奇制胜、以攻为守的策略。组织要抓住有利时机和有利条件，迅速调整组织自身的政策和行为，改变对原环境的过分依赖，以便争取主动，力争创造一种新的环境，使组织不致受到损害。

矫正型公关是社会组织公共关系状态严重失调，组织形象受到严重损害时所进行的一系列活动。社会组织要及时进行调查研究，查明原因，采取措施，做好善后工作，平息风波，以求逐步稳定舆论，挽回影响，重塑组织形象。矫正型公关属于危机公关的组成部分，如组织发生各种危机后采用的各种赔偿、致歉、改组等活动。

作者：曹梦娟

市场营销是一个涉及生产、销售等阶段的完整过程，是由战略和策略密切结合构成的有机系统。营销战略的核心是把消费者的需求转化为企业的盈利机会。

第一节　营销战略策划概述

一、营销战略的含义

市场营销战略是指企业为实现一定的营销目标而设计和制定的带有全局性、长远性和根本性的行动纲领和方案。

市场营销战略是企业营销战略的具体化，是企业经营战略在市场营销方面的展开，在整个企业经营战略中处于中心地位。因为企业经营的主要任务是吸引、保持和扩大顾客，如果企业不能赢得更多的顾客，企业就失去了存在的价值和意义，而市场营销的基本任务就是以优质的产品、合理的价格、全方位的服务实现使顾客满意的利益和需求。所以在企业经营管理这样一个系统工程中，要实现顾客需求的高度满意，必须有职能部门的通力合作和协调配合，而这种协调和配合，如果脱离了营销的宗旨，就没有了实际意义。

营销战略不同于营销策略，市场营销策略是指企业为实现市场营销战略，并依据企业外部环境因素和企业内部条件，所做出的具体谋划和对策。正确的营销策略还可以对营销战略进行一定程度地调整和补充。而市场营销策略还可对营销战略进行一定程度的调整和补充。而市场营销战略作为企业长时期内市场营销活动的总体谋划，具有原则性、稳定性、持久性和整体性等特点，一般不可随便更改和调整。对于一个企业而言，营销战略失误，正确的营销策略也难以避免全局的失败；如若营销策略有误，战略目标也难以实现。

二、营销战略的特点

（1）全局性。
（2）长远性。
（3）导向性。
（4）竞争性。
（5）原则性。
（6）稳定性。

三、营销战略的作用

营销战略是企业从事市场营销活动的生命线，它的正确与否直接关系到企业的兴衰成败。正确的战略可以让企业在发展变化的市场环境中捕捉机会，躲避风险，争取主动权，以免在机会面前无所作为，在风险面前手足无措；战略是企业联系现在与未来的纽带，可以充分发挥企业今天已有的形式，扬长避短，在未来获得成功；战略可以不断促进企业提高营销管理水平，避免营销中的短期行为，为企业长期、稳定发展打下基础。

实践中，营销战略的正确与否，不仅关系到企业营销运作的成败，而且会影响企业所在行业乃至整个产业的发展前景，进而影响一个国家的经济实力和国际竞争力。

四、营销战略的制定

企业的市场营销战略，既要以本企业的微观经济活动为基础，又要从宏观经济的高度来规划。企业市场营销战略的制定过程，可分为以下基本步骤：

1. 市场环境分析

对市场环境的准确分析，是企业制定营销战略的主要依据。战略必须建立在周密的调查研究和准确的情报信息基础上。市场环境分析主要包括：顾客需求情况分析、市场竞争分析、供销渠道情况分析、政府有关政策分析和企业实力分析。

2. 确定企业的任务与目标

制定营销战略，首先要确定企业的任务和目标，使企业目标与市场机会相匹配，即所谓"市场定向"，这是企业战略要解决的首要问题。具体包括企业任务和营销战略目标。

3. 拟订预选方案

在企业的营销战略目标制约下，根据对市场环境的全面分析，战略制定者要拟订几个不同策略组合的营销战略方案，供企业领导选择决策。

4. 综合评价选优

这是企业制定营销战略计划的关键性步骤，即做出最终决策。具体方法是，领导者组织专家对各种预选方案进行经济与技术的全面评价，分析论证其技术可行性与财务效果，从中择优选出一个既符合国家的方针政策，又能满足目标市场需求，还能给企业带来较大经济效益的"最优方案"或"满意方案"。

5. 市场营销战略策划

市场营销战略策划是对企业市场营销战略的谋划和规划。市场营销活动贯穿于企业的整个生产经营活动过程，包含的内容相当广泛，与之相对应的市场营销战略也就有多种类型。市场营销战略策划通常包括：目标市场战略策划、市场竞争战略策划、市场进入战略策划和市场扩张战略策划等。

第二节　目标市场战略策划

目标市场营销战略由三个步骤组成：一是市场细分；二是选择目标市场；三是进行市场定位。

一、市场细分

细分市场是具有一个或多个相同特征并由此产生类似产品需求的人或组织的亚群体。从一个极端来讲，我们可以把市场上的每个人和每个组织定义为一个细分市场，因为每个人或组织都是不同的。从另一个极端来讲，我们可以把整个消费者市场定义为一个大的细分市场，把产业市场定义为另一个大的细分市场。所有的人都有一些类似的特征和需求，所有的组织也是如此。

这个将市场分成有意义的、相似的、可识别的部分或群体的过程叫做市场细分。市场细分的目的是使营销人员能够调整营销组合来满足一个或多个细分市场的需求。

1. 市场细分的客观基础

顾客需求的异质性是市场细分的内在依据；企业的资源限制和有效的市场竞争是市场细分的外在的强制条件。

2. 市场细分的依据

市场细分要依据一定的细分变量来进行。消费者市场的细分主要有地理细分、人口细分、心理细分和行为细分。

3. 市场细分的有效标志

细分市场有许多方法，但并非所有的细分方法都切实可行。要想使细分市场充分发挥作用，细分市场就必须具备几大特点：可衡量性、可进入性、可盈利性。

二、选择目标市场

市场细分之后，企业就应该对细分市场进行评估，结合自身的实际情况，选择最具优势的子市场作为自己的目标市场。

1. 评估细分市场

企业在评估各种不同的细分市场的时候，必须考虑三个因素：细分市场的规模和增长程度、细分市场结构的吸引力以及企业的目标和资源。

2. 选择细分市场

在评估不同的细分市场之后，企业就需决定选择哪些和选择多少细分市场。这就是目标市场的选择问题。目标市场是指企业决定进入的、具有共同需要的购买者集合。企业可以考虑下列五种目标市场模式：密集单一市场、有选择的专业化、市场专业化、产品专业化和完全市场覆盖。

3. 目标市场涵盖战略

企业可以根据自己的实际情况，任选一种市场覆盖战略，即无差异营销、差异营销和集中营销。

三、进行市场定位

随着市场经济的发展，在同一市场上有许多同一产品的出现。企业为了使自己生产或销售的产品获得稳定的销路，要从各方面为产品培养一定特色，树立一定的市场形象，以求在顾客心目中形成一种特殊的偏爱，这就是市场定位。

市场定位的实质是取得目标市场的竞争优势，确定产品在顾客心目中的适当位置并留下深刻的印象，以便吸引更多的顾客。因此市场定位是市场营销战略体系中的重要组成部分，它对树立企业及产品的鲜明特色、满足顾客的需求偏好，从而提高企业竞争实力具有重要的意义。

1. 市场定位的方法

传统的以产品和消费者特征而非以顾客所要完成的工作为依据来分析市场，做出企业的市场定位决策是一种危险的做法。

市场营销的艺术主要集中在市场细分：界定具有充分类似性的客户群，以便使同种产品或服务对他们均具有吸引力。市场营销人员通常根据下述标准对市场进行细分：产品类别、价格水平、对作为消费者的个人或公司进行的人口统计和消费心理分析。在投入如此大的精力进行市场细分后，为什么建立在这些类别划分或市场细分方案基础上的产品推广策略却屡遭失败呢？在我们看来，原因在于这些策略都是以产品和用户的特性来分析的。以特性为基础的市场分类理论只能揭示特性和结果之间的相关性。只有当市场营销理论能够提供可信的因果关系，并且建立在以环境为基础的市场分类方案上时，管理者才能自信地判断产品有什么样的特性、功能，以及市场定位能够导致消费者购买某种产品。

制订具有可预测性的营销方案，需要了解消费者购买和使用产品的环境。具体而言，消费者经常会有需要请别人完成的"工作"。当消费者意识到自己需要别人完成某项工作时，他们便会四处寻找可以"雇佣"的产品或服务来完成该工作。这就是消费者的生活。他们的思维过程首先是意识到自己有工作需要完成，然后就使用某种物品或雇佣别人以尽可能高效、便捷、低成本地完成该任务。消费者需要请别人完成的工作的功能性、情感性、社会性方面的因素构成了消费者购买商品的环境。换言之，消费者想要完成的工作或其所想得到的结果就构成了以环境为基础的市场细分。以消费者所处的环境而非消费者本身为基础对产品进行定位的公司通常能够开发出可以取得预想成功的产品。也就是说，市场分析的关键内容是消费者所处的环境特性而非消费者自身特性。

为了证明上述观点，我们来分析一家快餐店在提高奶昔的销量和利润方面所做的努力。为了确定最有可能购买奶昔的顾客的特征，这家连锁店的市场营销人员从行为心理学的各个方面对顾客进行了分类。首先根据产品建构其市场，接着再根据现有奶昔顾客的特征对市场进一步细分。二者都是以特征为基础的市场划分方案。然后再将具有这些特征的消费者人群集中起来，并探究是否可以通过把奶昔做得更浓、增强巧克力味、降低价格、增加果粒等方法更好地满足他们的需要。这家连锁店得到了有关顾客需求的详细信息，但产品的改进并没有显著地改变产品的销量和利润。

然后一批新的研究人员参与进来，研究顾客究竟为什么购买奶昔。他们的方法帮助连锁店的管理者看到了传统市场研究方法所忽视的情况。为了了解顾客在购买奶昔时的目的，研究人员在一家餐厅花了 18 个小时，认真统计奶昔购买者的情况。他们记录了每一笔交易的时间，顾客除了奶昔还购买了哪些产品，顾客是单独还是结伴来的，顾客是在餐厅吃完食物还是带出餐厅驱车而去等。这项工作最让人惊奇的发现是：几乎半数奶昔是在大清早卖出的。最常见的情况是：奶昔是这些顾客唯一购买的食物，而且他们很少在餐厅内吃奶昔。

接下来研究者对那些早上购买奶昔的顾客进行了访谈，以弄清楚这些人为什么买奶昔，以及他们会购买什么替代食品以实现相同的效果。大多数早上购买奶昔的顾客出于一系列相似目的。他们都要经受漫长而乏味的上班旅途，所以需要点什么给旅途增添点乐趣。他们此时对食品有"多重任务"要求，买奶昔时并不饿，但他们清楚如果现在不吃东西，到 10 点的时候就会感到很饿。他们还要受到一些限制：他们忙忙碌碌，总是穿着正装，最多只能腾出一只手来。

当这些顾客到处寻找能够完成这些任务的食品时，有时他们会购买面包，但面包会使他们的衣服和汽车沾满碎屑。如果面包上涂着奶油或果酱，则会把他们的手指和方向盘弄得很黏糊。有时他们吃香蕉，可是香蕉很快就被吃完了，不能解决旅途枯燥的问题。作为早餐，餐厅也提供各式各样的香肠、火腿或三明治，但这些食品把他们的手和方向盘弄得油腻腻的，即使顾客挤出吃三明治的时间，那时三明治也已经凉了。结果表明与其他现有可供选择的食品相比，奶昔更能满足这些顾客的需要。如果安排合理，通过细细的吸管吸完奶昔需要 20 分钟时间，足以度过乏味的上班旅途。吃奶昔仅用一只手即可，既干净又没有溅漏的危险。与大多数其他食品相比，吃完奶昔后不会感到特别饿。顾客可能因奶昔不是健康食品而稍有不快，但这并不重要，因为顾客购买奶昔并非为了使自己健康。

研究人员发现，在其他时间，通常是父母在点了主食后，会给孩子额外再要一份奶昔。他们买奶昔是为了完成什么？他们在精神上疲倦了：一整天不停对自己的孩子说"不"，他们只是需要使自己感觉像通情达理的父母。他们通过奶昔这种无伤大雅的方式安抚自己的孩子，以表明自己是有爱心的父母。可是研究人员发现奶昔在这方面发挥的作用并不理想。他们看到父母已经吃完自己的食物，而孩子却仍然在吸吮粘在盛器壁上厚厚的奶昔，父母则在旁边不耐烦地等着。许多奶昔只吃了一半就被丢掉，因为父母宣称没时间了。

沿着人口统计和消费心理分析的路线细分市场，确实提供了有关个体消费者的信息。但是同一位忙碌的父亲，早上他自己需要一个黏黏的奶昔消磨时光，而后需要给孩子买其他不同的东西。研究人员询问了那些从事不同工作的顾客，就应该改进奶昔的哪些特征征求他们的意见，并把每个顾客的回答与其他同属于一个人口统计和消费心理细分区域的顾客的意见进行平均分析，最终的结果产生了一个不能满足任何顾客的需要的"四不像"奶昔。

这家连锁餐厅在早上究竟在与谁竞争？统计数据将他们的奶昔销量与其竞争对手进行了比较。可是在顾客看来，早上奶昔的竞争对手是无聊、面包、香蕉、速溶咖啡，在晚上，奶昔的竞争对手是曲奇、冰激凌以及承诺将来会给孩子买但同时又希望孩子不会想起来的东西。

知道一种产品能够胜任什么工作，这为经营者改进产品提供了一条更加清晰的路线图，以便站在顾客的角度赢取真正的竞争。比如为了缓解上班路途上的无聊和乏味，连锁餐厅可以在奶昔中加入真正的小块水果，这样司机嘴里就会不时吸到爽脆美味的水果块，为单调无趣的路途增添一份意外和期盼。连锁餐厅可以把奶昔做得更浓，以延长吮吸的时间。他们还可以在每个连锁餐厅里设立一台自助机，顾客可以用银行卡或者硬币进行操作，这样可以快进快出而减少等待时间。

要完成晚上的工作则需要不同的产品：黏性较低消化较快，外包装也要小巧，装饰要生动可爱。可以把这种廉价奶昔随儿童套餐附送，这样一来，当孩子向父母提出要求时，父母则不用过多考虑即可爽快地答应了。

如果连锁餐厅实施那些真正有助于满足顾客需求的改变，抛弃那些与顾客使用该产品的目的无关的改进，这种改变会有明显的效果，但这不是通过从与之竞争的对手那里夺取已有的市场份额中更多的部分，也不是依赖通过调整菜单上其他产品，相反这种销量的增长是通过从消费者有时购买的其他种类的商品上争取新的消费所实现的，而那些商品只能给消费者有限的满足感。或者更重要的是：该产品可能在非消费者群体中发现新的增长机会。这个世界充斥着标准化的"万金油"产品，他们并不能令人满意地满足顾客的需求，与非消费的竞争往往会带来最大的消费增长源泉。

有人会说上面这个例子太特殊了，不具有代表性，传统的市场定位研究方法在很多方面还是很有效的，那么我们再来研究一个假定的案例，看两种方法分别会把我们带向何方。

当前手机智能化是一个热门市场的热门话题，各手机生产厂家都希望在各自的产品中加入更多的功能，于是有了可以上网的手机，也有可以摄像的手机等诸如此类功能越来越强大、复杂的产品。假定有一家名叫娇子的新手机公司生产的"王牌"手机，通过其新功能——通过使人们可以在诸如排队、等车和开会等环境中方便地接收邮件的方式——获得一定的市场份额而站住了脚跟。那么下一步该怎么办？娇子公司如何维持它的"王牌"产品的改进和业绩增长轨迹呢？

当然，每个月都有大量关于如何改进下一代"王牌"产品的新鲜创意涌进管理者的办公室。公司应该对哪些创意进行投资，而又应该忽略哪些创意？这些决策非常重要，在这个快速增长的市场中，它们涉及数以千万的利润风险。

娇子的管理者可能会认为他们的市场是按照产品种类划分的，用某些人的话来讲，就是"我们在手持无线设备领域进行竞争"。但是如果是这样，他们会发现索爱、诺基亚、摩托罗拉、三星生产的移动电话以及多普达等装有微软操作系统的移动智能手机都在与"王牌"进行竞争。为了领先于这些竞争对手，娇子公司需要更快地开发出更好的产品，因为竞争对手们的实力都很强劲，都在快速推出更新、功能更全的产品。娇子如果不能奋力跟进是否意味着落后了呢？

按照以产品特征界定市场的理念将导致管理者产生这样的想法：为了在竞争中获胜，娇子公司需要在下一代"王牌"产品中相应地增加一些功能。当然娇子公司的竞争对手也有同样的想法：为了领先其他所有竞争对手，所有的公司都试图在自己的产品中融入竞争对手产品的最突出的功能。我们担心的是，按照产品特征对市场进行细分会促使公司草率地走向生产无差异的标准化产品之路，这样的产品根本就无法很好地完成顾客可能需要它完成的特定工作。

或者娇子公司主管还可能按人口对市场进行细分定位，如以商务旅行者为目标，然后将为了满足这些顾客的需要所做的产品改进加到"王牌"产品上。这样的设计使得娇子公司不得不考虑另外一组完全不同的功能需求设计。比如嵌入客户关系管理软件被人们认为非常关键，因为它使销售人员在与顾客接洽之前就能快速查询交易记录和订单情况；可下载的电子书刊与杂志可以免去顾客背负装满厚重的阅读资料的公文包之苦；带有提供改变旅游预定、股票交易、通过全球定位系统查找饭店等功能的无线互联网接入服务可能会非常有吸引力；具有将费用开支报告无线传输给总部的功能软件似乎也必不可少。越来越庞大的开发计划将使新产品的发布遥遥无期。

每一位参与市场战略定位决策的管理者都非常理解回答诸如此类问题时的痛苦和艰难。难怪许多人认为决策的正确性就像赌博一样不可预测，或者更糟。

如果娇子公司根据人们使用该产品所要完成的任务来划分市场，情形会怎样呢？我们没有对此深入研究过，也许他们中的绝大多数只是在用它来打发小块的、不用就会浪费掉的时间。在机场等待登机的长队中，可能会使用"王牌"阅读邮件；公司管理人员在开会时会打开一直处于待机状态的"王牌"并放在桌上的话，又会在做些什么？如果会议节奏太慢或太乏味，可以扫一眼上面的消息，这样既不显得失礼，同时又可以充分利用时间，如果会议节奏加快，他可以把它放在一边重新集中注意力。

这时"王牌"产品在同什么竞争？人们需要抓住小块时间做点事情时，如果不用"王牌"，他们会使用什么产品？也许会看看报纸，有时候他们做些笔记，有时他们会很不在意地看几眼电子显示屏中的布告，或者在枯燥的会议上坐着两眼发呆。站在消费者的立场上，这些正是"王牌"最直接的竞争对手。

这样的市场框架意味着公司应对"王牌"的无线电子邮件平台做出什么改进呢？Word、Excel 和 CRM 等软件恐怕不行，在短短的几分钟的小块时间内很难完成程序导入、转换心态、高效工作、减速换挡这一系列的活动。

但是对于娇子公司而言，应用 IVR 交互式语音应答技术也许是个好主意，因为接收和回复语音信息不失为另一种卓有成效的利用小块时间的方式；财经新闻标题和股指信息也可使"王牌"有效对抗报纸；简单的单人游戏或者自动下载的诸如十大优秀运动员排行榜新闻都能够消除无聊和乏味，从而赢得市场份额。从顾客使用该产品所要完成的工作角度来看待市场，那么娇子公司制订的新产品开发计划就能更好地反映顾客的真实生活。

如果娇子将它的"王牌"产品定位在帮助人们充分利用小块时间上，多普达将它的产品定位在帮助人们做事更加系统和有条理上，而 CDMA 的手机则定位于带给年轻人更多乐趣，那么这些产品在消费者看来就各不相同：每样产品都会在其相对应的市场中拥有大的市场份额。因为这些产品出现在消费者生活中的不同时间和地点，我们认为在相当长的时间内，大多数消费者将选择分别拥有这些产品，而不会使用一个单独的、像万金油式的设备。也就是说，除非出现一个无须牺牲功能性、简单性、便捷性就能够完成所有这些工作而且价格具有竞争力的万能型产品。

不幸的是很多生产商都努力在自己的产品中加入竞争对手的产品功能，要制造功能齐全的万能型产品。如果不加抑制，这将导致产品相互雷同而丧失自己的特点，结果反而连原来能够完成的工作也无法很好地完成。其实这样做根本就没有必要。以产品和消费者特征，而非以所要完成的工作划分市场的做法最终将导致产品走上自我毁灭的道路。

一个产品有好的定位，必须依赖于一个好的定位方法。各种定位方法的目的就是寻求产品在某方面的特色优势并使这种特色优势有效的像目标市场显示。常用的产品定位方法有：根据产品属性和利益定位；根据产品价格和质量定位；根据产品用途定位；根据使用者定位；根据产品档次定位；根据竞争地位定位；多种因素定位。

2. 市场定位战略

常用的市场定位战略有以下几种：初次定位；重新定位；对峙定位；回避定位。

除此之外，市场定位的方法还有：根据属性和利益定位；根据价格和质量定位；根据用途定位；根据使用者定位；根据产品档次定位；根据竞争局势定位以及各种方法组合定位等。

第三节　市场竞争战略策划

正确的市场竞争战略，是企业成功地实现其市场营销目标的关键。企业要想在激烈的市场竞争中立于不败之地，就必须树立竞争观念，制定正确的市场竞争战略，努力取得竞争的主动权。现代市场营销理论根据企业在市场上的竞争地位，把企业分为四种类型：市场主导者、市场挑战者、市场跟随者和市场补缺者。

一、市场主导者的战略

市场主导者是指在相关产品的市场上占有率最高的企业。

1. 扩大市场需求总量

一般市场主导者可从三个方面扩大市场需求量：发现新用户、开辟新用途和增加使用量。

2. 保护市场占有率

防御战略一般有六种：阵地防御、侧翼防御、以守为攻、反击防御、运动防御和收缩防御。

3. 提高市场占有率

企业提高市场占有率应考虑三个因素：引起反垄断活动的可能性；为提高市场占有率所付出的成本；争夺市场占有率时所采用的市场营销组合战略。

二、市场挑战者的战略

市场挑战者是指那些在市场上处于次要地位的企业，每个处于次要地位的企业，都要根据自己的实力和环境提供的机会与风险，决定自己的竞争战略是"挑战"还是"跟随"。市场挑战者如果要向市场主导者和其他竞争者挑战，就要选择适当的进攻战略。

1. 正面进攻

它指集中全力向对手的主要市场阵地发动进攻，即进攻对手的强项而不是弱点。

2. 侧翼进攻

它指集中优势力量进攻对手的弱点，有时可采取"声东击西"的挑战，佯攻正面，实际攻击侧面或背面。

3. 包围进攻

它是一种全方位、大规模的进攻战略，挑战者拥有优于对手的资源，并确信围堵计划的完成足以打垮对手时，可采用这种战略。

4. 迂回攻略

这是一种最间接的进攻战略，完全避开对手的现有阵地而迂回进攻。具体方法有三种：发展无关的产品，实行产品多元化；以现实产品进入新地区的市场，实现市场多元化；发展新技术、新产品，取代现有产品。

5. 游击进攻

这是主要适用于规模较小、力量较弱的企业的一种战略。游击进攻的目的在于以小型的、间断性的进攻干扰对手的士气，以占据长久性的立足点。

三、市场跟随者的战略

每个市场跟随者都必须懂得如何保持现有顾客，并争取一定数量的新顾客；必须设法给自己的目标市场带来某些特有的利益；还必须降低成本并保持较高的产品质量和服务质量。其中跟随战略可供选择的方法有：

（1）紧密跟随。

（2）距离跟随。

（3）选择跟随。

四、市场补缺者的战略

所谓市场补缺者，是指精心服务于市场的某些细小部分，而不与主要的企业竞争，只是通过专业化经营占据有利的市场位置的企业。

选择市场补缺基点时，多重补缺基点比单一补缺基点更能减少风险，增加保险系数。因此，企业通常选择两个或两个以上的补缺基点，以确保企业的生存和发展。取得补缺基点的主要战略是专业化市场营销。具体来讲，就是在市场、顾客、产品或渠道等方面实行专业化。

（1）最终用户专业化。

（2）垂直层面专业化。

（3）顾客规模专业化。

（4）特定顾客专业化。

（5）地理区域专业化。

（6）产品或产品线专业化。

（7）客户订单专业化。

（8）质量和价格专业化。

（9）服务项目专业化。

（10）分销渠道专业化。

第四节　市场进入战略策略

一、市场进入的含义

所谓市场进入是指企业根据自己的市场扩张战略而决定进入到一个本企业尚未开发和涉足的新区域或产业领域的行为与过程

（1）市场进入必须服从于企业生存和扩张的整体战略。

（2）市场进入的对象必须是新的市场，包括区域的或产业的或二者兼及的。

（3）市场进入既是一种行为，同时又是一个过程。

（4）市场进入的主体必须是企业，市场进入的方式和途径也必定是市场活动，整个活动必须在市场上完成。

二、市场进入过程

市场进入作为一个过程，包括三个阶段：启动期、开业期和立足期。与之相对应，这三种时期的进入活动分别可称为：试探性进入、正式性进入和初具规模进入。

在启动期阶段，企业对所要进入的市场尚缺乏足够了解，对进入的成功与否亦无把握，因而进行试探性进入，即对目标市场进行调查研究，对进入方式和时机做策划，将产品在一定范围内进行试销等。

在开业期阶段，企业因对目标市场有了足够的了解和把握，决定正式进入该市场，为此要进行一系列活动，包括正式成立分支机构或确立合作关系，针对目标市场消费者进行广告宣传和组合营销推进，以及各种许可手续的办理。

在立足阶段，企业已经具备进入目标市场的基本条件，因而采取初具规模的进入方式，即为达到企业的初期进入目标，而能连续稳定地向新市场追加销售，包括市场渗透和初期扩张等。

三、市场进入时机策划

产品进入市场的有利时间决策，主要取决于市场需求和产品。

（1）新产品进入一个新市场以填补市场的需求空白时，进入市场宜早宜快，先入为主应该是这类产品应取的策略。

（2）以换代的新产品取代老产品时，进入的时机要合适。应在老产品处于销售旺季时进入市场，以便以老产品的稳定盈利抵补新产品入市时可能产生的亏损。同时，新产品投入初期的数量较少，也不会过于影响老产品的销售量。当老产品趋于衰退而使盈利下降或可能产生亏损时，新产品已进入了成长的后期或成熟期。这样，又可以用新产品较多的收益来补偿老产品的损失，从而使企业保持稳定的盈利水平。

（3）发展系列产品或变型产品的合适时间，应当是在基础产品进入成熟期时，导入系列新产品或新型产品。这是因为，产品在成熟期时用户最多，需求的差异性表现明显，在这个时候发展产品的新品种或新规格，可以提高企业产品满足用户需求的适应性。既提高了用户对企业的信任感，同时，产品的生命周期也可以得到合理的延长。

（4）防制产品进入市场的合适时间策略，应该是在竞争产品进入成长期迅速跟进。这样既可以利用竞争对手开拓新产品的市场成果，又使自己的产品有充分的发展余地；如果进入时间太晚，在竞争者已占有相当的市场优势，需求在已相当大程度上被满足的情况下，欲再争一席之地或谋求较大发展，势必遇到更多的困难。

（5）除考虑市场需求总量及其趋势以外，还要考虑需求的时间特点。

四、市场进入方式策划

其内容主要包括：

1. 生产能力决策

企业在必要的时间内形成进占目标市场的竞争能力，是实现进入市场目标的必要条件之一。解决这一问题的主要策略有：

独立发展策略。即依靠企业的内部资源独立开发、生产产品。

综合发展策略。即依赖企业外部力量，通过联合、协作、分包等方式使企业形成新的生产能力。

2．销售能力决策

要进入市场和占领市场，企业必须具有必要的销售能力和渗透市场的能力。除了组织结构和人员配备方面的问题外，企业还必须解决流通渠道及销售方式等问题。就通过流通环节进入而言，生产企业可以与中间商建立良好的固定经济关系，采用多种方式合作开拓市场，如经销、代销、联销和联营等，以保证稳定的销售渠道系统。其中可分为几种情况：

（1）对于升级换代较快的商品或出口商品采用与中间商联营的方式常常是有效的。它可以从利益上调动中间商的积极性，迅速打开局面。

（2）在目标市场较大而本企业又不具有销售优势的形式下，采用与其他企业联合经营的方式更为有效。

（3）对于生命周期短的产品，应该采取快速进入战略，各种方式和手段协同并用。

（4）新企业的产品，如果企业的实力不够强，可以找一个中间商合作，先用它的牌子进行销售，待打开局面，取得一定的市场占有率后再以自己的牌子销售；也可以直接用自己的牌子进入市场，但要做较多的促销工作。

（5）产品先从一个市场的一角进入市场，避免遇到强烈的竞争对手，这叫做单面策略，一般对小企业比较适用；大企业可以同时以几个产品向几个市场正面进入，这叫做多面策略。

3．技术创新能力决策

技术创新能力是指企业运用最新技术不断开发新产品，从而开拓新市场的能力。企业新进入市场的超强竞争优势的形成必须以技术创新能力为后盾。

复习思考题

1．营销战略的特点有哪些方面？
2．目标市场战略的内容包括哪些方面？
3．市场主导者的特征和战略都有哪些方面？
4．市场进入方式的策划具体内容是什么？

第七章　现代企业营销策划

案例与相关衔接

营销策划案例

以王府井百货大楼的市场号召力为基础，重新开张后的系列营销活动的目的在于树立重新开张后大楼的新形象，突出装修后的"变"（购物环境、店内设施、经营布局等）与"不变"（工作精神和服务理念等）。重新开张后的百货大楼在产品销售上以精品国货为主，通过做好每一次的销售活动，表现整体经营的效果。为了树立企业的良好形象，可以把社会公众所关心的热点问题作为切入点，将消费者的注意力吸引到王府井百货大楼。宣传过程中重点突出经营理念、服务理念和管理理念三大理念。

指导思想和预期目标。经营 44 年后，作为"新中国第一店"的王府井百货大楼完成了第一次闭店改造，将于 1999 年 8 月 28 日重新开张。为搞好这次活动，从指导思想和预期目标上来说，应做好以下几个方面的工作：

1. 以百货大楼的市场号召力为基础建立一系列重新开张后的促销活动，目的在于尽可能吸引目标顾客。为此，可以把顾客分成这样几种类型：传统实际型、现代理性型、购物乐趣型。

2. 为在社会公众心目中树立起大楼的良好形象，应重点宣传大楼的经营理念、服务理念和管理理念。

3. 树立重新开张后大楼的新形象，突出装修后"变"与"不变"。"变"体现在购物环境、店内设施、经营布局等方面；"不变"是指"一团火"的工作精神和"一切让顾客满意"的服务理念等。既要充分发挥和挖掘大楼原有的优秀传统，又要在企业形象上为大楼注入新的活力。

4. 通过重新开张初期的商品打折优惠活动，真正让消费者从中获得实惠，要争取尽可能多的顾客，造成较大的声势。从效果上看，重新开张的营销活动要赢得社会公众的广泛积极参与且在北京市引起热烈的反响。

5. 重新开张的营销应与关门闭店时的活动相适应，使过去参与闭店活动的老顾客有一种被重视的感觉，从而使消费者获得心理满足感，维持与顾客之间良好的情感交流关系。

6. 利用共和国 50 年大庆的时机做好商品营销活动，突出"国货精品"，以此为中心开展一系列活动。要求通过精品国货做好每一次商品营销活动，表现出整体经营的效果。

7. 通过漫画等简单直观方式向顾客传达主题，在视觉筹划方面突出生活化、生动化、形象化设计。

8. 以社会公众关心的热点问题作为切入点，开展一个较有影响的社会公益活动，将消费者的注意力吸引到大楼，借此炒热大楼重新开张这一话题，进一步树立企业的良好形象。

营销活动——商品

（1）百货大楼真情开业，亿元商品倾情酬宾

（2）迎国庆 50 周年国货精品推展月

（3）迎接 21 世纪新产品推介（11～12 月）

（4）迎新年商品推展活动（新年至春节期间）

营销活动——公众

特别的爱给特别的你——重新开张庆典活动

1. 宗旨：感谢顾客多年来对大楼的支持与关怀，烘托大楼重新开张的喜庆气氛，通过一系列活动给顾客以"回家的亲切感受"。

2. 活动内容：

（1）"迎重新开张喜糖大派送"

（2）"情谊礼品大赠送"

（3）旅游新干线

（4）特别的爱给特别的你——"一团火之夜"文艺晚会

营销活动——公益

21 世纪光明行动——角膜捐献活动（略）

开业庆典仪式

1."我爱我家"——内部庆典活动

（1）"一团火精神代代相传"火炬传递宣誓活动

（2）"我爱我家亲情大展示"

（3）"送份情谊给我家"

（4）《我的新起点》征文活动

2."特别的爱给特别的你"——外部庆典活动

（1）众手开启家门

（2）"迎重新开张喜糖大派送"

媒体计划

1. 新闻宣传（形象宣传活动）

2. 广告宣传

（1）电视广告

（2）报纸广告

（3）《北京青年报》DM 直投宣传单

（4）广播：北京人民广播电台新闻台 A1 段套播 8 月 30 日起

（5）《精品购物指南》豪华对外"时尚"版 8 次

案例评析

营销策划有三个主要特点：创造性、效益性、可行性。如果以今天的视觉结合以上特点，再来看这一营销策划方案，我们并没有太多的感觉，一个大学精品社团的系列活动策划从书面形式看足以与其相当。但在 1999 年，该营销策划案作为获奖的经典营销策划案，我想必有其成功之处。下面结合营销策划的定义和当时的社会背景简要分析。

营销策划是一种运用智慧与策略的营销活动与理性行为。王府井百货大楼营销策划案的策划者充分运用了现代市场营销策划策略，抓住了"企业理念营销""企业形象营销""市场细分战略"等营销策划秘诀。

首先，企业理念营销，企业理念具有永恒的魅力。作为"新中国第一店"的王府井百货大楼的经营理念、服务理念和管理理念具有非常强大的市场号召力，其永恒不变的"一团火"的工作精神和"一切让顾客满意"的服务理念等，很容易通过策划转化为市场营销力。

其次，通过企业形象策划，可以树立王府井百货大楼重新开张的新形象：突出装修后的购物环境、店内设施、经营布局等的新变化、新气象，突出重新开张后在产品营销上以精品国货为主；以社会公众所关心的热点问题作为切入点，突出装修后的大楼形象的新"变化"与为公众所长期认可的企业理念，赢得社会公众的广泛积极参与和强烈反响。

最后，通过运用市场细分战略，王府井百货大楼增强了对消费者的了解程度，使营销变得更有针对性，为准确的市场定位奠定了基础。王府井百货大楼在重新开张过程中通过把传统实际型、现代理性型、购物乐趣型顾客作为自己的目标顾客，加上适当的广告促销策略，王府井百货大楼从中获得了巨大的经济效益。正确贯彻市场细分战略是企业营销策划成功的关键所在。

营销策划是为了改变企业现状，达到理想目标。当时王府井百货大楼公司的现状是：核心业务从事零售商业经营和管理，拥有和经营多家大型百货零售商店，在 1998 年一年中，由于公司核心店所在地王府井大街于 5 月开始市政工程改造，挖沟铺设管线，致使交通断流，客流锐减，王府井大街的多数商家被迫关门歇业，使公司核心店百货大楼处于非正常经营状态下，严重影响了公司主业的经营成果。此外，公司新开业网点处于调整磨合阶段，尚未进入盈利期。

为了改变企业现状，王府井百货大楼公司决定充分利用王府井百货的知名度，秉承长久以来所形成以货真价实见称之声誉，巩固王府井百货的市场地位，以特色经营作为突破口，从商品、价格、服务、营销、环境等方面采取有效措施，切实提高企业的核心经营能力，扩大市场份额。

营销策划是一种借助科学方法与创新思维，分析研究创新设计并制订营销方案的理性思维活动。王府井百货大楼营销策划案的策划者充分运用了现代市场营销学的科学方法，准确运用"企业理念营销""企业形象营销""市场细分战略"等营销思维，以王府井百货大楼的市场号召力为基础，通过商品、公众、公益等营销视觉策划了重新开张后的一系列营销活动。这一系列营销活动的目的在于树立重新开张后大楼的新形象，突出装修后的"变"与"不变"。为了树立企业的良好形象，在策划案中把社会公众所关心的热点问题作为切入点，通过系列营销活动将消费者的注意力吸引到王府井百货大楼。对宣传过程的策划重点突出经营理念、服务理念和管理理念三大理念。

整个王府井百货大楼营销策划案表明营销策划必须借助于科学方法和创新思维才能取得成功，而一个详细的可行的营销方案与理性思维活动也是分不开的。

现代企业营销策划是企业在企业经营战略决策的基础上，根据企业经营环境特别是市场环境的现状及其变动趋势而做出的产品销售方面的决策，最终的结果是形成企业营销方案。

第一节　企业营销概述

一、企业营销的含义及企业营销观念或意识的演变

企业营销是指将企业拥有的产品或商品从本企业转移到购买者（顾客）手中的企业经营活动。对于制造性企业来说，企业营销活动和企业的生产活动、人力资源开发活动、财务活动、供应活动共同构成了制造型企业几项基本的经营活动；对于服务性企业来说，企业营销活动和企业的人力资源开发活动、财务活动、供应活动共同构成了服务型企业的几项基本的经营活动。从一般意义上讲，企业营销活动是企业经营活动的终点，但同时又是企业经营活动的始点，没有企业营销活动，企业拥有的产品就不能转换为货币，企业其他的经营活动如供应活动、生产活动、人力资源开发活动、财务活动等就不能正常运转并有可能无法发生，企业整个经营活动也就无法开展。

企业营销作为企业的一项基本经营活动，是在一定的经营思想指导下进行的。企业营销的经营思想是指企业以什么为中心来开展企业的营销活动。从总体来看，企业营销的经营思想即企业营销的观念或意识经历过从旧观念或意识发展到新观念或意识的历史过程，这一历史过程可概括为四个阶段：

1. 生产观念或意识

生产观念或意识是指企业以生产为中心来开展企业的营销活动。这是一种古老的经营思想，这一时期大约在企业产生开始——1920 年。这种观念的基本内容是：以改进、增加生产为中心，企业有能力生产什么产品，就销售什么产品。这种观念或意识一般是在"卖方市场"条件下形成的。持生产观念或意识的营销者认为：购买者或消费者总是喜欢那些随处可得、价格低廉的产品，因此，企业的中心任务就是致力于增加产量、降低成本、提高劳动生产率和尽可能扩大销售量和销售覆盖面，而很少考虑或者没有必要去考虑购买者或消费者是否有不同的要求，因而也就不必去做什么营销努力，开展什么市场调研活动。

一般来说，在以下两种情况下营销者在某种程度上的生产观念或意识对企业可能是合适的：一是产品供不应求，顾客最关心的是是否得到某一产品，而不是关心产品

的某些具体特征、功能以及质量；二是产品虽具有购买者（顾客或消费者）所喜欢的外形、功能和质量，但产品成本过高以致购买者（顾客或消费者）无力购买。

2. 产品观念或意识

产品观念或意识是指企业以产品为中心来开展企业的营销活动。这也是一种古老的经营思想，出现的时间比生产观念或意识稍晚。这种观念或意识的基本内容是：企业以改进产品质量、降低产品成本为中心，企业有能力生产什么产品，就销售什么产品。持产品观念或意识的营销者认为：购买者或消费者（顾客）总是最喜欢高质量、性能好、具有鲜明特色和价格合理的产品，只要注意提高产品质量、做到物美价廉，就一定会吸引购买者或消费者（顾客）上门主动购买，无需花大力气开展推销活动。

产品观念或意识和生产观念或意识相比，只是比生产观念或意识多一层竞争的色彩，并且考虑到了购买者或消费者（顾客）对产品质量、性能、特色和价格方面的愿望。因此，和生产观念或意识相比较，产品观念或意识是较进步的企业营销观念或意识。

产品观念或意识一般是在产品供给不太紧缺或稍有宽裕的情况下，由营销者和其他企业人员的无意识行为引发的，尤其是当企业的开发和研究部门专心于某项技术的采用而发明了一种功能新颖、质量优异的新产品时，营销者和其他企业人员往往会过分迷恋产品本身而忽视购买者或消费者（顾客）对产品的真正需要，看不到市场需求的动态变化，从而导致营销者和其他企业人员不能及时地察觉来自替代品的危险，并导致企业在产品开发方面趋于保守，最终使企业陷入困境。

3. 推销观念或意识

推销观念或意识是指企业以推销为中心来开展企业的营销活动。它是产品观念或意识的发展和延伸。这一时期大约在 1930—1950 年。这种观念的基本内容是：企业营销以推销为中心，企业有能力生产什么产品，就大力推销什么产品。这种观念或意识一般是在由"卖方市场"向"买方市场"转化时期和在"买方市场"初期形成的。持推销观念或意识的营销者认为：企业若不大力刺激消费者兴趣，消费者就不会购买或不会大量购买它的产品，只有积极地推销和进行大量的促销活动，消费者才会克服购买惰性或者抗衡心里而足量购买企业的产品。因此，企业的任务就是，利用一切机会、方式、手段向现实购买者和潜在购买者大肆兜售企业的产品，刺激他们增加购买。

推销观念或意识较生产观念或意识、产品观念或意识不同的是：它强调把生产出来的产品卖出去，并以抓推销为重点，通过开拓市场，扩大销售来获利。从生产观念或意识、产品观念或意识发展为推销观念或意识是企业营销活动中的经营思想的一大进步，但基本上没有脱离以生产、产品为中心、"以产定销"的范畴。除了和产品观念或意识一样过分强调产品本身而忽视了消费者的需求之处，推销观念或意识还适当地夸大了推销的作用而忽视了如何通过市场调查和预测、产品开发和定价等其他营销功能来满足顾客的需要，结果常常遭到失败。

一般来说，对于消费者一般不会想到的一类"非渴求商品"，如人身保险和生活保健用品等，奉行推销观念或意识可能是合适的。即使对于广泛的渴求产品，推销往往也是必要的，它可以帮助购买者或消费者（顾客）了解商品的功能和质量并增加购买。

特别是在产品不为消费者所了解、所熟悉的情况下，奉行推销观念或意识往往是奏效的。

4. 市场观念或意识

市场观念或意识是指企业以市场为中心来开展企业的营销活动及企业的所有其他经营活动（生产活动、人力资源开发活动、财务活动、供应活动、投资活动等）和企业的总体经营活动（企业的战略经营活动）。这种观念或意识是一种全然不同于上述几种观念或意识的现代营销观念或意识。它是在上述几种观念或意识已不能适应企业环境变化和不能指导企业营销经营活动及企业经营活动的前提下逐渐形成和发展的。市场观念或意识形成大约在 20 世纪 50～60 年代。这种观念或意识的基本内容是：企业营销活动企业其他经营活动和企业总体经营活动（企业战略经营活动）都要以市场为中心，即以消费者（顾客）的需求（包括现实需求和潜在需求）为中心，消费者（顾客）需要什么产品，企业就应当生产、营销及经营什么产品。这种观念或意识是"买方市场"的产物。市场观念或意识认为：实现企业目的及目标的关键在于正确确定消费者（顾客）的需求（现实和潜在的需求），并且比竞争对手更有效、更有利地提供满足这些需求的产品。因此，企业的任务是如何正确判断消费者（顾客）心目中的选择偏好，并以消费者（顾客）满意的价格提供其所需要的产品，同时获得丰厚的利润。

市场观念或意识和生产观念或意识、产品观念或意识、推销观念或意识有着本质的区别：首先，企业考虑问题的逻辑顺序不是从现有的生产出发，不是以现有的产品去吸引或寻找消费者（顾客），也不是通过企业营销人员硬性地推销他们并不满意的产品，而是正好颠倒过来。通过满足消费者（顾客）需求来组织企业营销活动及企业经营活动获取利润，并促进企业不断增长。其次，企业的一切经营活动，包括企业总体经营活动（企业战略经营活动）及各分项经营活动如企业生产活动、企业营销活动、企业人力资源开发活动、企业供应活动、企业财务活动、企业投资活动等，都以市场即以消费者（顾客）为中心来考虑和安排。而且企业的经营活动一开始就要以市场为起点，按市场的需求来考虑和安排企业的所有经营活动，而不是等产品创造出来后再考虑市场的需求及其营销活动。因此，在市场观念或意识的指导下的企业营销活动，其所要做的就是使企业的产品完全适应市场即消费者（顾客）需要而形成产品自我销售。

从上面企业营销的演变过程中可知，现代企业营销必然是市场营销即以市场为中心的营销活动。市场营销观念或意识的主要内容可以概括为三个方面：

（1）以消费者（顾客）为中心。

市场营销观念或意识不同于生产观念或意识、产品观念或意识、推销观念或意识的一个根本性转变就是把市场即消费者（顾客）放到了首位。它是"发现需要并设法满足他们"，而不是"制造产品并设法推销出去"；是"制造能够销售出去的产品"，而不是"推销已经生产出来的产品"。因此，"顾客至上""顾客是上帝""哪里有消费者的需要，哪里就有我们的机会""爱你的顾客而非产品""顾客才是企业真正的主人"等口号，便成为现代企业的流行口号。

（2）坚持整体营销。

市场营销观念或意识要求企业各部门和各营销因素互相协调配合。即企业的生产、营销、财务、人力资源开发、供应等各部门都要既负责任又相互配合，同时产品、价格、分销、促销等营销因素要综合发挥效用。如果营销部门与生产部门、研究开发部门、财务部门协调不好，就不能生产出消费者（顾客）满意的适销对路的产品。如果开发出了适销对路的产品，但价格过高，分销渠道不畅，促销不力，那就会使适销产品变为滞销产品。

（3）谋求长远利益。

在全面买方市场形成和卖方竞争激化的条件下，企业市场营销必须在需求动态变化中以满足消费中（顾客）需要为前提，并在消费者（顾客）的满意之中不断扩大市场销售，长久地获取较为丰厚的利润。也就是在企业市场销售活动中，不仅要考虑企业的目前利益，而且更重视通过对消费者（顾客）潜在需求的满足，谋求企业的长远利益。

二、市场营销的功能及经营过程

1. 市场营销的功能

企业的市场营销活动虽然在内容上不尽相同，但其基本功能可归纳为以下四项：

（1）了解市场需求。

在市场营销观念或意识指导下的企业营销活动，是始于市场终于市场的，因此，市场营销活动的首要功能就是了解市场即消费者（顾客）的需求。由于市场即消费者（顾客）的需求是一个多层次、多变量的动态过程，没有止境，也没有绝对的满足标准，所以，企业在进行市场营销活动时，必须尽量搞好市场营销分析，准确地把握市场即消费者（顾客）的各类需求的特点、现状及其发展趋势，并通过各种渠道了解竞争对于的基本情况及其营销方案，为制订、评价、选择本企业营销方案提供依据。

（2）指导企业生产活动和采购活动。

通过对市场需求的了解，明确企业的目标市场即目标消费者（顾客），其目的是为了指导企业按市场需求开展生产活动和采购活动（供应活动），"以销定产""以销定购"，使企业生产或采购的产品在品种、花色、质量、款式、价格、性能、供货要求等方面能最大限度地满足市场即消费者（顾客）的需求。因此，市场营销的第二项功能就是将消费者（顾客）和竞争者的信息不断地反馈到企业的生产系统和采购系统，为企业的生产决策、采购决策及其管理、监督、改善过程提供依据，从而对企业的生产、采购活动起到指导作用。

（3）开拓销售市场。

企业的市场营销活动应主动地为企业的产品开拓市场、扩大需求、增加销售，这就是市场营销的第三项功能。要实现这项功能，企业的营销活动首先要在市场营销分析的基础上，选择最有利于企业发展、最有利于发挥企业优势的产品来经营；其次，在现有市场挖掘潜在需求，扩大现实需求；最后要开发新产品、新技术，并通过广告、展销、营业推广等促销手段使消费者（顾客）接受企业的新产品、新技术。

（4）满足市场需求。

企业市场营销是连接生产和消费以及企业和消费者（顾客）的桥梁。企业的产品只有通过市场营销才能到达消费者（顾客）手中，满足其需求。而能否真正使消费者（顾客）的需求得到满足，是检验整体市场营销活动成败的最终标准，同时也是衡量企业总体经营活动成败的最终标准。因此，满足市场需求必然成为市场营销的第四项功能。为了满足市场即消费者（顾客）的需求，企业不仅应该根据市场即消费者（顾客）的要求来组织生产，而且还要通过合理的销售渠道将产品迅速送达消费者（顾客）手中，还要做好各种售后服务工作，保证产品在使用过程中的可靠性，倾听消费者（顾客）对企业产品的意见，使消费者（顾客）的需求切实得到满足。市场营销的四项基本功能的关系如图 7-1 所示。

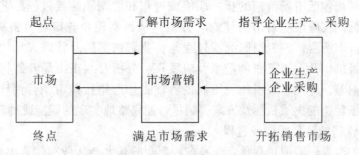

图 7-1　市场营销功能关系图.

2. 市场营销的经营过程

市场营销的经营过程是企业对市场营销活动进行决策、管理、监督、改善的过程。在现代企业，企业营销活动和企业生产活动、企业供应活动、企业人力资源开发活动、企业财务活动等以及企业总体活动即企业战略活动一样，其经营过程及职能都是由决策过程及职能、管理过程及职能、监督过程及职能、改善过程及职能这四项过程及职能所构成。只不过是各自的经营对象、内容不同罢了。

市场营销经营的对象、内容就是企业的营销活动，即将企业拥有的产品或商品从本企业转移到购买者或消费者（顾客）手中的企业经营活动。和其他任何企业经营活动一样，市场营销的经营过程是一个由市场营销决策、市场营销管理、市场营销监督、市场营销改善这四个环节或职能组成的不断循环的运转过程，如图 7-1 所示。

从图 7-1 中可知：由于市场即消费者（顾客）需求是连续不断的，因而企业的市场营销的经营过程也是不断循环的运转过程。但是，这个过程不是简单的重复，因为市场即消费者（顾客）需求是不断变化的，并且，影响企业市场营销的因素也是不断变化的，因而企业市场营销经营过程是不断地进行自我调节、自我完善的上升过程。每一个过程结束，又同时是另一个过程的开始，后一个过程较前一个过程来说，内容、手段都会有所进步。而且，市场营销的经营过程实际上是市场营销的决策、管理、监督、改善的四项职能运转的过程。

（1）市场营销的决策职能或过程。

市场营销的决策职能或过程是企业的经营研究人员及企业的董事会根据企业经营

战略（方案）及企业的市场营销环境的现状及变动趋势，制订、评估、选择企业营销方向、企业营销目的、企业营销方针及企业营销方案的职能或过程。

（2）市场营销的管理职能或过程。

市场营销的管理职能或过程是企业营销部门及人员在企业经理及经理委员会的指导下执行或实施企业市场营销方案的职能或过程。一般来说，市场营销的管理职能或过程由市场营销的计划、组织、领导、控制四个职能或过程组成。市场营销的计划职能或过程是企业营销部门及管理人员在企业经理及经理委员会的指导下，对企业市场营销方案（市场营销决策方案）确定执行或实施方案的职能或过程。市场营销的组织职能或过程是企业营销部门及管理人员在企业经理及经理委员会的指导下，为实施或执行计划（方案）而建立营销管理组织机构、配备营销人员的职能或过程。市场营销的领导职能或过程包括市场营销的指挥职能或过程和协调职能或过程，它是企业营销部门及人员执行或实施市场营销的计划（方案）从而实现企业市场营销决策（方案）的职能或过程。市场营销的控制职能或过程是企业营销部门及管理人员的上级机构及上司通过对下级机构及下属工作的监督及时发现、分析及纠正市场营销行为与市场营销计划的各种偏差，保证下级机构及下属的各项工作严格按照市场营销计划进行，从而使企业的市场营销的决策目标及方案得到尽可能完整地实现的职能或过程。

（3）市场营销的监督职能或过程。

市场营销的监督职能或过程是企业股东、企业股东大会（股东代表大会）、企业监事会、其他机构和董事会为了保证市场营销的正确决策和市场营销决策（方案）能得到完整的贯彻执行或实施，分别监督约束企业的董事会、经理及经理委员会和企业经理及经理委员会实施市场营销经营行为、市场营销管理行为的职能或过程。以上可以看出：市场营销的监督包括两个层次的监督：一是企业董事会对企业经理及经理委员会执行或实施企业市场营销决策方案的监督，以保证企业的市场营销决策方案得到完整的实现，这种监督我们称为对市场营销的工作监督；二是企业股东、股东大会（股东代表大会）及其监事会、其他机构对企业董事会、企业经理及经理委员会、市场营销人员及市场营销的整个经营、管理行为的监督，以保证企业董事会能做出正确的市场营销决策，企业经理、经理委员会、市场营销人员能完整地执行或实施市场营销决策（方案），这种监督我们称为对市场营销的产权监督。

（4）市场营销的改善职能或过程。

市场营销的改善职能或过程是企业的全体人员特别是企业的营销人员为了企业市场营销活动的发展和进步及为了使市场营销活动适应企业环境特别是企业营销市场的变化，通过科学的方法而主动地发现企业市场营销活动中存在的各种问题，然后对其进行分析，找出解决问题的方案，最后以市场营销改善提案的方式分时分别对企业营销管理机构、企业的经理、经理委员会和企业董事会提出，从而为企业的市场营销管理和企业的市场营销决策提供依据的职能或过程。市场营销的改善职能或过程是市场营销经营职能或过程中承上启下的一项职能或过程，它既属于前一个市场营销经营过程的最后一个环节或职能，同时又属于市场营销经营过程的最初一个环节或职能。通过市场营销的改善职能，可以将企业市场营销的前一个经营过程和市场营销的后一个经营过程有机的衔接起来，从而使企业的市场营销活动在不断循环的运行中得到不断提高。

第二节　市场营销分析

企业市场营销策划是在企业经营战略决策的基础上进行的，因此，在进行企业市场营销策划时，企业已确定了企业将要经营的产品，也就确定了企业的产品将要进入的市场领域。市场营销分析就是企业为开展市场营销活动而对其已进入或将要进入的市场领域进行分析，以便为市场营销的决策及经营提供依据。从总体来看，市场营销分析主要包括企业的消费者（顾客）分析、企业的竞争者分析、企业资源及能力的分析。由于对企业竞争者分析、企业资源及能力分析在本书第四章企业经营战略决策中已有介绍，下面我们主要介绍企业消费者（顾客）分析。

一、个人消费者市场和组织消费者市场

从商品卖方的角度看，具有现实需求及潜在需求的消费者（顾客）就构成了企业营销的市场，因此，消费者（顾客）的集合就是市场。市场分类就是消费者（顾客）分类。既然市场的本质是消费者（顾客）的集合，因此，在进行市场营销分析时，我们主要根据谁在市场上购买，而不是根据消费者（顾客）在市场上购买商品（包括有形商品和服务商品）的种类来对市场进行划分。按照这一划分标准，消费者（顾客）市场可以划分为个人消费者市场和组织消费者市场。

1. 个人消费者市场

个人消费者市场是指满足个人需要的市场，它一般由那些为满足自身及其家庭成员的个人需要而购买商品的消费者（顾客）组成。生活资料市场主要是个人消费者市场，同时有少部分生产资料市场也是个人消费者市场。

（1）个人消费者市场的特点。

①消费者的人数众多，且购买具有多样性。

个人消费者市场包括了全部人口，而且每个人购买习性、购买行为存在差异。由于个人消费者市场的消费者在年龄、性别、职业、收入、教育程度、居住区域、民族、宗教等方面不同，个人消费者市场的消费者有各式各样的需要、欲望、兴趣、爱好和习惯，对不同商品和同种商品的不同品种、规格、质量、外观、式样、价格等会产生多种多样的要求。而且，随着经济的发展和个人消费水平的提高，个人消费者市场的消费者的需求也必然不断发生变化。

②消费者购买多属小型购买，且购买的频率大。

相对于组织消费者市场的消费者而言，个人消费者市场的消费者每次购买商品的量要少得多。除个人消费者市场的消费者每次或在一定时间内消费的量较少外，某些个人消费商品的使用价值和贮存价值也决定了个人消费者市场的消费者不会大量购买，如蔬菜、水果、鸡蛋和肉类等；有些商品虽可长期贮存或年年使用，但由于更新快和受时代的影响，个人消费者市场的消费者也不愿多购买，如时装等。

由于个人消费者市场的消费者每次购买的商品数量少，因此对很多商品，尤其是

日用品需要定期或不定期地重复购买以保证经常性的需要。所以，个人消费者市场分散，购买的频率大。

③消费者购买属非专家购买。

一般来说，个人消费者市场的消费者购买商品时对所要购买商品的性能、质量和制造过程、工艺水平以及在国内外同类产品中的地位并不了解，这一方面是因为个人消费品种类繁多，生产和制造过程涉及很多生产部门，产品更新快和受时尚影响大等，另一方面则是很多个人消费者市场的消费者（特别是儿童）不具备广泛深入了解同类产品的能力。

④消费者的购买具有较大程度的可诱导性，购买行为变化快。

和组织消费者市场的理性购买居主导地位不同，个人消费者市场的购买更多地掺杂情感性的、冲动性的购买，因此，其购买行为容易受低价格、广告宣传促销手段的诱导，而且很多因素的变化都可导致消费者产生购买欲望或打消购买念头，购买行为变化快。

（2）个人消费者市场的消费品分类。

个人消费者市场的商品的品种、规格繁多，既有很贵重的商品，也有价格很便宜的商品，它们的性质和特点可能有很大的差异。在这里，我们根据消费者在购买不同商品所表现出来的购买行为上的差异，将个人消费者市场的消费品分为日用品、选购品和特殊品三类。

①日用品。

日用品有时又被称作易耗品或便利品，是消费者经常消耗、需要随时购买、价格低廉、购买时不需要太多选择的商品。如日用杂品、糖果、牙膏、肥皂、文具和香烟等。

日用品的特点是：

第一，消费者购买前就比较熟悉，并且不愿花很多精力去比较同类产品的价格与品质；

第二，价格低、体积小；

第三，消费者对名牌商品和商标没有过分的偏好，同时愿意接受其他代用品；

第四，习惯性、方便性购买。

②选购品。

选购品是指消费者在购买前要经过充分的挑选、比较才决定购买的商品。如服装、家具、彩电、冰箱等耐用消费品。

选购品的特点是：

第一，单价比日用品高，使用时间比日用品长；

第二，购买效率低，消费者在购买前对其并不十分熟悉，但可以对某些品牌和商标有一定的选择偏好和忠实性，从而愿意多花时间和精力去购买；

第三，很多消费者可能不愿意接受其他代用品；

第四，往往集中在城市、集市的特定地区以及商店的同一柜台销售，以便消费者对同类产品进行选择和比较。

③特殊品。

特殊品是指消费者对其有特殊偏好或主要用于观赏或讲排场的商品。如钢琴、高级相机、渔具、名贵花卉、字画等。

特殊品的特点是：

第一，价格昂贵；

第二，需求量小；

第三，能为消费者提供特别的利益，且没有其他任何商品可以替代。

应该说明的是，对个人消费者市场的消费品的以上分类只具有相对意义。在不同的国家或地区，或者是在不同的时期和对于不同的消费者，前述某些商品所属类别是变化的。对低收入阶层来说属于特殊品的商品，对高收入阶层则可能是选购品或日用品。

（3）影响个人消费者市场消费者购买行为的主要因素。

影响个人消费者市场消费者购买行为的因素很多，而且很复杂，本书仅就最基本的影响因素作一些介绍。

①内在因素。

内在因素是指个人消费者本身所具有的客观因素，这些内在因素对消费者的购买行为产生直接的基本的影响。如年龄、性别、职业、受教育程度和经济状况。

第一，年龄。个人消费者年龄不同，其对个人消费品的需求也不同，因此，其购买或消费商品的种类和方式也不同。例如，儿童是玩具、文具、连环画和糖果等儿童食品的主要消费者；青少年是文教、体育、娱乐用品和时装的主要消费者；成年人是家用电器、家具、房屋的主要购买者和主要使用者；老年人是手杖、保健食品、健身药物的主要购买者和消费者。另外，青少年缺少经验，容易在各种广告信息影响下出现冲动性购买；中老年人经验比较丰富，常根据习惯和经验购买。

第二，性别。性别对消费者购买行为的影响主要体现在以下是三个方面：一是对消费品品种需求不同。如男性是摩托车、烈性酒和香烟的主要消费者，女性则是化妆品和首饰的主要消费者；二是不同性别消费者除形成某些专用性需求外，他们的审美观念和购买习惯也有相当大的差异。如男性对服装的要求是朴素大方，而女性则是鲜艳的色彩，并且随着生活水平的提高，消费者对花色品种的要求也越来越高；三是购买方式不同。多数男性购买商品时比较果断和迅速，而女性则往往要仔细挑选。

第三，职业。一个人的职业也影响购买行为。如知识分子和青年学生是各种专业书籍和杂志的主要订阅和购买者，煤矿工人和其他体力劳动者往往是烈性酒的购买者，而企业所有者与经营者和管理者是房屋、小汽车和高档商品的主要购买者。

第四，教育程度。教育程度较高的消费者对书籍、杂志、报刊等文化用品的需求量较大，需求质量较高。

第五，经济状况。消费者的个人经济状况在很大程度上决定个人的购买行为。消费者一般是在可支配收入的范围内以最合理的方式安排支出，以便最大限度地满足自己的需求。收入较低的消费者往往比收入较高的消费者更关心商品价格的高低。

②相关因素。

相关因素是指与个人消费者相关的个人与群体。相关个人是指对个人消费者的态度、意见偏好和行为有直接或间接影响的个人，如朋友、邻居、同事。相关群体是指对个人消费者的态度、意见偏好和行为有直接或间接影响的群体，如协会、家庭、非正式组织、正式组织及某些机构。

相关群体促使人们在消费上做出相近的选择。因为人们从相关群体中获得大量经验和知识，并受群体成员观点和行为准则的影响和制约；或者因为个人相信在群体影响下做出购买决策可以减少失误，而不遵守群体准则的行为会受到谴责；或者因为个人希望通过与群体交往来提高自我形象。群体结合越紧密，交往过程越有效，个人对群体越尊重，相关群体对个人购买选择的影响就越大。

在相关群体中，家庭是最重要的一种相关群体，对个人消费的影响最大。家庭由居住在一起的、彼此有血缘关系或婚姻关系和抚养关系的人群组成。家庭是个人消费者市场最基本的消费单位和购买决策单位。在不同家庭中，夫妻参与购买决策的程度不同；在同一家庭中，夫妻参与购买决策的程度又因商品的不同而有很大差异。传统上，食物、日用杂品、日常衣着的购买主要由妻子承担或主要受妻子的影响；电视机、摩托车、保险等主要在丈夫影响下决定购买，而洗衣机、地毯、厨房用具主要在妻子影响下决定购买；丈夫一般在决定是否购买和在何时、何处购买等有较大的影响，妻子则一般在决定所购商品的颜色等外观特征方面有较大影响。

③文化因素。

文化因素是指个人消费者通过学习或在实践中形成的观念、意识和知识，具体体现在消费行为方面主要是审美观念、情趣和价值趋向等。人们在通过学习而掌握知识、取得经验和有效地参与社会活动和政治活动的过程中，逐渐形成了与环境相适应的观念、偏好和行为模式，即文化。它们对消费者的购买行为具有强烈的、广泛的影响，这也是人类与行为主要受其本能控制的低级动物的最本质的区别。例如，家用电脑使用者以具有系统的专门知识和一定的价值观为先决条件，它只是在以先进技术为基础的文化环境中才能引起消费者的兴趣。再如，在美国等一些西方社会，人们比较注重自我价值的实现，愿意并努力展现人格特性，他们对商品的要求往往是差异性或者说标新立异，以至老年人也愿意选择颜色鲜艳和式样新颖的服装，而那些标有老年人专用字样的商品在美国等西方社会并不受老年人欢迎。然而对东方社会来说，人们比较注重自身与环境的协调一致，即努力体现"儒家文化"和"协和精神"，这表现在选购商品上人们则往往乐于观望和随波逐流。

2. 组织消费者市场

组织消费者市场是指满足组织需要的市场，它包括企业消费者市场、政治组织（机构）消费者市场、群众组织消费者市场。这种划分也是基于对购买者的分析，即根据谁在市场上购买来划分。其中，最重要的是企业消费者市场。一般来说，生产资料市场主要是组织消费者市场特别是企业消费者市场，同时有一部分生活资料市场也是组织消费者市场。

（1）组织消费者市场的特点。

组织消费者市场是一个非常庞大的市场。组织消费者不仅购买大量与个人消费者相同的产品，如家具、文具、服装、汽车等消费资料；而且购买许多个人消费者不需要的产品，如钢铁、大型计算机、发电机组、生产设备等生产资料。和个人消费者市场相比，组织消费者具有以下特点：

①购买者数量少。

和个人消费者相比，组织消费者企业、政治组织（机构）、群众组织的数量要少得多。对于每一个具体企业来说，组织消费者的数量就更少，特别是对于那些生产专门设备或专用部件的企业来说，组织消费者（一般是企业消费者）就更少。

②购买次数少，单次购买量大。

组织消费者企业、政治组织（机构）、群众组织购买一般是集中购买，因此，购买数量一般较大，而且其购买次数明显少于个人消费者的购买次数。对企业消费者来说，某一些大型骨干设备几年甚至几十年才购买一次，某些原材料或材料也是一年购买数次或一次；对政治组织（机构）消费者、群众组织消费者来说，其采购一般要采用招标的方式，因此，购买次数必然较少，购买量必然较大。

③购买者在地理区域上比较集中。

某类企业消费者并不均匀地分布于整个国家。如中国的工业企业主要分布在东北、华北和东南沿海一带，而制糖企业主要集中在两广地区，煤炭、森林和钢铁企业主要分布在东北和山西等。由于各类资源、相关企业在地域上分布集中，即使是那些规模分散的同行企业也比个人消费者在地域分布上更为集中。

④生产资料的购买属专家购买。

与消费资料购买者相比，生产资料购买者（一般是组织购买者）一般都具有一定的产品知识，因而对产品的可靠性、耐用性和适用性有更高要求。一般由受过专门训练的人员来做出采购决策并进行实际采购，他们往往能正确地选择竞争品、代用品及其供应商。

⑤需求缺乏弹性。

组织消费者特别是企业消费者不可能像个人消费者改变他们的需求偏好那样经常变动他们所购买的商品，特别是原材料。因此，即使钢材价格上涨，大多数制造厂家也很难马上转向用塑料或其他什么材料来代替钢材作原料。另外，企业消费者对产品规格、质量、性能、交货期、服务及技术指导方面有较高要求，相比之下，产品、资源的单位价格往往不是决定购买与否的主要因素，这样就决定了其需求价格弹性不充分。

（2）组织消费者市场的生产资料分类。

组织消费者市场上的需求因产品类别的不同而存在很大差异。这里，我们主要介绍企业生产资料的分类。生产资料的分类方法很多，我们这里按一般做法将其分为生产装备、轻型设备、零部件、加工过的材料、原材料和消耗品。

①生产装备。生产装备包括重型机械、设备、厂房建筑、大中型的电子计算机等。生产装备大多价格昂贵，体积庞大，结构复杂，技术性能要求高，对企业生产效率及产品质量至关重要。

②轻型（或附属）设备。轻型设备的特点是价格较低，对生产的重要性相对较差，通常有统一规格，属标准化产品，使用寿命也较短。例如电动和手工工具、叉车、微型电机等。

③零部件。零部件是已完工的产品，并将构成用户产品的一个组成部分。如小型电机、集成电路块、紧固件、仪器、仪表等。

④加工过的材料。加工过的材料包括经过加工而又并非零部件的材料。如钢板、玻璃、焦炭、皮带、三合板等。

⑤原材料。原材料是那些处于过程起点的海产品、农产品、森林产品和矿产品。原木、矿铁石、谷物、原油等均是突出的例子。

⑥消耗品。维护、修理和办公用品是维持企业日常经营所需要的，但又不参与构成制成品的实体。如清洁用品、办公用品、润滑油、锯条等。

二、市场营销分析的方法

市场营销决策及市场营销分析是在企业生产及经营的产品已确定的情况下进行的。因此，进行市场营销分析时，只要对企业已生产及经营或即将生产及经营的产品（经过前面经营战略决策及产品决策确定）所形成的市场——即现实和潜在的消费者（顾客）——进行分析。

从企业市场营销的角度看，每个企业的市场是指每个企业产品的全体消费者（顾客）。但是，在进行市场营销分析时，我们一般是从企业的一种产品或一系列产品所形成的市场即消费者（顾客）着手。

对一种产品或一系列产品所形成的市场来说，其消费者（顾客）是成百上千、成千上万、乃至千万的。而这众多的消费者（顾客），一般来说，对一种产品的具体消费需求往往并不相同，甚至差异极大。这就决定了任何一个企业，无论其规模有多大，都不可能同时满足所有消费者（顾客）对某种产品、某系列产品的互有差异的整体需求，而只能根据自己的实际情况（资源及能力），为本企业选择一定的市场范围，满足某种产品或某系列产品所形成的整体市场及全体消费者（顾客）中的某一类或某几类特定消费者（顾客）的需要。也就是说，每个企业都必须明确：本企业的产品最适合满足哪一类消费者（顾客）的哪一种需求。这就必须采用市场细分的市场营销分析方法。

1. 市场细分的含义及意义

（1）市场细分的含义。

市场细分是在20世纪50年代中期，由美国市场营销学家温德尔·斯密首先提出来的一种市场营销分析的方法。它顺应了第一次世界大战后美国众多的产品市场转化为买方市场，竞争日趋激烈这一新的市场形势。

所谓市场细分，就是企业营销研究人员或企业营销人员根据市场需求的多样性和消费者行为的差异性，把企业的一种产品或一系列产品的整体市场即全体消费者（顾客），划分为若干个具有相似特征的细分市场即消费者群（顾客群），然后对每一细分市场展开营销分析以便选择企业市场营销活动的目标市场。换言之，市场细分实际上就是在企业已经确立了自己生产及经营的产品的基础上，分辨具有不同欲望和需求的消费者群（顾客群），并把他们分门别类地进行市场营销分析的过程或方法。

需要说明的是，市场细分与一般的市场分类并不完全相同。虽然从本质上说，市场分类也是一种"细分"，但往往强调产品的特性，即按照产品的种类的标准进行分类，同时划分是粗线条的；而市场细分所强调的是市场即消费者（顾客）的特性，它是按照一种产品或一系列产品的消费者（顾客）标准来进行分类的，即从消费者（顾客）的角度按照消费者（顾客）的选择偏好来划分的。

市场细分的客观基础是消费者（顾客）对同一产品或同一系列产品的消费需求的多样性及差异性。从需求状况角度考察，各种产品市场可以分为两类：一类产品的市场叫做同质市场，另一类产品的市场叫做异质市场。凡消费者（顾客）对某一种产品的需求基本相同或有极其相似的一致性，这种产品形成的市场就是同质市场。例如消费者对食盐、大米的需求差异极小，普通大米、普通食盐的市场就是同质市场。显然，同质市场无需细分。但是，绝大多数产品市场属于异质市场，即消费者（顾客）对同一种产品的需求差异很大的产品市场。例如，不同消费者（顾客）对服装质量、款式、花色品种、价格等的需求差异就很大，因此服装这种产品市场是典型的异质市场。正是异质市场存在的差异，使得市场细分成为可能。因此，所谓市场细分，也就是把一个异质市场划分为若干个相对说来是同质的细分市场的过程或方法。

但是，市场细分并不只是意味着把一个产品或一系列产品的整体市场加以分解。实际上，市场细分常是一个聚集而不是分解的过程。所谓聚集的过程，就是把对某个产品或某一系列产品的特点最易作出反应（敏感）的消费者（顾客）集合成群。聚集的过程可以依据多种变量连续进行，直到鉴别出其规模足以实现企业营销目标的某一消费者（顾客）群。

（2）市场细分的意义。

在对企业市场营销活动进行决策时，企业营销分析人员的基本任务就是发现和了解企业市场营销的机会，而市场细分是完成这一任务的关键。所以，市场细分是市场营销决策的基础。可以认为，一个企业能否有效地开展市场营销活动、其产品在其细分市场上是否具有竞争能力在很大程度上取决于它对市场细分的合理程度和有效性。概括说来，市场细分对市场营销活动有如下几方面的意义或作用：

①有利于企业发现新的营销市场机会。

市场机会是指市场上客观存在的未被满足的或未能得到满足的消费需求。任何企业的某种产品都不可能满足该种产品市场的所有需求，任何企业都不可能满足所有消费者的一切需求，因此市场机会始终是存在的。通过市场细分，研究现有产品对各个细分市场需求的满足程度，有助于企业发现在现有产品总体市场研究中难以发现的企业自身条件或能力又加以满足的消费需求，即发现新的营销市场机会，从而形成新的营销目标市场。

②有利于企业制订及采用最佳的营销方案，从而更加有效地开展营销活动。

通过市场细分，企业对同类产品的竞争状况有比较清醒的认识，同时对各个细分市场的消费者（顾客）群的消费心理习惯及需求都有较深的了解，这就为企业制订、评价、选择、采用最佳营销方案奠定了基础，使企业的营销方案更有针对性，营销活动更有攻击力。

③有利于提高企业的经济效益。

通过市场细分，消费者相对集中，企业的市场研究的针对性增强，市场信息反馈加快，企业易于了解掌握消费者（顾客）的消费需求的特点及其变化，从而使企业可以及时地根据消费者（顾客）需求的变化调整营销方案（营销方向、目标及方针），增强企业的适应能力和应变能力。另一方面，通过市场细分，企业将其有限的资源集中使用于一个或几个细分市场，从而避免了在企业产品的整个市场上分散使用力量，有利于企业扬长避短、有的放矢地开展针对性和集约型经营，不仅费用低，而且竞争能力也会因此得到提高。以上两个方面都有利于企业降低各种成本，并使企业有限的资源发挥最大的效用，从而有利于提高企业的经济效益。

④有利于满足消费者（顾客）不断变化的、千差万别的消费需求。

社会上众多的企业采取市场细分的方法来选定市场营销的目标，尚未满足的消费需求就会逐一成为不同企业的一个又一个营销市场机会、战略市场机会，这样，创新产品就会层出不穷，同类产品的花色品种就会繁多，消费者（顾客）也就有可能在市场上购买到各自称心如意的产品。

2. 市场细分的原则、标准及步骤

（1）市场细分的原则。

①可衡量性。

用来细分市场的消费者（顾客）特性应有明显的区别，即市场细分的差异必须明确、清楚，也就是细分依据标准要确切可用。同时，体现这些的确切资料应该易于取得。但是，做到这一点并不容易。例如，对同一产品很难确知多少消费者（顾客）首先考虑价格因素，多少消费者（顾客）首先考虑商品的规格或式样，而这些数据又恰恰是有效细分所必需的数据。因此，企业营销研究人员及企业营销人员必须做详细的分析和认真的研究。

②可接受性。

细分市场后，其中一个或多个细分市场应该是企业能够占领的市场，即在该细分市场上企业能够通过有效的营销活动获得竞争优势，而且这一个或多个细分市场的规模大到足以实现企业的营销目标。因此，企业应把某个产品或某系列相类似的产品按照一定的标准划分成若干个小的细分市场然后再把一些小的细分市场相应地集合成较大的细分市场，减少细分市场数，使其有一定规模。

③适当性。

一方面，企业要占领的细分市场应有一定的规模和发展潜力，可给企业带来显著效益，即不能过小；另一方面，这些细分市场的范围又不能过大，以免因企业的资源和能力有限而无法满足消费者（顾客）需求或某种特殊需求而最终失去市场份额。总之，细分市场必须使市场有利可图。

④稳定性。

通过市场细分而细分出来的细分市场是供企业选择的营销目标市场，也是企业制订市场营销方案的依据，因此，必须在一定时期内能够保持比较稳定。只有这样，细分出来的新细分市场才能成为企业制订较长时期的市场营销方案的依据。如果变化太快，变动幅度又很大，企业来不及实施其营销方案，营销目标市场已面目全非，竞争中购买很大，则必然会给企业据（以）已制订的市场营销方案带来很大风险。

（2）市场细分的标准。

一种产品的整体市场之所以可以细分，是由于消费者（顾客）的需求存在着差异性和多样性。而一种产品的差异性和多样性的市场需求，通常是由多种因素造成的，这些因素因此也就成了细分市场的标准。

由于个人消费者市场和组织消费者市场具有不同的特征，其细分的标准必然存在差异或不相同，因此，下面我们分别论述个人消费者市场和组织消费者市场的市场细分标准。

①个人消费者市场的细分标准。

理论上凡是影响个人消费者市场消费者需求的因素都可以成为市场细分的标准。但一般可按地理环境、人口统计、消费心理、消费行为、消费受益等来细分市场。

第一，地理环境标准。按地理环境标准细分市场就是按地理环境的因素或变量将企业产品整体市场划分为一个个区域的细分市场。一般来说，地理环境标准主要包括地区、城乡、气候、城市规模、人口密度等。按地理环境标准来细分市场之所以可行，主要是由于处在不同地理环境下的消费者（顾客），对于同一产品或同一类产品往往会有不同的需求，他们对企业的产品的价格、销售渠道、广告宣传等营销措施的反应也常常存在差别。例如中国按地区标准可划分为东北、中南、华东、西南、西北等地区，按气候标准可划分为寒温带、中温带、暖温带、亚热带和热带等地区。

第二，人口统计标准。按人口统计标准细分市场就是按人口统计因素变量，如年龄、性别、职业、收入、家庭人口、民族、宗教信仰、文化程度、经济状况，将企业产品的整体市场划分为一个个细分市场。人口统计标准是市场细分最管用的和最主要的标准之一。人口是构成市场的主要因素，它与消费者（顾客）的需求密切相关，而且这些标准易于辨识与衡量。

依据人口统计变量细分市场，可以是单变量细分，但多数企业通常采用多变量细分，即依据两个或两个以上的人口变量来细分市场。而且消费者（顾客）对许多产品的购买并不单纯取决于人口统计因素，而是同其他因素特别是心理因素有着密切关系。因此，心理因素也是市场细分必须考虑的因素。

第三，心理标准。按心理标准细分市场就是按心理因素或变量，如生活方式、购买动机、个人性格、品牌偏好、使用者状况及使用数量，将企业产品的整体市场划分为一个个细分市场。一般来说，越是高度发达的商品经济，广大消费者（顾客）的收入水平越高，心理标准在市场细分中的地位也就越显得重要。心理标准因受消费者个人生活方式及其个性等心理因素的影响，往往比地理环境标准、人口统计标准更为复杂，而且难以掌握。这一标准按消费者（顾客）个性来细分可分为三类：时髦追求者、社会地位追求者、朴素追求者。按使用情况来划分可分为曾经使用者、初次使用者、经常使用者和潜在使用者。按使用数量来划分可分为大量使用者、中量使用者和少量使用者。以上标准是理论上的笼统概括，实际上市场细分标准还可列出很多，其中一些属于上述因素的延伸，而另一些细分标准则可能是地理环境、人口统计、心理标准的综合。而且市场细分并不存在统一、固定的细分模式，实际上作为标准的诸因素均为变数，因此，必须以动态的观念来进行细分。

②组织消费者市场的细分标准。

组织消费者市场同样可以使用某些用于细分个人消费者市场的标准，如地理位置、使用数量和使用情况等。但由于组织消费者市场的细分对象是组织消费者企业、政治组织（机构）、群众组织，所以还具有一些不同于个人消费者市场的特点，即其购买行为受个人心理因素的影响较少一些，理性成分高。一般来说，可按最终消费者（顾客）的性质及所在行业、消费者（顾客）规模及购买力大小、消费者（顾客）的地理位置等来细分组织消费者市场。

第一，最终消费者（顾客）的性质及所在行业的标准。有些组织购买产品是为了生产（生产型企业），而另一些则是为了转售（商业型企业），还有一些则是为了集团消费及维持政治组织（机构）、群众组织（机构）运转，因而它们对产品的需求往往不同。所以，最终消费者（顾客）的性质是组织消费者市场的一个重要细分标准。另外，对企业这个组织消费者所形成的市场，产品最终用户的行业是细分其市场最为通用的标准。在企业消费者市场，不同行业消费者（顾客）采购一种产品的使用目的往往互不相同。同是钢材，有的用作生产机器，有的用于造船，有的用于建筑；同是载重汽车，有的用作货物运输车，有的用作工程车。正因如此，不同行业的最终消费者（顾客）通常会在产品的规格、型号、品质、功能、价格等方面提出不同的要求，期求不同的利益。

第二，消费者（顾客）规模及购买力大小标准。按消费者（顾客）规模及购买力大小的标准来细分组织消费者市场对企业非常重要。因为规模大、购买力大的组织消费者虽然户数少，但却能左右着企业生产及经营活动。而且，在组织消费者市场，大量组织消费者、中量组织消费者、少量组织消费者的区别，要比个人消费者市场远为普遍也更为明显。大量组织消费者户数虽少，但购买力很大；而小量组织消费者则相反，户数虽多，但购买力并不大。

第三，消费者地理位置标准。组织消费者（主要是组织消费企业）的地理位置常常是营销对象为组织消费者的企业的市场的细分标准之一。如中国沿海地区和大城市工业比较发达和集中，而内地、边疆和小城镇工业则比较落后和分散，所以，组织供应企业必须考虑不同地理上组织消费企业对产品数量、质量和价格的不同要求。另外，任何一个国家或地区，由于自然资源、气候条件、社会环境、历史承继等方面的原因，以及生产的相关性和连续性不断加深而要求的生产力合理布局，往往会形成若干产业区，如中国的上海、江苏和浙江轻纺业比较发达和集中，广东、广西地区制糖比较发达和集中，山西地区煤炭业比较发达，而东北地区机械和木材比较集中。企业按组织消费者地理位置来细分市场，选择组织消费者较为集中的地区作为自己的营销目标市场，不仅联系方便、信息反馈较快、便于运转和节约流通费用，而且有利于企业集中生产和营销力量满足主要组织消费者的需要。

（3）市场细分步骤。

市场细分作为一个过程，通常经过下列步骤来完成：

①选择某种产品所形成的市场作为市场细分的对象。

无疑，将要细分的市场，应是企业正在生产及经营或企业将要生产及经营的产品所形成的市场。

②列举现实和潜在消费者（顾客）的基本要求。

企业营销研究人员可以通过"头脑风暴法"，列举已选为市场细分对象的某种产品所形成的市场中的现实和潜在消费者（顾客）的基本需求。

③分析现实和潜在消费者（顾客）的不同需求

企业营销研究人员，依据人口变数做抽样调查，向不同的现实和潜在消费者（顾客）了解上述需求哪些对他们更为重要，这样就会导致细分市场的出现。

④移去现实和潜在消费者（顾客）的共同需求。

现实和潜在消费者（顾客）的共同需求固然很重要，但只能作为制订市场营销方案的参考，不能作为市场细分的基础。因为这些现实和潜在消费者（顾客）的共同需求是企业战略决策和产品决策的重要依据，但不能作为企业营销决策中的细分市场的依据。

⑤选择市场细分的标准。

根据以上消费者（顾客）对作为细分对象的某种产品需求的差异特点，选择一个或两个以上的变量作为市场细分的标准，来对市场进行细分，并为细分市场取名。

⑥审查市场细分标准。

检查各个细分市场符合细分具体标准的情况，以便对各个细分市场进行必要的合并和分解，形成各特点显著并能提高产品规模效益的细分市场。

⑦测量各细分市场的市场容量。

在确定了各个细分市场的性质后，企业营销研究人员就要开展市场调查，取得各个细分市场中消费者（顾客）的有关数据和资料，再在此基础上进一步确定各个细分市场的规模和性质。然后在此基础上，企业营销研究人员应把每个细分市场同人口变数结合起来分析，仔细审查、估量、测量各个细分市场现实和潜在消费者（顾客）的数量及购买力即市场容量的大小。

⑧撰写市场细分研究报告或市场营销分析报告。

通过以上步骤，可以发现有利可图的细分市场不止一个，企业营销研究人员必须对各个细分市场或对各个有利可图的细分市场进行分析、评价排序，并撰写完整的市场细分研究报告或市场营销分析报告。

第三节　企业市场营销策划的内容

企业在进行市场营销分析后，就可在市场营销分析的基础上，结合企业现有的资源及能力，制订、评价、选择市场营销方案，即进行市场营销决策。和企业其他决策一样，企业市场营销决策也应采取科学的决策程序和民主的决策方式。关于科学决策的程序和民主的决策方式在本书第二章、第四章中已有阐述，这里不再重复。只是企业市场营销决策一般不需送交股东大会或股东代表大会进行表决，只要企业董事会通过就行。

企业市场营销策划从内容方面来考察，可以分为企业营销目标市场决策、企业营销价格决策、企业营销渠道决策、企业营销促进决策。

一、营销目标市场决策

所谓营销目标市场，就是企业营销活动要满足的市场。企业确定营销目标市场的方式有两种：一种是先进行市场细分，然后选择一至数个细分市场作为自己的目标市场；另一种是不搞市场细分，而是以产品的整体市场作为目标市场。因此，营销目标市场决策就是企业在市场细分的基础上或者直接根据企业的资源及能力，针对现实和潜在消费者（顾客）未满足的需求，选择产品整体市场中一个或数个细分市场，或将产品整体市场作为企业的营销目标市场的职能或过程。

1. 营销目标市场方案的基本类型

企业进行市场营销决策时，首先要确定采用什么样的营销目标市场方案，即将哪一个市场确定为自己的营销目标市场。企业的营销目标市场很多，但企业可供选择的营销目标市场的方案可归为以下三种基本类型：无差异性营销目标市场方案、差异性营销目标市场方案、集中性营销目标市场方案。

（1）无差异性营销目标市场方案。

无差异性营销目标市场方案是指企业将企业已生产及经营或将要生产及经营的某种产品的整体市场视为其营销目标市场的营销目标市场方案。在这种营销目标市场方案中，企业在营销活动中只考虑消费者（顾客）需求的共性，而不考虑其需求的差异。因而企业只提供一种或各种消费群体（顾客群体）都能消费的单一的标准化产品，并采用一套标准化的营销方案大力向消费者（顾客）推销，以吸引尽可能多的消费者（顾客）购买该种产品。例如，早期可口可乐公司采用的营销目标市场方案就是无差异性营销目标市场方案，它以一种口味、一种规格的瓶式包装、一样的广告词面对所有的消费者；曾经风靡全球的美国福特汽车公司只生产黑色 T 型车轮就是采取这种无差异性营销目标市场方案。采取这种营销目标市场方案的企业也搞产品差异化，但产品实体并没有什么不同。

一般来说，如果企业面对的市场是同质市场，或者企业推断即使消费者（顾客）是有差别的，他们也有足够的相似之处而可采用无差异性营销目标市场方案。除此之外，无差异性营销目标市场方案还适应于广泛需求的、能够大量生产和大量销售的产品的市场营销活动。

无差异性营销目标市场方案的最大优点和主要基础是成本的节省性。首先，企业可组织专业化生产、大批量生产，能有效地节省企业的生产成本；其次，大批量购买原材料等资源，其进价可以享受批量折扣的优惠，从而降低了采购成本；再次，单一产品（单一品种）促销能有效地节约包括广告费用在内的促销费用；最后，不搞市场细分，也相应地减少了市场调研、产品研制、制订多种营销组合方案损耗费的各项费用。因此，不仅在同质市场上运用这种营销目标市场方案是合理的，而且即使市场异质，但只要大量生产、大量销售，实行这种营销目标市场方案也是合理的。

但是，无差异性营销目标市场方案忽略了消费者（顾客）需求的差异，对于大多数产品的营销并不适用，而且一个企业一般也不宜采用这种营销目标市场方案。这是因为，首先一种产品能迎合所有消费者（顾客）的需求是极为罕见的（同质市场的产品除外）；其次，如果许多企业同时采用这种营销目标市场方案，就会造成产品整体市场竞争异常激烈，企业难以获利；最后，许多小的细分市场的需求得不到满足。正是由于以上这些原因，一些长期实行无差异营销目标市场方案的企业最终也得改弦易辙，转而采用市场差异性营销目标市场方案。可口可乐公司就是这一方面的典型例子。

（2）差异性营销目标市场方案。

差异性营销目标市场方案是企业在市场细分的基础上，选择企业已生产及经营或将要生产及经营的某种产品的两个或两个以上的细分市场作为其营销目标市场的营销目标市场方案。在这种营销目标市场方案中，企业生产及经营的虽然是同一种产品，但企业提供给每个细分市场的产品存在着差异，因此，企业提供的是一个产品系列。例如，美国通用汽车公司试图为"财富、目的和个性"各不相同的消费者（顾客）提供不同的轿车，北京三露日用化工厂就是为具有各种不同性质和不同层次的化妆品消费者（顾客）提供"大宝系列化妆品"的，某皮鞋厂为不同性别、不同年龄、不同收入水平、不同偏好的消费者（顾客）提供不同质料、不同规模、不同款式、不同颜色、不同档次皮鞋。一般来说，差异性营销目标市场方案适用于竞争激烈的产品市场和有能力生产及经营系列产品的大中型企业。而相当一部分资源及能力较弱的企业尤其是小企业不适合采用这种营销目标市场方案。

和无差异性营销目标市场方案相比，差异性营销目标市场方案具有下列优势：首先，差异性营销目标市场方案能满足消费者对同一产品或同一系列产品的不同需求，因此，能提高企业产品的竞争能力，有利于企业从总体上扩大销售，提高市场占有率；其次，差异性营销目标市场方案因为其营销的产品针对了各细分目标市场，能增强消费者（顾客）对产品的依赖程度；最后，如果一个企业在某种产品的数个细分市场上都取得了较好的营销效果，就能树立起良好的市场形象，大大提高消费者（顾客）对该企业产品的依赖程度和购买频率。

但是，差异性营销目标市场方案是建立在产品多种和营销目标市场方案多样化的基础上，必然使得市场调研活动、广告宣传等促销活动扩大化和复杂化，从而使得生产成本、营销成本及经营成本大幅度增加。由于不能像无差异性营销目标市场方案那样大规模采购原材料等资源，从而使得采购及供应成本增加，由此导致企业总经营成本增加。所以，实行差异性营销目标市场方案时，应对差异的大小幅度所带来的成本差别作出分析、预测后，再作出是将两个细分市场还是将更多的细分市场作为企业的营销目标市场。一般来说，差异性营销目标市场方案的运用应限制在这样一个范围内：销售额的扩大所带来的利益，必须超过企业总经营成本的增加。而且在做出此决策时，还要考虑企业的资源及能力的制约。

（3）集中性营销目标市场方案。

集中性营销目标市场方案是企业在市场细分的基础上，选择企业已生产及经营或将要生产及经营的某种产品的一个细分市场（或是对该细分市场进一步细分后的几个更小的市场部分）作为其营销目标市场的营销目标市场方案。在这种营销目标市场方案中，企业在营销活动中不是面向某种产品的整体市场，也不是把力量分散使用于某种产品的若干个细分市场，而是集中力量进入某种产品的细分市场（或是对该细分市场进一步细分后的几个更小的市场部分），实行高度专业化的生产、营销及经营，以满足某些特定市场需求。例如，一家橡胶厂只生产、营销及经营用于农村运输的畜力车轮胎而不是生产、营销及经营其他橡胶制品，某服装厂专为男性中老年生产、营销及经营服装，某拖拉机厂专门生产、营销及经营宜于山区使用的手扶拖拉机。

一般来说，集中性营销目标市场方案特别适用于实力不强、资源有限的小企业或出口企业在最初进入国外市场时采用。开始时选择一个不被竞争者重视的细分市场作为自己的营销目标市场，集中力量在这个营销目标市场努力经营，提供高质量的产品，赢得声誉后再根据自己的条件逐渐扩展到产品的其他细分市场上去。日本企业就是运用这种营销目标市场方案在汽车、家电、手表等行业的全球市场上取得了惊人的份额。

集中性营销目标市场方案的优点是：可以使企业在一个较小的或很小的细分市场上获得较高的甚至是支配地位的市场占有率。这是因为：首先，企业营销的目标市场集中，企业能更深入地了解市场需要即消费者（顾客）的需求，使其产品更加适销对路，在细分市场上取得强有力的竞争地位，有利于树立和强化企业形象及产品形象；其次，由于企业可准确把握消费者（顾客）的不同需求，有针对性地开展市场营销活动和实行专业化经营，可节省生产成本和营销成本及经营成本；最后，步步为营，有利于针对市场某些特定需求展开营销攻势，提高企业和其产品在其细分市场上的知名度，形成竞争优势，以便使企业在某个细分市场上居主导地位。

集中性营销目标市场方案的不足之处是：这种营销目标市场方案潜伏着较大的风险。这是因为，该方案营销目标市场过于集中，把企业的命运押在一个小范围的细分市场上，一旦这个细分市场突然发生变化或不景气，例如消费者（顾客）的需求偏好突然发生变化，或者细分市场上出现了比自己强大的竞争对手，都将使企业措手不及，导致该细分市场容量变小，环境恶化而造成亏损，从而使企业陷入困境。

2. 营销目标市场方案选择应考虑的因素

上述三种营销目标市场方案各有利弊，它们各自适用于不同的情况。在企业市场营销活动中，不同规模、不同经营状况的企业和不同产品究竟应选择哪种营销目标市场方案，必须全面考虑企业自身的条件、产品的特点及外在因素，权衡得失，慎重决策。这些因素主要有：

（1）企业的资源及能力。包括企业设备、自然技术、经营技术、资金等资源状况及生产能力、供应能力、营销能力等经营能力。企业资源丰富、能力强，即企业实力雄厚，根据产品的不同特性可考虑采用差异性或无差异性营销目标市场方案；资源有限、能力弱，即企业实力不雄厚，则应考虑采用集中性营销目标市场方案。

（2）产品的同质性。指产品在性能、特点等方面的差异性大小。有些产品，主要是某些初级产品，诸如食糖、大米、小麦、食盐、钢铁、煤炭等，尽管这些产品自身可能会有些差别，但顾客一般不太重视或不加区别，也就是说这些产品的消费者（顾客）对这些产品需求的差异性是比较小的，因而可视为"同质"产品。对于同质产品或需求上共性较大的产品，一般选择无差异性营销目标市场方案。而许多产品，主要是加工制造产品，诸如家用电器、服装、化妆品、钟表、汽车、机械设备、食品等，不仅本身可以开发出不同的规格型号、不同花色品种的产品，而且消费者（顾客）对其需求的差异性也不大，因此，一般选择差异性或集中性营销目标市场方案。

（3）市场的同质性。指消费者（顾客）对某种产品的需求的类似性。如果市场上所有消费者（顾客）在同一时期对某种产品的偏好相同，购买行为也基本相同，并且对营销目标市场方案的反应也基本一样，则可视为同质市场，在此情况下，则宜选择无差异性营销目标市场方案；反之，如果消费者（顾客）对某种产品需求的差异性较大，则为异质市场，在此种情况下，则宜选择差异性营销目标市场方案。

（4）产品的生命周期阶段。对处于不同生命周期阶段的产品，应选择不同的营销目标市场方案。对于处于投入期、生长期的产品，营销重点是启发和巩固消费者（顾客）的偏好，不应提供太多的产品品种，最好是选择无差异营销目标市场方案或针对某一特定细分市场采用集中性营销目标市场方案；当产品进入成熟期时，市场竞争激烈，消费者（顾客）需求也日益多样化，在这种情况下，则宜选择差异性营销目标市场方案来开拓新的细分市场，满足新需求，延长产品的生命周期。

（5）竞争对手的营销目标市场方案。当竞争对手采用无差异性营销目标市场方案时，企业就应选择差异性营销目标市场方案，以提高企业产品的竞争能力。当竞争对手都进行积极的市场细分，采用差异性营销目标市场方案时，企业就应进一步细分产品的市场，实行更有效的差异性或集中性营销目标市场方案；但若竞争对手实力较弱，也可考虑采用无差异性营销目标市场方案。总之，企业要根据竞争对手情况随机应变，才能立于不败之地。

（6）营销目标市场方案的可盈利性。营销目标市场方案的盈利性是指营销目标市场方案可使企业可获得预期的经济效益。企业选择的营销目标市场方案必须使目标市场有现实和潜在的购买能力，有足够的销售量，在一定时期内具有相对稳定性，只有这样才能保证企业有利可图。

一般来说，企业选择营销目标市场方案时应综合考虑上述诸因素，权衡利弊方可作出决策。营销目标市场方案应当相对稳定，但当市场形势或企业实力发生重大变化时应及时转换。竞争对手之间没有完全相同的营销目标市场方案，一个企业也没有一成不变的营销目标市场方案。

二、营销价格决策

在确定了企业的营销目标市场后，接下来就要确定企业的产品在营销目标市场上营销的价格，这就要进行营销价格决策。所谓营销价格决策，是企业按照价值规律和供求规律的要求，根据营销地区的价格政策和规定的原则、办法以及市场供求变化情况，制订、评价、选择企业的产品在其选定的营销目标市场上营销价格方案的过程和职能。

营销价格方案是企业（市场）营销方案中非常重要并且独具特色的组成部分。市场营销活动实际上是致力于通过交换过程来满足人类需要和欲望的各种活动。价格通常是影响企业交易成败的关键因素，同时又是企业（市场）营销方案中最难确定的因素或方案。企业的营销价格决策是为了促进销售、提高产品在营销目标市场中的占有率、获取更多的利润，这就要求企业在进行营销价格决策时，既要考虑成本的补偿，又要考虑营销目标市场上的消费者（顾客）对营销价格的接受能力，从而使营销价格决策具有买卖双方的双向决策的特征。另外，价格是营销组合中较活跃的一个因素，市场营销学对营销价格的规定突出了价格的"灵活性"，认为营销价格要对市场变化做出灵活的反应，要以消费者（顾客）所能接受的水平为基点。因此，营销价格决策是市场营销决策中最复杂、最难的一种决策。

营销价格是决定企业产品的销售量的重要因素之一。营销价格直接影响到企业产品在其营销目标市场上被消费者（顾客）的接受程度，影响到企业的产品在其营销目标市场上的竞争能力和市场占有率，同时也影响到企业收入和企业利润的多少。产品的营销价格过高，将会减少产品的销售量，降低市场占有率，甚至会被逐出营销目标市场；产品的营销价格过低，则无法保证企业获得足够的利润来支持企业运转和发展。因此，无论是企业人员、企业消费者（顾客），还是企业竞争对手，对产品的营销价格都十分关注。由于营销价格在市场营销活动中的作用十分微妙，所以，营销价格或营销价格方案变成了市场营销组合或市场营销方案的重要组成部分或重要的市场营销方案。

1. 营销价格决策的目标

营销价格决策的目标简称营销价格目标，也称定价目标。营销价格目标是企业通过营销价格决策（定价决策）所要达到的预期目的和标准。企业营销价格目标是企业营销目标体系中的具体目标之一，它的确定必须服从于企业营销总目标，也要与其他营销目标（如营销市场目标、营销渠道目标、营销促进目标）相协调。不同时期，体现营销总目标的营销价格目标不同，因而有不同的营销价格方案，而且一定时期内企业的营销价格目标还有主要目标和附属目标之分。营销价格目标大致有以下几种：

（1）市场目标。

市场目标是指企业以扩大市场占有率作为企业的营销价格目标。市场占有率是企业经营状况和产品竞争力状况的综合反映。较高的市场占有率可以保证企业产品的效率，便于企业掌握消费需求变化，易于形成企业长期控制市场和价格的垄断能力，并为提高企业盈利率提供了可靠保证。以市场目标作为营销价格目标的企业，一般着眼于企业产品的长期、稳定的利润。因为当营销价格不变时，市场占有率的扩大意味着销售量扩大，利润增加。即使销售价格有所下降，市场占有率的扩大也有可能增加利润。

以市场目标作为营销价格目标的企业，一般采用全部或部分产品的低价来吸引消费者，扩大市场占有率。虽然这样做可能牺牲了企业的短期利润，但从长远看，企业最终将获得由于市场占有率提高而增加的长期利润。

以市场目标作为营销价格目标的企业应有潜在的生产及经营能力，在降低了成本的同时能保证产品的质量，使总成本的增长速度低于总销量的增长速度，产品的需求价格弹性较大，即能够薄利多销。

（2）利润目标。

利润目标是指企业以短期利润最大化作为企业的营销价格目标。利润最大化取决于价格所推动的销售规模，因而追求利润最大化的营销价格目标并不意味着企业要制定最高营销价格。

以利润目标作为营销价格目标的企业，主要考虑以何种营销价格出售企业的产品可以获得最大的利润，而对市场竞争的效果对消费者（顾客）及社会产生的影响考虑较少。因此，以利润目标作为营销价格目标的企业，一般是采用高价来实现短期利润目标。

一般来说，在下述情况下，企业可考虑以利润目标作为营销价格目标：

①企业拥有某种产品的技术优势，从而使企业能以高质量的产品占领目标市场，而且企业产品在目标市场上占有竞争优势地位，享有较高声誉，从而给人以"优质优量"的感觉。

②竞争对手在短期内无法弥补产品在技术上的差距，市场竞争力不强，无攻击力。

③企业对产品的市场需求情况和收入——成本情况有精确的了解，可以确定现有条件下的最大利润。

如果企业在不具备这些条件的情况下，盲目采用这一营销价格目标必然会出现需求萎缩、替代品挤占市场份额、竞争者纷纷进入该目标市场的局面，从而给企业的营销工作和经营工作带来诸多负面影响。而且，市场供求和竞争状况总会发生变化，产品也会不断更新，任何企业都不能在某目标市场上永远保持其绝对的垄断优势。因此，在更多的情况下，企业应把追求利润最大化作为一个长期营销价格目标，同时选择一个适应特定环境的短期目标来制定营销价格。

（3）竞争目标。

竞争目标是指企业以应付或抑制竞争作为企业的营销价格目标。处于激烈市场竞争环境中的企业经常采用适应价格方面的竞争作为营销价格目标。

一些企业为了阻止竞争者进入自己的目标市场，故意将产品的营销价格定得很低。以应付或抑制竞争为营销价格目标是以对市场有决定性影响的竞争者的价格作为营销价格的决策基础。采用这种营销价格目标时，企业常采取与竞争者相同的营销价格，或采取低于或高于竞争者的营销价格。为谋求扩大产品市场占有率的企业常采取低于竞争者的营销价格；而实力雄厚的大企业也可以采取高于竞争者价格的营销价格以阻止竞争对手进入自己原已占领的市场。以竞争目标作为营销价格目标的企业，在成本和需求发生变化时，只要竞争者维持原价，自身一般也应维持原价；当竞争者改变价格时，则应相应调整价格，以应付或避免竞争。

（4）生存目标。

生存目标是指企业以维持生存作为企业的营销价格目标。以保持企业正常经营或维持企业生存作为企业的营销价格目标，通常是企业处于不利环境中的一种缓兵之计。

当企业由于种种原因而造成产品滞销、资金周转不灵、甚至濒临破产时，为了避免更大损失，企业往往推行大幅度折扣，以保本价格甚至亏本价格出售产品以求收回资金，维持营业及企业生存，并争取时间，另谋发展。这种营销价格目标只能作为特定时期内的过渡性营销价格目标，一旦出现转机，将很快被其他营销价格目标所代替。

（5）收益目标。

收益目标是指企业以一定的收益指标作为企业营销价格目标。收益目标是一种长、短期内企业都能获得稳定收益的营销价格目标，这一目标力图保持长期稳定的收益，既不盲目追求高额利润，也不急于限利求销。

收益目标大致有投资收益率目标、销售收益率目标、固定收益额目标三种形式。投资收益率目标是根据投资额期望得到一定百分比的纯利或毛利的营销价格目标。销售收益率目标是企业以一定时期内销售额中固定的利润百分比，即销售毛利润率作为营销价格目标。固定收益额目标是以一段时间内固定的收益额作为营销价格目标。

选择收益目标作为企业营销价格目标的企业应具备较强的实力。一般在同行中实力雄厚、竞争力强的大型企业常以此作为企业的长期营销价格目标。同行中的中小企业在选择收益目标作为其营销价格目标时，应与主导企业的营销价格保持一定比例关系，并可长期追随主导企业的营销价格。此外，在选择收益目标时，应当慎重研究，分析计算，既要能保证收益指标的实现，又能为消费者（顾客）所接受。

（6）形象目标。

形象目标是企业以维护企业形象为企业的营销价格目标。良好的企业形象是企业无形的资源，是企业成功经营取得的消费者（顾客）信赖，是长期企业经营活动积累的结果。因此，有些行业虽然其市场供求变化频繁，但行业中的大企业为维护企业信誉及形象，往往采取稳定价格做法，不随波逐流，给顾客以财力雄厚、靠得住的感觉。

（7）销售增长目标。

销售增长目标是企业以销售增长率为企业的营销价格目标。在其他条件不变的情况下，销售增长与市场份额的扩大是一致的。因此，销售增长率即销售增长目标也是企业重要的营销价格目标之一，特别是在新产品进入市场以后的一段时间内。但由于竞争激烈的市场经常发生变化，市场份额的高低更多地取决于本企业与竞争对手的销售额对比情况，而且，销售增长率也不必带来利润的增加。因此，企业应结合市场竞争状况，有选择地实现有利可图的销售增长率。但有时，企业可以通过降低某种产品的价格的做法来实现总销售额增长的目标。

2. 营销价格决策应考虑的因素

企业在制订、评价、选择营销价格方案即在营销价格决策时必须全面考虑各种影响营销价格的因素。一般来说，在营销价格决策中应考虑的因素主要有以下几种：

（1）成本因素。

商品价值是凝结在商品中的社会必要劳动，商品价格是商品价值的货币表现。而在实际工作中，价格通常以商品的成本为主要依据。因此，成本是商品价格中最基本、最重要的因素，是制定产品的营销价格的重要依据。一般来说，产品的营销价格必须能够补偿企业在经营该产品中所花费的各项支出，包括供应活动的支出、生产活动的支出、营销活动的支出、人力资源开发活动的支出、财务活动的支出以及总体活动（战略活动）的支出等各项支出，并能补偿企业为产品承担风险所付出的代价。一般来说，产品的营销价格应等于以上各项成本（支出）之和即总成本加上合理的利润，否则企业无利可图，将会停止生产及经营。使总成本得到补偿的营销价格意味着营销价格至少不能低于平均成本（单位产品的平均成本），如果要取得盈利，则价格就必须高于平均成本。成本因素规定了产品营销价格的最低限度。

（2）需求因素。

市场对企业产品的需求是影响产品价格变动的直接因素。市场需求规定了产品价格的最高限度。一般来说，当某种产品供不应求时价格就会上升，但升到一定幅度时需求量就会减少，因而迫使价格下跌；当某种产品供过于求时，价格就会下跌，但跌倒一定幅度时供应量就会减少，而迫使价格回升。这样几经升降，最终形成供求平衡的价格——市场价格。

市场需求与价格的关系可用市场需求潜力和需求价格弹性来反映。市场需求潜力是指在一定的价格水平下，市场需求可能达到的最高水平。需求价格弹性简称需求弹性，是指因价格变动而引起的需求相应的变动，它反映需求变动对价格变动的敏感程度。需求弹性的大小，以弹性系数 Ep 来表示：

$$Ep = \frac{需求量变动的百分比}{价格变动的百分比}$$

亦即 $Ep = \left| \dfrac{\Delta Q / Q_0}{\Delta P / P_0} \right|$　　或 $Ep = \dfrac{|Q_1 - Q_0|}{Q_0} \Big/ \dfrac{|P_1 - P_0|}{P_0}$

式中：Q_1——价格变动后的销售量；

　　　Q_0——价格变动前的销售量；

　　　P_1——新价；

　　　P_0——原价。

由于价格的下降或提高与销售量的增加或减少总是呈相反方向变化，故需求量的变动率与价格变动率之比总是为负值，所以，需求弹性系数一般取其绝对值。

一般来说，对于弹性大即弹性系数 Ep 大的产品可用降价来刺激需求，扩大销售，因此，可采用低营销价格方案；反之，弹性小即弹性系数 Ep 小的产品的价格变动，对需求则没有多大作用，一般不采用低营销价格方案。

（3）销售数量因素。

销售数量对企业营销价格一般会产生直接的影响。一般来说，产品的销售量大，则其营销价格可低一点。研究销售数量与价格之间的关系可以借用盈亏平衡点、边际收入与边际成本的关系。

从盈亏平衡点来看，如果销售量大大超过平衡点，则价格还可下降，以促进销售。反之，价格就维持在一定的水平上。

就单个产品而言，如果成本费用不变，则价格越高，盈利越大。但是企业盈利总额并不是单位产品盈利之和，单位产品包含的盈利水平高并不意味企业总盈利水平必然就高。正确的计算公式是：

企业盈利 = 全部销售收入 − 全部成本费用

= 产品销售数量 ×（单位产品价格 − 单位产品成本费用或平均成本费用）

由上式可见，企业盈利是单位产品实现的盈利与销售数量两者的乘积。但这两个因素是相关的。由于价格对需求存在反向作用，价格过高可能导致需求量及销售量的缩减，进而减少企业收入及盈利水平，因此，其他条件既定，企业盈利状况最终取决于价格和销售数量之间的不同组合。一般来说，当边际收入等于边际成本时，销售收入与价格之间将达到最佳结合，并会实现最高利盈利。其中边际收入是指销售量每变动（增加或减少）一个单位所发生的收入变动额，边际成本指销售数量每变动一个单位所发生的成本变动额。

（4）产品的生命周期因素。

产品的生命周期包括四个阶段：投入期、成长期、成熟期和衰退期。一般来说，在产品生命周期的不同阶段，市场需求和竞争状况不同，企业的营销目标市场也不同，因此，营销价格也应有所不同。投入期的营销价格，既要补偿高成本，又要为市场即消费者（顾客）所接受；成长期和成熟期正是产品大量销售、扩大市场占有率的时机，企业应稳定营销价格以便有利于开拓市场；进入衰退期后，一般应采取降低营销价格措施，以便充分发掘老产品的晚期效益。

（5）竞争因素。

竞争因素对营销价格的影响主要表现为竞争价格对产品价格水平的约束。可以这样说，在竞争激烈的市场上，营销价格的最低限受成本约束，最高限受需求约束，介于两者之间的营销价格确定则以竞争价格为依据。

消费者（顾客）在购买商品时，一般都会"货比三家""价比三家"，对于质量差不多的产品，消费者一般会选择价格便宜的。由此可见，同类产品的竞争最直接地表现为价格竞争，价格竞争是企业之间的主要方式。因此，在激烈竞争的市场上，企业在制订、评价、选择营销价格方案时，必须仔细分析竞争对手的营销价格方案，密切注视其变动动向并作出反应，并以竞争对手的营销价格方案作为自己企业营销价格决策的参照系。当然，在对营销价格决策时，还应全面考察自己和竞争对手的资源及能力、各自的产品质量和款式以及竞争对手的营销渠道方案、营销促进方案等营销方案。一般来说，如果自己的产品和竞争者的产品相类似，就应使营销价格也近似。否则，相差悬殊势必丧失市场。如果自己的产品比竞争者的产品质量低，则制定较低的营销价格；相反，可制定较高的营销价格。

（6）其他因素。

企业在进行营销价格决策时，还应考虑下列因素对营销价格的影响。

①产品因素。对于购买效率较高的日用品，因有很高的存货周转率，适宜于薄利多销；对于周转率较低的特殊产品，营销价格应高；对于时髦流行或品质威望高的产品，营销价格相对于购买者来说属次要问题；对于生产资料，购买者首先考虑的是产品的品质与耐用性，而营销价格只是在与同类产品相比较时才显得重要。

②宏观环境因素。企业在进行营销价格决策时，要综合考虑企业营销地区和国家的法律法规和政策、企业营销地区以及国家的宏观经济状况。例如，企业营销地区和

国家对企业的产品的营销及价格有什么限制，有些什么样的价格决策和法律规定。又如，营销地区和国家及世界的经济是繁荣还是萧条，是否通货膨胀等。

③价格心理因素。消费者（顾客）在选购商品时，一般会将价格同商品的实际价值相比较。如果消费者（顾客）认为商品价格高于其实际价值，就不会购买这种商品。因此，企业在进行营销价格决策时，要选择合适的营销价格方案，使消费者（顾客）感到物有所值，觉得"划算"。

④相关因素。企业在进行营销价格决策时，还应考虑相关产品和相关行业的状况，尤其是可以替代本企业产品相关产品和相关行业。企业应根据自身营销目标的要求，选择部分相关行业和产品，分析它们的发展变化以及对本企业产品营销价格的影响。

3. 营销价格方案的基本类型

企业可供选择的营销价格方案可能很多，但归纳起来，企业的营销价格方案主要有以下几种基本类型：

（1）高价方案。

高价方案又称撇脂或取脂方案，是指企业在新产品投入市场时采用高营销价格，保证初期的高额利润，以便迅速收回投资，然后随着竞争对手的同类产品的出现和产品市场占有率的提高，再降低营销价格的一种营销价格方案。

采用高价方案必须具备以下条件：①产品有相对优势，市场有一定数量的消费者（顾客）；②产品的需求价格弹性小，就是说即使产品的营销价格高，需求也不会大大减少，而且可以提高产品的声望；③竞争者在短期内难于进入该目标市场；④没有竞争并容易开辟市场的产品；⑤产品的质量与高价相符；⑥企业的生产能力有限，难以应付市场需求，可以用高价限制需求。

高价方案的优点是：①企业能迅速实现预期利润目标，并在短期内收回投资，当竞争者进入市场时，企业已经赚取了丰厚的利润。②迎合了消费者（顾客）"求新"的消费心理，能使产品在消费者（顾客）中产生质量优良的印象，从而树立产品的形象。③具有一定的灵活性，如产品的高营销价格若能为消费者所接受，则可利用新产品的特点和无竞争对手的条件，尽可能地在短期内赚取更多的利润，收回投资，甚至还可获得扩大规模和进一步开拓市场所需求的资金；若高营销价格不能为消费者（顾客）所接受也可以在必要时主动降价；同时随着销量和产量的扩大、成本的降低，以后也可逐步降低价格。

高价方案的缺点是：①营销价格远远高于成本，增加了消费者（顾客）的开支；②由于营销价格过高，大多数消费者（顾客）对新产品的购买可能持谨慎态度，而新产品的品牌形象尚未建立，因而可能会使新产品的销售出现不良的形势；③高营销价格带来的高额利润会诱使大批竞争者跟进市场，因而加剧市场竞争，产品寿命周期可能因此而缩短了，产品的价格也将大幅度下降甚至无利可图；④在实行高营销价格后下调价格，可能使产品及企业声誉受到影响。

（2）低价方案。

低价方案又称渗透方案，是指企业在新产品投放市场时采用低营销价格，使新产品易为消费者所接受，以便迅速打开市场销路，扩大市场占有率，取得竞争优势，然后随市场份额的提高调整价格，降低成本，实现利润目标的一种营销价格方案。这种营销价格方案的着眼点在于追求市场占有率，获取长远利益。

采用低价方案必须具备以下条件：①市场规模较大，存在潜在的竞争者；②生产和营销成本及总成本有可能随产量和销量的扩大而降低；③产品无明显特色，需求价格的弹性大，目标市场对价格比较敏感，低价会大大刺激需求增长。

低价方案的优点是：①能迅速地打开新产品的销路，有利于提高市场占有率，树立良好的企业形象，并使竞争对手处于不利地位；②低价薄利不易诱发竞争，便于企业长期占领市场；③可使企业经营稳定，从而会持久地给企业带来日益增多的利润。

低价方案的缺点是：①由于价低利微，回收速度慢，投资回收期长，如果产品不能打开市场，或遇到强大的竞争对手，企业就会面临风险并产生亏损；②低价给消费者（顾客）以产品低档的印象，有可能影响产品的品牌形象和企业的声誉；③价格变动余地小，难以应付在短期内骤然出现的竞争或需求的较大变化。

（3）心理价格方案。

心理价格方案是指企业针对消费者（顾客）不同的心里需要和对不同价格的心理承受能力，有意识地采用不同的营销价格的营销价格方案。心理价格方案主要适合于零售商品和大批量的批发商品。主要有以下几种：

①整数价格方案。整数价格方案是将商品的营销价格有意定为整数，以显示其商品的威望的营销价格方案。这是针对求名或自尊心强的顾客而采用的一种营销价格方案。礼品类商品等常采用这种营销价格方案。消费者（顾客）会感到这种商品与其地位、身份、家庭等协调一致，从而迅速地做出购买决定。

②尾数价格方案。尾数价格方案是将商品的营销价格有意定为与整数有一定差额的数字，使消费者（顾客）产生价格便宜计算精确的一种营销价格方案。这种营销价格方案使用于重复购买的日用消费品、积压等清仓的商品以及需求价格弹性较强的商品。尾数价格方案往往会带来需求量的大幅度增加。

③声望价格方案。声望价格方案是指将那些在市场上已有很好信誉和品牌形象的商品的营销价格定为高价，从而增加消费者（顾客）心理满足的一种营销价格方案。这种营销价格方案对于那些高收入阶层以及爱慕虚荣的消费者（顾客）比较适用。这种营销价格方案一方面可以提高产品的形象，用高价说明其名贵，同时也可以满足某些消费者（顾客）通过消费显示其经济地位的心理。

④习惯价格方案。习惯价格方案是指将消费者（顾客）因长期购买而在心理上所承受和默许的一种价格确定为商品的营销价格，以避免营销价格变化使消费者误解和不满的一种营销价格方案。在市场上销售已久的商品，消费者（顾客）往往会对何种质量、性能的商品形成一种心理的习惯性价格，符合习惯性价格的营销价格被顺利接受，偏离习惯性价格的营销价格易引起疑虑。高于习惯性价格的营销价格常被认为是不合理的涨价，低于习惯性价格的营销价格又使消费者（顾客）怀疑是否货真价实。因此，这类商品营销价格要力求稳定，避免营销价格波动带来不必要的损失。如果商品要提价，最好不改变原标价，而将单位数量略微减少或质量适当降低，以减少成本，这样做比提高价格更容易为消费者（顾客）所接受。

如果成本上升到不得不改变标价的程度，最好把品牌或包装改变一下再行提价，避开习惯价格对新价格的抵触心理，引导消费者形成新的习惯价格。

⑤招徕价格方案。招徕价格方案是利用消费者（顾客）都有追求廉价心理，有意在所经销的商品中选取几种，将营销价格压得很低，以招徕消费者（顾客）的一种营销价格方案。实施这种价格方案时，消费者（顾客）在购买几种价格很低的商品时，常常会顺带购买其他商品，这样会使企业的总销售额和总利润额增加。使用这种营销价格方案应注意，必须选择购买频率高的日用消费品，减价才有吸引力。品种繁多的大中型零售企业最适宜采用这种营销价格方案。有些商店经常举行"减价""减利"销售，就是采用这种营销价格方案。

⑥系列价格方案。系列价格方案是针对消费者比较价格的心理，将同类产品的营销价格有意识地分档拉开，形成价格系列，从而使消费者（顾客）在比较价格中能迅速找到各自习惯的档次，得到"选购"的满足的一种营销价格方案。

（4）折扣价格方案。

折扣价格方案是指企业为了增加销售根据某种条件在正式营销价格的基础上给予一定折扣和让价，并通过扩大销量来弥补折扣费用和增加利润的一种营销价格方案。采取折扣价格方案是为了鼓励消费者购买。对于进入衰退期的老产品或因某种原因不畅销的产品，也可以采用这种营销价格方案尽快回收投资，以免造成更大损失。

按折扣方式的不同，折扣价格方案可分为数量折扣价格方案、现金折扣价格方案、季节折扣价格方案和业务折扣价格方案。

①数量折扣价格方案。即根据消费者（顾客）购买数量或金额的不同给予相应的价格折扣的折扣价格方案。一般来说，消费者（顾客）购买的数量或金额越大，折扣率越高。数量折扣价格方案又可分为累计和非累计数量折扣价格方案。前者是根据一定时期内消费者（顾客）所购货物的累计数量或金额的大小给予不同的折扣，采用这种折扣方式有利于吸引消费者（顾客）长期购买和掌握营销的规律；后者是当消费者（顾客）一次购买某种商品的数量或金额超过某限度以后，按超过数量或金额的多少给予一定的折扣优惠，有时也可按多种商品购买金额超过某一限额的多少来给予一定的价格优惠。

②现金折扣价格方案。即根据消费者（顾客）付款时间、付款期限长短的不同给予相应的价格折扣的折扣价格方案。其目的在于鼓励消费者（顾客）尽早支付货款，加速资金周转。

③季节折扣价格方案。指对一些季节时令性较强的商品给非消费旺季购买的消费者（顾客）一定的价格折扣的折扣价格方案。该方案的目的是鼓励消费者（顾客）在非消费旺季购买企业的商品，以减少资金负担或降低仓储费用，加速企业资金周转。

④业务折扣价格方案。又称功能性折扣价格方案或交易折扣价格方案。即制造企业依据各类中间商在市场营销中担负的不同职能，给予不同的价格折扣的营销价格方案。该方案的目的是利用价格折扣刺激各类中间商更充分地发挥各自组织市场营销活动的功能。该方案有利于制造企业与中间商建立融洽的关系。

（5）地域价格方案

地域价格方案是指企业根据产品在不同地区的供求与竞争程度分别定出不同的营销价格的营销价格方案。地域价格方案主要有产地价格方案、统一交货价格方案、基点价格方案、免收运费价格方案。

①产地价格方案。即卖方负责将产品装运到目的地的某种运输工具上交货，并承担此前的一切费用和风险，而由消费者（顾客）担负从产地到目的地的一切风险费用的地域价格方案。这个方案的缺陷可能失去远方的消费者（顾客）。

②统一交货价格方案。即企业对不同地区的消费者（顾客）实行统一的营销价格，运费按平均运费计算的一种地域价格方案。这种方案简便易行，可争取远方消费者（顾客），但缺陷是对近处消费者（顾客）不利。

③区域价格方案。即将产品的销售市场划分为两个或两个以上的区域，在每个区域内确定一个营销价格方案。一般对较产地经济水平低的地区营销价格要低一些，较产地经济水平高的地区的营销价格会相应高一些。

④基点价格方案。即将一些城市指为基点，按基点到消费者（顾客）所在地的距离收取运费，而不管货物实际上是从哪里起运的一种地域价格方案。

⑤免收运费的价格方案。即指某些企业采用自己负担部分或全部实际运费的地域价格方案。

4. 营销价格的确定方法

在确定了营销价格目标及营销价格方案的具体类型后，下一步就要确定营销价格的具体数目。鉴于营销价格的高低主要受成本、市场需求和竞争状况等三方面因素的影响，营销价格确定方法也分为成本导向确定法、需求导向确定法、竞争导向确定法。

（1）成本导向确定法。

成本导向确定法是指以产品成本为基数，在此基数上加上要达到的利润的营销价格确定法。根据其所用的成本利润指标不同，成本导向确定法可分为以下几种：

①成本加成法。

成本加成法是以产品单位成本或进货成本为基数，加上一定的成本利润率（加成率）来计算产品营销价格的成本导向确定法。其计算公式为：

$$P = C \times (1 + K\%)$$

式中：P——单位产品价格或单位进货成本价格；

C——单位产品成本或单位进货成本；

K——成本利润率（加成率），即预期利润占成本的百分比。在不同时间、不同地点、不同市场环境和不同行业，加成率是不同的。

成本加成法比较适合零售业的营销价格确定。

②盈亏平衡法。

盈亏平衡法是根据预测产品可能达到的销售量来制定保本价格，再在保本价格的基础上加入预期利润计算营销价格或实际价格的一种方法。根据盈亏平衡计算公式：

$$Q = \frac{F}{P - V} \qquad 得\ P_本 = V + \frac{F}{Q} \qquad 则\ P_实 = V + \frac{F + E}{Q}$$

式中：P——单位产品价格；

　　　V——单位产品的变动费用；

　　　F——固定成本费用；

　　　Q——预期销售量；

　　　E——预期利润。

盈亏平衡法适合于确定制造企业的产品营销价格。

③边际贡献法。

边际贡献法也称变动成本法，即以单位变动成本为依据，加入单位产品贡献即边际贡献来计算营销价格的一种方法。其计算公式是：

营销价格＝单位变动成本＋单位产品贡献额

在这里，产品售价超出变动成本的部分被称为贡献。贡献的意义在于：单位产品的销售收入在补偿其变动成本之后首先用来补偿固定成本费用。只有在总销售额减去总变动成本所得的收入（即贡献额）足够抵偿固定成本时，其余额才是利润；如不足以抵偿固定成本，其余额为负值，则发生亏损。

（2）需求导向确定法。

需求导向确定法是指以消费者（顾客）的需求强度和消费者（顾客）购买心理为依据来确定营销价格的一种方法。需求导向确定法又可分为理解价值确定法、需求差异确定法和逆向确定法。

①理解价值确定法。

理解价值确定法是根据消费者对商品价值的理解和对价格的接受程度来确定产品的营销价格的一种方法。有些营销学家认为，把买方的价值判断与卖方的成本费用相比较，确定营销价格时应侧重考虑前者。因为消费者购买商品时总会在同类商品之间进行比较，选购那些既能满足其消费需要又符合其支付标准的商品。消费者对商品价值的理解不同，会形成不同的价格限度。这个限度就是消费者宁愿付出货款而不愿失去这次购买机会的价格。如果价格刚好在这一限度内，消费者就会顺利购买。因此，运用理解价值确定法的关键是要把自己的产品同竞争对手的产品进行比较，找到比较准确的理解价值。

②需求差异确定法。

需求差异确定法是以不同时间、地点、产品及不同消费者（顾客）对同一产品的需求强度差异为依据确定营销价格的一种方法。这种方法往往是先确定一个基础价格，然后根据需求强度的差异确定是加价还是减价以及加价、减价的幅度。例如，舞厅里的饮料的营销价格要高于街边饮食店饮料的营销价格，周末时快餐食品店的营销价格要高于平时快餐食品店的营销价格。奥运会期间，标有会徽或吉祥物的商品的营销价格要比其他未做标记的同类商品的营销价格要高出许多。

③逆向确定法。

逆向确定法又称反向确定法，是以消费者（顾客）所能接受的价格来确定产品的零售营销价格，然后逆向地推出批发营销价格和出厂营销价格的一种方法。逆向确定法因其营销价格确定程序与成本加成法相反，所以称逆向确定法为反向确定法。

逆向确定法要求企业必须了解消费者（顾客）对产品的要求及愿意为其支付的价格，并按照消费者（顾客）对产品的要求组织产品的经营活动及营销活动，体现了以消费者（顾客）为中心的思想，从而使营销价格具有更好的可行性和更强的竞争力，并能促使企业降低成本。但采用这种方法的关键是搞好市场调查，确定合理的零售营销价格。

（3）竞争导向确定法。

竞争导向确定法是以市场上相互竞争的同类产品的价格为基本依据，根据应付或避免竞争的要求来确定营销价格的一种方法。这类方法的特点是：价格与成本和需求不发生直接关系。产品的成本或市场需求变化了，产品的价格不一定调整；而竞争对手的产品的价格变动或相互竞争的同类产品的价格变动，就要相应地调整产品的价格。竞争导向确定法主要有以下几种方法：

①随行就市确定法。即企业以当时市场通行的一般价格或市场主导者的价格为基础，来确定本企业产品营销价格的一种方法。当企业对消费者（顾客）和竞争者不甚了解和难以估计他们对价格变化的反应时，适宜采用该方法。而且，这种定价适用于竞争激烈的均质产品，如大米、面粉、钢铁等。

②主动竞争确定法。即企业根据本企业的实际情况和与竞争对手的产品的差异状况来确定营销价格的一种方法。这种方法一般适用于实力雄厚或产品独具特色的企业。利用这种方法来确定产品的营销价格通常按下列程序进行：首先将市场上竞争的产品的价格与企业估算价格进行比较，分为高于、一致或低于三个价格层次。其次，将本企业产品的性能、质量、成本、式样、产量等与竞争企业进行比较，分析造成价格差异的原因。再次，在此基础上，按营销价格所要达到的目标，确定产品的营销价格。最后，跟踪竞争产品的价格变化，及时分析原因，相应调整本企业产品的营销价格。

③投标确定法。即卖方引导买方，通过价格竞争，最后以最有利价格成交的一种竞争导向确定法。该法主要适用于建筑工程承包、大型设备制造和政府大量采购等营销价格的确定。

三、营销渠道决策

营销渠道习惯称分销渠道，是指产品从生产者向消费者转移过程中所经过的途径，或者说是从生产者向消费者转移过程中所经过的一切取得所有权（或协助所有权转移）的商业组织和个人。这些商业组织和个人称为中间商，因此，中间商是指处于生产者和消费者之间，参与商品营销活动的一切商业组织和个人。所谓营销渠道决策是指企业根据自身的资源、能力，产品的功能、性质、特点及市场情况，制订、评估、选择企业的产品进入其选定的目标市场上的营销渠道方案的过程和职能。

1. 营销渠道方案的基本类型

企业的产品的营销渠道很多，因此，营销渠道方案也很多，但归纳起来，营销渠道或营销渠道方案可归为几种基本类型。由于企业产品的消费者分别是组织、个人，所以营销渠道或营销渠道方案具有不同的特点，因此，下面我们分开论述。

（1）个人消费品的营销渠道方案的基本类型。

个人消费品主要是指生活资料，但也包括部分生产资料（如农民购买的化肥、农药等）。个人消费品营销渠道或营销渠道方案主要有下列几种基本类型：

①直接渠道及其方案：生产者→消费者。

这种营销渠道及其方案的类型称为直销型，即产品从企业直接转移给消费者而不经过任何中间商，如制造企业的营销人员送货上门、走访用户、邮购、制造企业自设销售门市部都属这种类型。另外，服务产品一般采用直接渠道及方案。

②一层渠道及其方案：生产者→零售商→消费者。

这是间接销售类型之一，其特点是企业把产品直接卖给零售商，不经过批发商。如制造企业将产品直接出售给各百货商店、专营商店及一般商店。

③二层渠道及其方案：生产者→代理商→零售商→消费者，或生产者→批发商→零售商→消费者。

这是最常用的间接营销渠道及其方案，也是大多数个人消费品流通的形式。其特点是：企业先把商品出售给批发商或代理商，批发商或代理商出售给下一层批发商或零售商，最后由零售商将产品转移给消费者。代理商是指受生产者的委托从事商品营销业务但不拥有商品所有权的商业组织和个人。批发商是指不改变商品性质而实现商品在空间和时间上的转移，达到再销售目的的中间商。代理商和批发商的区别在于代理商不和生产者产生购买行为，而批发商则与生产者或代理商或上级批发商产生购买行为。由于批发商可以发展成许多层次，因此，二层渠道及其方案应称为多层渠道及其方案。

（2）组织消费品的营销渠道方案的基本类型。

组织消费品是指购买者为组织（企业、政治组织、群众组织）的产品或商品。组织消费品一般是生产资料，但也包括部分生活资料（如组织发放的福利品）。组织消费品的营销渠道及其方案有以下几种基本类型：

①直接渠道及其方案：生产者→组织消费者。

这是组织消费品最常采用的营销渠道及营销渠道方案。大型机器设备如火车机头、火车厢、成套工艺设备、发电设备等都是直接销售给组织消费者企业。

②一层渠道及其方案：生产者→经销商→组织消费者，生产者→代理商→组织消费者。

这种经过代理商、经销商的分层渠道及方案，主要适用于普通机器设备及附属设备如机电、金属材料、化工产品等的营销。经销商是指对商品拥有所有权并从事商品流通的商业组织和个人。经销商与代理商的区别是经销商拥有所经营的商品的全部或部分所有权，而代理商则不拥有所经营的商品的所有权，因此，在生产者与经销商之间至少发生了部分买卖行为，而代理商在营销商品时则没有与生产者发生买卖行为。经销商和批发商的区别在于：一是经销商对所经营的商品拥有全部或部分所有权，而批发商对所经营的商品拥有全部所有权；二是经销商往往还有代替生产者售后服务，而批发商一般没有这种义务及功能。

③二层渠道及其方案：生产者→代理商→经销商→组织消费者。

这种营销渠道及方案与一层渠道及其方案基本相似。只是由于某种原因，不是由代理商直接销售给组织消费者，也不是由生产者直接交给经销商销售，而是由代理商通过经销商销售给组织消费者。这种渠道及其方案一般适用于下列情况：一是生产者所能找的代理商有特殊的营销渠道或有特殊的营销优势；二是生产者的产品的单位销量太小，或者需要分散存货，以便迅速向组织消费者交货。

2. 营销渠道决策所包括的内容

营销渠道决策要解决的问题是要不要使用中间商，使用多少中间商。换句话说，问题是如何确定渠道的类型、渠道的长度与宽度和中间商以便把生产者的产品迅速、有效、低成本地转移到消费者（顾客）手中。因此，营销渠道决策主要包括直接营销与间接营销的决策、营销渠道长度决策、营销渠道宽度决策和中间商决策。

（1）直接营销与间接营销的决策。

如果生产者不经过中间商，而把产品直接销售给消费者，则为直接营销，上述直接渠道及其方案就是直接营销的渠道及方案。如果生产者通过中间商（代理商、经销商、批发商、零售商）把产品销售给消费者，则为间接营销，上述通过一层渠道、二层渠道及多层渠道而进行的营销活动都是间接营销。在企业进行直接营销与间接营销的决策时，企业应综合考虑产品因素、市场因素、企业本身的因素等，权衡利弊后再作决策。

（2）营销渠道长度决策。

营销渠道长度是指产品从生产者到消费者中间所经过的环节和层次的多少。在商品流通过程中，如果不算处于渠道起点的生产者和处于渠道终点的消费者，产品每经过一个直接或间接转移商品所有权（代理商除外）的商业组织和个人，就称为一个流通环节或中间层次。一般将只有一个中间层次的营销渠道称为短渠道，将有两个或两个以上层次的营销渠道称为长渠道。一般来说，经过的环节或层次越多，营销渠道就越长；反之，营销渠道越短。

在进行营销渠道长度决策时，一般要综合考虑产品的特点、目标市场的特性、生产者的特性等多方面的因素。从产品的特性来考虑，对于易腐产品或单价高、技术性强并需要提供售后服务以及单位体积大和笨重而不利于运输的产品宜采用短渠道；而对于单价低、体积小的日用品则应通过中间商把产品分配到大量的营销网点去。从目标市场的特性来考虑，对消费者集中、购买力大和购买数量多的目标市场可采用较短的渠道，而对消费者分散且购买力低的目标市场，则应采用较长的渠道。从生产者的特性来考虑，如果生产者的实力强，又有很好的信誉和营销经验，则可采用较短的渠道；反之，则应采用较长的渠道，利用中间商来销售产品以扩大市场。

（3）营销渠道宽度决策。

营销渠道宽度是指营销渠道的每个层次中相同类型中间商的数量。营销渠道的"宽""窄"取决于营销渠道的每个层次使用同种类型中间商数目的多少。如果中间商的数目多则营销渠道宽，如果中间商的数目少则营销渠道窄。营销渠道宽度决策主要是确定在同一层次上需要多少中间商，它同样取决于产品的特性、市场容量和目标市场的集中程度等。一般来说，营销渠道宽度方案主要有下列三种形式：

①密集性分销方案。即企业开拓尽可能多的中间商（代理商、经销商、批发商、零售商），使营销渠道最大限度地加宽。这种方案旨在扩大市场覆盖面或使产品快速进入目标市场，使众多的消费者能随时随地购买这些产品。一般来说，个人生活资料中的便利品（香烟、糖果、牙膏等价格低廉和差异不显著的商品）和生产资料中的标准都适于采用这种方案。

②独家分销方案。即企业在某一区域仅通过一家中间商营销其产品。这需要双方协商签订独家经销合同，规定不得向第三者特别是竞争者承担购销义务。独家分销的营销渠道宽度是最窄的。这种方案旨在控制市场竞争，彼此充分利用对方的信誉和经营能力，增强自己的营销能力。这种分销方案的优点是：有利于企业实现对中间商在售价、促销和供货方面的控制，并有利于树立品牌形象。但其缺点是：如果中间商经营不好或发生意外，企业可能措手不及，在目标市场上处于不利地位，并因此蒙受损失。一般来说，在产品具有较明显的特异性（如专利技术、专门消费者、品牌优势）的情况下，采用独家分销方案往往比使用许多中间商方案销售效果好。

③选择性分销方案。即企业在某一区域通过几个有条件精心挑选的、最合适的中间商来营销其产品。这是一种介于密集性分销方案和独家分销方案的分销方案。它既比独家分销渠道宽，可以获得足够的市场覆盖面；又比密集性分销要节省费用，并且可实现对中间商的较大控制和降低成本。该方案主要是着眼于市场竞争地位的巩固和稳定，维护企业产品在该区域的良好信誉。该方案适用范围很广，几乎所有产品都适用，但特别适用于生活资料中的选购或试销的新产品。

（4）中间商决策。

中间商决策就是评价和选择中间商。中间商的主要作用有两个：一是调节生产和消费之间的数量上的差异；二是调节生产和消费之间在商品花色品种和分级方面的差异。除了承担销售业务之外，中间商还可以承担起了解市场信息、运转储存等业务。因此，中间商可以代替制造企业完成市场营销的一些功能（如市场调研、广告宣传、商品储存、运输、销售和售后服务等）。正因为如此，中间商在商品交换和在企业营销中的作用极其重要，其好坏直接关系到产品营销乃至企业经营的成败。所以，企业应当全面考察中间商各方面的情况，详细评价和慎重选择中间商。一般来说，在评价和选择中间商时应主要考虑以下五方面的情况：

①中间商的类型和数目。可能与本企业合作的中间商是何类型：是批发商，是代理商，是经销商，还是零售商，能供本企业选择的各类中间商的具体数目是多少，有能力且愿意与本企业合作的各类中间商的具体数目是多少。

②中间商的地理位置。中间商（尤其是零售商）所处的地理位置应能方便订货或方便本企业目标市场的消费者（顾客）的购买，其营销对象及分布范围应与本企业的目标市场的消费者（顾客）分布范围基本一致。

③中间商的信誉。中间商是否为本企业的目标市场的消费者（顾客）所信任和尊敬，中间商与相关企业（包括与本企业及其他企业）的关系是否融洽，资信程度如何等。

④中间商的营销能力。中间商是否拥有一支训练有素的营销队伍，资金和资产有

多少，是否有足够的仓储、运输能力，是否向消费者（顾客）提供必要的技术指导、维修保养、零配件供应、送货上门等营销服务。

⑤竞争情况。指中间商是否营销竞争对手的产品，本企业的产品能否与竞争者的产品相抗衡，当中间商已经营销竞争对手的产品时，若本企业产品的竞争力弱，需要避开强者锋芒，就不应考虑这种中间商；若本企业产品竞争力较强时，则应努力争取有竞争对手的中间商，以加强本企业产品的声誉和竞争能力。

3. 营销渠道决策应考虑的因素

企业在制定、评价、选择营销渠道方案时应着重考虑以下几方面的因素：

（1）产品因素。

产品因素对营销渠道的决策起决定作用，影响营销渠道决策的产品因素主要有：

①价值。一般而言，产品单个价值越大，营销渠道越多，路线越长。反之，产品单个价值越小，营销渠道越少，线路越短。

②体积与重量。体积大而笨重的产品应选择直接渠道或中间商较少的间接渠道。

③易损性和时尚性。对于不易储运的鲜活易腐产品、易损产品、时尚性高的产品，可考虑采用直接渠道或"短"而"窄"的间接渠道营销；反之，对易储运、时尚性低的产品，则可考虑采用"长"和"宽"的间接渠道。

④技术性和售后服务。具有高度技术性或需要经常服务与保养的产品，应采用"较短而窄"或"较短而宽"的营销渠道。

⑤标准化程度。有些产品标准化程度高，如多数生活资料商品以及一些生产资料零部件、半成品等，可考虑间接营销；反之，标准化程度低，可以考虑直接营销。

⑥产品数量。产品数量大，往往要通过中间商营销，以扩大营销面。

⑦产品市场生命周期。对于投入期或成长期的产品，中间商往往不大愿意担风险，企业为了早日打开销路可组织自己的营销队伍直接营销；对于成熟期的产品，由于市场逐渐稳定，营销风险较小，中间商乐于营销，此时，企业可选择"长"和"宽"的间接渠道；产品进入衰退期，其销售量和销售利润剧减，企业就应该压缩营销渠道。

⑧产品式样、花色的变化。凡是式样、花色变化快的商品，卖得快，宜采用最短的间接营销渠道，或采用直接营销渠道。

（2）目标市场因素。

①消费者（顾客）的规模与分布。当消费者（顾客）分布面广，目标市场范围大，企业可以采用长而宽的间接营销渠道，广为推销；反之，则可以采用"短"而"窄"的间接营销渠道，或采用直接营销渠道。

②市场需求状况。当市场需求上升时，可采用"长"而"宽"的间接营销渠道；当市场需求下降时，应适当将营销渠道缩短变窄。

③购买特点。当目标市场的消费者（顾客）购买的批量大、频率低、形式单一、且购买相对稳定时，企业可考虑采用直接营销渠道，或采用尽可能"短"而"窄"的间接营销渠道；反之，购买的批量小、重复购买、多样购买、购买不太稳定，则可考虑采用"长"而"宽"的间接营销渠道。

④竞争状况。企业在进行营销渠道决策时，还应考察目标市场上竞争对手的营销

渠道方案，比较双方的营销实力，灵活地选择本企业的营销渠道及方案，或针锋相对，或避其锋芒。

（3）企业本身的因素。

①企业规模实力和声誉。企业规模大、实力雄厚、声誉高，则可以采用直接营销渠道；反之，则应采用间接营销渠道。

②营销经验和营销能力。企业的营销经验丰富，营销能力强，可采用直接营销渠道或"短"而"窄"的间接营销渠道；反之，则应采取"长"而"宽"的间接营销渠道。

（4）宏观环境因素。

从宏观环境来看，经济形势对营销渠道的决策有较大的影响，如在经济萧条、市场需求下降时，企业应尽可能减少不必要的流通环节，取消非必要的加价，因此，应采用较短的营销渠道；反之，则应采用"长"而"宽"的营销渠道与中间互利互惠，扩大销售。此外，目标市场所在地区的有关法律、法规也对营销渠道的决策产生较大的影响。

四、营销促进决策

营销促进，习惯称促销，是指企业为了扩大销售，将有关企业和产品的信息以合适的方式传递给目标市场的消费者（顾客）帮助和促进消费者（顾客）对产品及企业产生好感和信任，进而促进消费者（顾客）产生购买行为而进行的一系列活动。所谓营销促进决策是企业根据本身的资源、能力、产品、服务、功能、性质、特点及市场情况，制订、评价、选择针对目标市场的营销促进方案的过程或职能。

1. 营销促进方案（促销方案）的基本类型

营销促进方案很多，但归纳起来主要有人员营销促进（人员促销）、广告营销促进（广告促进）、公关营销促进（公关促进）、营业营销促进（营业促进）这四种基本类型，其他各种营销促进方案（促销方案）一般是这四种基本的营销促进方案（促销方案）的有机组合。

（1）人员营销促进方案。

人员营销促进又称人员推广，是指企业派出推销人员直接向目标市场的消费者（顾客）进行面对面的信息传递以扩大销售的促销方式。人员促销是一种最老、最直接的促销方式，也是现代市场营销不可缺少的重要手段，特别是在争取消费者（顾客）偏爱、建立购销关系方面，人员促销与其他促销方案相比有不可替代的作用。

人员促销和其他促销方案相比，具有以下特点和优势：

①直接性。人员促销可以使营销人员和消费者（顾客）保持直接的联系和接触，易于察觉消费者（顾客）的各种反应，并据此采取灵活的营销措施、方法和技巧，以达到交易的目的。

②针对性。人员促销可以使营销人员根据不同消费者（顾客）的需求和购买动机，开展针对性的促销活动，而且在每次促销之前可以选择具有较大购买可能的消费者进行促销，并可事先对潜在消费者（顾客）的购买心理行为习惯和购买标准进行一番研

究，拟订具体促销方案、计划等，以提高促销的成功率，这是其他促销方案所不及的。

③直接反应性。人员促销可以产生直接反应，即使消费者（顾客）完成时间购买。

④公共性。人员促销可以使营销人员在推广产品的同时，以自己良好的形象赢得消费者（顾客）对产品和企业的信任，并建立起自己和消费者（顾客）良好的公共关系。

人员促销的缺点是成本费用较高和接触消费者（顾客）有限，因此限制了信息的传播范围。一般来说，人员促销主要适用于单位价值最多、使用方法复杂、甚至需要提供安装任务的产品以及消费者（顾客）密集、集中的目标市场。

（2）广告营销促进方案。

广告营销是指企业通过传媒媒体，向目标市场的消费者（顾客）传播企业及其产品的信息，以增加消费者（顾客）对企业的了解和信任，扩大销售的促销方案。大众传媒媒体包括广播、电视、电影、报纸、杂志、广告牌、印刷品、橱窗等。广告营销是一种促销手段，也是目前企业最普遍采用的一种促销方式。

广告促销和其他促销方案相比，具有以下特点和优势：

①公开性。广告促销将企业及产品的全貌毫不选择地传递给全体目标市场的消费者（顾客）及其他的人员。因此，广告是一种高度公开的信息沟通方式，它的公开性赋予了产品一种合法性。

②普及性。广告的信息传播范围广，能在较短时间内同众多的目标市场消费者（顾客）沟通，并提升产品及企业的知名度，树立品牌形象。

③持续性强和冲击性大。广告可以借用各种艺术形式、手段和技巧，提供一个将一个企业及其产品感情化、性格化、戏剧化的表现机会，因此，广告促销和其他促销方案相比，具有更大的冲击力。而且其反复的出现更易引起人们的注意和兴趣，唤起消费者（顾客）购买需求和激发起购买动机，因此，其持续性强。

④信息容量大。广告尤其是报纸、杂志等广告不但可详细介绍产品及其功能、特点等，而且还可为产品品牌形象与企业形象提供了一定的空间。

广告促销的缺点是不能使消费者直接完成行为反应，即难以立即交易。广告促销适用于一切产品，特别是有一定规模的产品。

（3）公关促销方案。

公关促销是指企业以非付款的方式，通过第三者在报纸、电视、杂志、会议、信函等传播媒体上发表本企业及其产品的公关宣传报道，以达到和公众建立良好的关系，扩大企业产品销售的目的的一种促销方案。公关促销是一种重要的、最有效的促销方式和促销手段，它越来越被多数企业特别是现代企业所重视和采用。公关促销可以通过与新闻界保持良好的关系，说向立法者、政府人员咨询与处理公众意见等手段来实现。

公关促销和其他促销方案相比，具有以下特点和优势：

①高度可信性。公关促销一般是由第三者通过公共宣传来介绍企业及其产品的，因而，和广告促销相比，其可信性要高得多。

②消除防卫。公关促销不是直接针对现实和潜在的消费者（顾客），而是通过一种

隐蔽、含蓄、不直接触及经济利益的公关宣传来吸引公众的注意力，因此，可以消除消费者（顾客）因人员促销、广告促销而产生的回避、防卫性。

③轰动效果。公关促销一般能引起社会的良好反应，增进公众对企业及其产品的信任和了解，甚至会产生社会轰动效应，从而有利于提高企业及其产品的知名度，并保持良好的形象和信誉。

④节省费用。公关促销虽然要开支一定的费用，但与广告促销或其他促销方案相比要低得多。

公关促销的缺点是涉及面广，促销努力并不一定产生好的效果，而且，在有些促销活动中，企业没有自主权。但是，如果将公关促销和其他促销组合协调起来，可能会取得极好的效果。

（4）营业促销方案。

营业促销习惯称为营业推广，是指企业通过组织商品展销会、博览会、交易会、免费试用、折价赠券、购货折扣等方式为消费者（顾客）提供特殊的购买机会或优惠条件，刺激消费者（顾客）大量、重复购买，争取潜在客户，吸引竞争对手的消费者（顾客）的一种促销方案。

营业促销和其他促销方案相比，具有以下特点和优势：

①针对性强。可根据不同的对象进行营业促销。如有对消费者（顾客）的营业促销、对中间商的营业促销（惯称交易推广）、对制造商的营业促销和对推销人员的营业促销。

②非经常性和无规则性。营业促销一般不是经常开展的，也不是每间隔一段时间开展的，而是企业营销人员或企业经营者、管理者根据实际情况灵活地决定的。另外，营业促销的形式也多种多样，可根据不同情况灵活掌握。

③刺激性强。营业促销通过采用让步、诱导或赠送的方法带给消费者（顾客）某些利益，激发消费者（顾客）的购买兴趣，刺激消费者产生实际购买行为。

④短期效益明显。营业促销能有效地刺激消费者（顾客）的潜在需求，使消费者（顾客）产生更为强烈迅速的反应，产生全部、迅速的购买行为，从而使企业能快速地扩大销售或迅速地扭转销售下降的趋势。

营业促销的缺点：一是其影响是短期的，难以使消费者（顾客）形成产品的长期品牌偏好；二是容易引起消费者（顾客）对产品及其质量、价格的猜疑，从而难以收到良好的促销效果。

2. 营业促销组合方案决策应考虑的因素

企业在实际营销活动中采用的促销方案往往不是单纯的人员促销方案、广告促销方案、公关促销方案或营业促销方案，而是促销组合方案。所谓促销组合方案是指企业在市场营销活动中对人员促销、广告促销、公关促销、营业促销等促销方案进行有目的、有意识的综合、匹配而形成的各种综合的系统的促销方案。

促销组合方案的确定是以影响促销组合的因素分析为基础的。影响促销组合的因素很多，在进行促销组合（方案）决策时，必须加以认真的研究和考虑。一般来说，应考虑一下几个因素：

（1）促销目标因素。

企业在不同时期及不同的市场环境下所进行的特定促销活动，都有特定的促销目标，促销目标有别，促销组合（方案）也必有异。例如，在一定时期内，某企业的促销目标是旨在迅速增加销量、扩大市场份额，而另一企业的促销目标是旨在树立企业的良好形象，为其产品今后占领市场打下基础，显然，二者采取的促销组合方案是绝对不会相同的。前者强调近期效益、短期目标，宜采用广告促销或营业促销方案；而后者则是强调远期效益、远期目标，宜采用公关促销，开展公共宣传报道，建立良好的公共关系。

（2）产品因素。

不同性质的产品，需要采用不同的促销组合（方案）。一般来说，个人消费品（主要是生活资料）尤其是价格低廉的日用品，使用者人数多，分布地域广，最重要的促销方案是广告促销，其次是营业促销，然后是人员促销，最后是公关促销；组织消费品（主要是生产资料）尤其是一些技术性强的大型复杂设备，其用户少，并且需要提供技术及售后服务，最宜采用的促销方案是人员促销，其次是营业促销，然后是公关促销，最后是广告促销。

此外，产品价格的高低对促销组合（方案）也产生重要的影响，一般来说，低价的个人消费品宜多采用广告促销，少采用人员促销；高价的个人消费品应同时采用广告促销和人员促销；低价的组织消费品，使用广告促销多于采用人员促销，高价的组织消费品则采用人员促销多于广告促销。

（3）市场因素。

一般来说，不同的市场情况应采用不同的促销组合（方案）。当市场范围比较集中，并且距企业比较近时，应以人员促销为主；而对市场分散并距企业较远时应多采用广告促销。另外，个人消费者市场应以广告促销为主，组织消费者市场应以人员促销为主。

（4）产品生命周期阶段因素。

产品处于不同的生命周期阶段，促销目标不同，所采用的促销组合（方案）也不同。

当产品处于投入期时，促销目标主要是认识、了解产品及提高其知名度，宜采用广告促销和公关促销，此外营业促销也有利于鼓励消费者（顾客）试用。

当产品处于成长期时，促销目标主要是扩大销售量，故广告促销和公关促销仍需加强，但营业促销可相对减少。

当产品处于成熟期时，促销目标主要是维持原有的市场份额，同时发掘市场潜力，故应有广告促销，且只开展一些比较性和提示性的广告促销活动，但应加强营业促销，同时对组织消费品应大力进行人员促销。

当产品处于衰退期时，促销目标是保证足够利润收入。因此，应把促销规模降到最低限度。广告仅起提示作用，公关促销可全面停止，人员促销可减少至最小规模，而营业促销可继续展开。

（5）促销策略因素。

促销策略可分为推动策略和拉引策略。推动策略是以中间商为主要促销对象，把产品从制造商推向代理商、经销商或批发商，直至最终推向消费者（客户）即目标市场。拉引策略是以消费者（客户）为主要促销对象，设法唤起消费者（客户）对产品的需求和兴趣，从而拉引中间商和生产者进货。

企业对推动策略和拉引策略的偏好各有不同，因此，采用的促销组合（方案）也不同。当企业决定采用推动策略时，应运用人员促销和营业促销等促销方案将产品推向市场；当企业决定采用拉引策略时，应运用广告策略、公关策略唤起消费者（顾客）的购买动机和需求，带动产品的销售。

复习思考题

1. 企业营销的经营思想经历哪几个阶段？
2. 企业产品的生命周期各阶段的策略是什么？
3. 现代企业定价的策略包括哪些方面？
4. 如何有效选择营销的渠道？
5. 影响促销策略的因素都包括哪些方面？

第八章 产品策划

案例与相关衔接

房地产策划有什么技巧

地产策划从地产类别上可分为：商业地产策划、工业地产策划、住宅地产策划等。从内容上分为：营销推广、公关活动策划、销售策划、广告策划等。

系统比较复杂，随着地产行业的飞速发展，还会涌现很多新生领域，也需要策划。房地产策划包括哪些内容？

一、项目策划也就是房地产开发项目的可行性研究

1. 可行性研究的内容

可行性研究的根本目的是实现项目决策的科学化、民主化，减少或避免投资决策的失误，提高项目开发建设的经济、社会和环境效益。

可行性研究的主要内容有：①项目概况；②开发项目用地的现场调查及动迁安置；③市场分析和建设规模的确定；④规划设计影响和环境保护；⑤资源供给；⑥环境影响和环境保护；⑦项目开发组织机构、管理费用的研究；⑧开发建设计划；⑨项目经济及社会效益分析；⑩结论及建议。

2. 可行性研究的工作阶段

（1）投资机会研究。该阶段的主要任务是对投资项目或投资方向提出建议，即在一定的地区和部门内，以自然资源和市场的调查预测为基础，寻找最有利的投资机会。投资机会研究相当粗略，主要依靠笼统的估计而不是依靠详细的分析。该阶段投资估算的精确度为±30%，研究费用一般占总投资的0.2%～0.8%。如果机会研究认为可行，就可以进行下一阶段的工作。

（2）初步可行性研究。初步可行性研究亦称"预可行性研究"。在机会研究的基础上，进一步对项目建设的可能性与潜在效益进行论证分析。初步可行性研究阶段投资估算精度可达±20%，所需费用约占总投资的0.25%～1.5%。

（3）详细可行性研究。详细可行性研究，即通常所说的可行性研究。详细可行性研究是开发建设项目投资决策的基础，是在分析项目在技术上、财务上、经济上的可行性后做出投资与否决策的关键步骤。这一阶段对建设投资估算的精度在±10%，所需费用，小型项目约占投资的1.0%～3.0%，大型复杂的工程约占0.2%～1.0%。

项目的评估和决策，按照国家有关规定，对于大中型和限额以上的项目及重要的小型项目，必须经有权审批单位委托有资格的咨询评估单位就项目可行性研究报告进行评估论证。未经评估的建设项目，任何单位不准审批，更不准组织建设。

3. 可行性研究步骤

可行性研究按 5 个步骤进行：①接受委托；②调查研究；③方案选择与优化；④财务评价和国民经济评价；⑤编制可行性研究报告。

二、房地产营销策划内容

1. 营销策划内容

（1）定价策略

①根据市场情况，合理分布各销售阶段，并制定平均销售价格表；

②实施后，在销售过程中视实际情况调整销售价格；

③推出特价房的时机及数量建议；

④楼层、朝向、景观差价；

⑤付款方式建议；

⑤售价调整与销售率及工程进度的关系。

（2）销售费用及资金流量调控建议

①营销全过程中各阶段销售费用（包括广告设计、制作及发布，售楼处及样板房装修，销售人员奖金，各类促销活动等费用）的数额建议；

②销售资金回笼与工程进度关系建议。

（3）开盘时间及销售阶段的划分

①开盘时机建议（根据市场、项目、竞争对手状况综合起来考虑）；

②销售阶段的划分及周期。

（4）销售控制

①推盘手法建议；

②各销售阶段及销售人员职级的成交折扣建议；

③价格调控与促销手段建议；

④签署认购书与合同的注意事项。

（5）人员培训

①发展商简介；

②房地产特性与房地产价值；

③项目环境资料说明；

④项目规划介绍；

⑤公共设施介绍；

⑥整体理念介绍表表达；

⑦营销理念；

⑧营销技巧；

⑨逼定技巧；

⑩案名表达；

⑪广告定位；

⑫广告表现；

⑬市场客源定位；

⑭业务计划介绍；

⑮买方心理障碍排除；

⑯现场接待流程及规定；

⑰守价技巧；

⑱准客户资料收集及分类方法；

⑲电话拜访与演练；

⑳DM 寄发及促销活动计划说明；

㉑自我促销及组合促销介绍；

㉒现场制造；

㉓认购书、售价与付款办法介绍；

㉔相关法务及税务介绍；

㉕仪态、仪表与商业礼仪；

㉖答客问演练与课程验收。

三、随着房地产业的理性化发展与房地产市场竞争的日趋激烈，房地产营销策划逐渐得到业界的广泛关注与相当程度的认可

房地产营销策划虽然开始从注重表面转向追求内涵，从杂乱无章趋向规范有序，但纵观目前许多策划行为，很多地方仍值得深思。不少开发商对房地产营销策划的认识仍停留于肤浅的表层，甚至由于理解的偏颇，在实际运作中使营销策划走向误区。

● 误区之一：目标客户定位不准

打开任何一份策划报告，其中对消费者的描述必然充斥"20～40 岁之间""中高等收入的成功人士""注重生活品质""以男性为主""自住和投资兼有"这样千人一面的套话。售价超过 30 万元的房产对消费者的研究，居然还比不上售价不超过 3 元的饮料（如可口可乐）对消费者研究的态度和深度，岂非咄咄怪事。

事实上，由于高额的消费支出、购买结果的不确定性，房地产消费是一种高涉入度的购买行为，其购买决策的环节、影响因素和时间都复杂得多，变化的可能性也大得多，非采用专业消费者调研不可。然而，几乎所有的房地产策划者都认为，"市场是引导出来的""我们比消费者更专业""消费者只要能掏得出票子，我自有办法能让他上钩"。至于他是谁、他有什么想法都无足轻重。于是乎，房地产的"上帝"在短短的两三张 A4 纸的篇幅内被心不在焉地打发掉了，行业泡沫和风险随之而来。

● 误区之二：无视差异化竞争

与普遍忽视消费者研究相反，房地产策划者如同病态般地执著于对竞争者的研究，常常不惜花上半年的时间（值得留意的是，房地产开发的前置时间往往不超过 9 个月），动员全公司的力量，发动地毯式的搜索，从本区域到跨区域，甚至全国的假想敌都无不囊括，从环境、房型、配套到装修细节等竞争者优势都关心备至。任何一份策划报告有关竞争者的内容绝不会少于 50 张 A4 纸，任何一个竞争者的描述都不会少于10 个条目。然而，这样"劳师动众""精益求精"有什么意义呢？得出了什么结论呢？能指导我们干什么呢？

事实上，房地产与普通消费品不同，即便地段不同也不会有任何两个项目会同质化；既然不会有同质化，那就绝不会面临像普通消费品那样广泛的竞争。既然如此，这种"风声鹤唳、草木皆兵"的做法，除了浪费精力、误导注意力又有何益处？

●误区之三：空洞的品牌战略

眼下，房地产业最时髦的说法就是"打造强势品牌""提升品牌的核心竞争力"。有了万科好榜样的巨大示范效应（据说同样条件，万科凭借品牌领先就能造就每平方米 1 000 元的溢价），有了中体奥园快速切入品牌经营的成长轨迹（据说奥林匹克花园已经顺利开始了全国范围内的特许连锁），于是乎，便雄心勃勃地要成为"领导品牌"，豪情万丈地要做"白领品牌"，别出心裁地要做"时尚品牌"，你方唱罢我登场，却没有人去冷静地想想，等到曲终人散以后还会剩下什么。

事实上，房地产的一个项目总共不过几百上千套房子，卖完了也就完了，不像普通消费品几乎可以无限制、无限量地卖下去。特定项目的所有房子卖完之后如果没有持续的项目出现，弄个"强势品牌"难道就能画饼充饥吗？

只有那些有能力、有意愿持续专注进行房地产经营的企业才需要定战略、建品牌。一般的今天做做明天就不一定想做了或不一定能做了的公司（这样的公司至少占八成以上），最好把自己的注意力放在产品上，而不要去搞什么品牌建设、战略规划，对他们而言，品牌运作一是用不上（规模太小），二是用不起（投入太高），三是用不动（管理太差）。

●误区之四：产品理解浅薄

与普通消费品不同，不仅每一个项目是不同的，甚至连一个房地产项目中的每一套房子都是绝不相同的，无论是面积、楼层、景观，还是面对的消费群都存在着与生俱来的差异性。你可以说每一瓶可口可乐都是相同的，但你绝不能说任何两套房子对你而言价值一样。这本来是极好的策划切入点，然而，我们的房地产策划者却没有这种精度的视野，只是粗浅地按房型分分类，简单地根据一个总均价加点儿系数来定价，充其量不过是搞点儿"自立一房""温馨两房""雀巢三房"之类的噱头。

房地产策划者们真应该好好学学"琉璃工坊"。君不见人家"琉璃工坊"是如何珍视自己的每一个作品，如何刻意地使其绝不相同，定价也根本看不出是根据什么均价定的，而我们的房地产策划者却在可以大做文章的地方偏偏不做文章。事实上，应该根据顾客的不同而不是房型的不同来细分定义我们的产品，对每一类产品而不是仅对整个项目进行周密的包装，定价也不能简单地用总均价加成，而应该用类别均价加成的方法。

●误区之五：用大炮打蚊子

仗着财大气粗，房地产策划者经常强调猛烈的广告攻势，偏爱采用发行量大的大众媒体进行宣传。本着打"大决战"的动因，有人曾经把《解放日报》某一天的广告版面完全包了下来，如果不是有政策约束的话，连报纸的冠名权都恨不得拿下。其实，一个项目充其量不过几百上千个顾客，用上百万份发行量的媒体还不是大海捞针、用大炮打蚊子？有效的每千人成本还不高得惊人？况且，随着媒体干扰的增大（这是广告主们不可避免的"感伤"），媒体的边际传播收益正在直线下滑，与其如此，为什么不采用"小众传播"的方式以求更为精准实效呢?一贯十分注重大众传播的 P&G,其产品海飞丝在宣传推广时就拍了 7 个版本的广告,分别针对 7 个不同的目标群体。

当然,由于要针对小而多的目标群体,复杂而多变的整合运作,小众传播难度确实要大得多,但如果不难的话,何以证明你"深厚的策划功力"?

资料来源:《房地产经济学》2011 年高教版。

产品是市场营销组合中最重要的因素,这是因为企业的市场营销活动以满足市场需求为中心,而市场需求的满足只能通过提供某种产品或服务来实现。产品策略直接影响和决定着其他市场营销组合因素,对企业市场营销的成败关系重大。在现代市场经济条件之下,每一个企业都应该致力于产品质量的提高和组合结构的优化,以求更好地满足市场需求,取得最佳经济效益。

第一节 产品策划概述

产品是指能提供给市场,用于满足人们某种欲望和需要的任何事物,包括实物、服务、场所和创意等。

一、产品整体概念

在设计和销售产品时,市场营销者必须从产品的整体概念出发考虑产品,即市场营销中所指的产品是一个整体概念。从整体的角度出发,产品包括:核心产品层、形式产品层、附加产品层和潜在产品层。

1. 核心产品层

核心产品又称市场产品,是指产品能向顾客提供的基本利益和效用。这是产品最基本的层次,是满足顾客需要的核心内容。顾客购买某种产品,不是为了获得它的所有权,而是由于它能满足自己某一方面的需求或欲望。

2. 形式产品层

形式产品是指核心产品借以实现的形式或目标市场对某一需求的特定满足形式。形式产品包括五个要素:包装、品牌、质量、式样和特征。形式产品是呈现市场上可以为顾客所识别的,因此它是顾客选购商品的直观依据。

3. 附加产品层

附加产品是指顾客购买产品时所获得的全部附加利益与服务,包括安装、送货、保证、提供信贷和售后服务等。

4. 潜在产品层

潜在产品是指最终可能实现的全部附加部分和新转换部分,或者说是指与现有产品相关的、未来可发展的潜在性产品。潜在产品指出了产品可能的演变趋势和前景。

产品的整体概念体现了以顾客需求为中心的营销观念。没有对产品的整体概念的充分认识,就不能真正贯彻现代市场营销观念。

二、产品类别

在现代市场营销观念下，每一个产品类型都有与之相适应的市场营销组合策略。所以，要制定科学的市场营销策略就必须对产品进行科学的分类。根据不同特征可以将产品划分为不同类别。

1. 按产品的耐用性和有形性划分

按产品的耐用性和有形性划分为耐用品、百耐用品和服务。耐用品，指在正常情况下能够多次使用的物品，如住房、汽车等；非耐用品，指在正常情况下一次或几次使用就被消费掉的有形物品，如食品、化妆品等；服务，指非物质实体产品，是为出售而提供的活动或利益，如修理和教育等。

2. 按产品的用途划分

按产品的用途可将产品分为消费品和工业品两大类。而对消费品，按消费者的购买习惯又可分为便利品、选购品、特殊品和非渴求物品。对工业品，可以根据它们如何进入生产过程和相对昂贵这两点来进行分类。我们可以把工业品分成三类：材料和部件、资本项目以及供应品与服务。

三、产品策划的含义和意义

产品策划是指企业如何使自己的产品或产品组合适应消费者的需要与动态的市场开发活动的谋划。产品策划的内容包括：产品组合策划、产品生命周期策划、新产品开发和扩散策划、产品品牌与商标策划以及产品包装策划。

产品策划在市场营销活动中处于重要地位，也具有十分重要的意义：一是保证企业产品的适销对路和利润的实现。二是减轻市场竞争压力，增强竞争实力。三是通过产品策划提高企业的营销水平，树立和优化企业市场形象，强化企业产品和产品整体组合效果，提高市场满意度。

第二节　产品组合策划

一、基本概念

产品组合是指企业生产经营各种不同类型产品之间质的组合和量的比例。产品组合由全部产品线和产品项目构成。

产品线是指产品在技术上和结构上密切相关，具有相同使用功能，规格不同而满足同类需求的一组产品。

产品项目是指产品线内不同品种、规格、质量和价格的特定产品。

二、评价指标

评价产品组合的指标主要有：宽度、长度、深度和关联性。

产品组合的宽度是指企业拥有的不同产品线的数目。

产品组合的长度是指每条产品线内不同规格的产品项目的数量的总和。

产品组合的深度指产品线在最终用途、生产条件、分配渠道或其他方面的密切相关程度。

产品组合的宽度、长度、深度和关联性对企业的营销活动会产生重大的影响。因此，产品组合决策就是企业根据市场需求、竞争形势和企业自身能力对产品组合在宽度、长度、深度和关联性方面做出的决策。

三、产品组合的分析方法

产品组合的状况直接关系到企业收益的好坏，故企业必须不断优化产品组合结构。为了优化产品组合，使每一产品线、每一产品线下的产品项目都取得良好收益，企业应对现行产品组合作出系统的分析和评价。分析产品组合的常用方法是产品项目分析法。该方法认为，产品线上的每一个产品品种对总销售额和利润所做的贡献是不同的。

四、产品组合策划

1. 扩大产品组合策略

包括拓展产品组合的宽度和加强产品组合的深度。前者指在原产品组合中增加产品线，扩大经营范围；后者指在原有产品线内增加新的产品项目。当企业预测现有产品线的销售额和盈利率在未来可能下降时，就应考虑在现有产品组合中增加新的产品线，或加强其中有发展潜力的产品线。

2. 缩减产品组合策略

当市场繁荣时，较长、较宽的产品组合为许多企业带来较多的盈利机会，但当市场不景气或原料、能源供应紧张时，缩减产品反而可能使总利润额上升。这是因为从产品组合中剔除了那些获利很小甚至亏损的产品大类或产品项目，使企业可集中力量发展获利多的产品大类和产品项目。但是随着产品大类的延长，设计、工程、仓储、运输、促销等市场营销费用也随之增加，但终将会减少企业的利润。在这种情况下，需要对产品大类的发展进行相应的遏制，剔除那些得不偿失的产品项目，使产品大类缩短，提高经济效益。

3. 产品线延伸策略

每一个企业都具有其特定的市场定位。产品线延伸战略指全部或部分地改变公司原有产品的市场定位，具体做法有向下延伸、向上延伸和双向延伸三种。向下延伸，指企业原来生产高档产品，后来决定增加低档产品。向上延伸，指企业原来生产低档产品，后来决定增加高档产品。双向延伸，即原定位于中档产品市场的企业掌握了市场竞争优势后，决定向产品大类的上下两个方向延伸，一方面增加高档产品，另一方面增加低档产品，扩大市场阵地。

4. 产品线现代化策略

现代科技发展突飞猛进，产品开发也是日新月异，产品的现代化成为一种不可改变的大趋势，产品线也必然需要进行现代化改造。产品大类现代化策略首先面临这样的问题：是逐步实现技术改造，还是以更快的速度用全新设备更换原有产品大类。逐步现代化可以节省资金耗费，但缺点是竞争者会很快察觉，并有充足的时间重新设计他们的产品大类；而快速现代化策略虽然在短时期内耗费资金比较多，却可以出其不意，击败竞争对手。

5. 产品线号召策略

有的企业在产品线中选择一个或者少数几个产品项目加以精心打造，使之成为颇具特色的号召性产品去吸引顾客。有时候，企业以产品线上低档产品型号进行特别号召，使之充当开拓销路的廉价品。有时候，经理们以高档产品项目进行号召，以提高产品线的等级。有时候，企业发现产品线上有一端销售情况良好，而另一端确有问题。企业可以对销售较慢的那一段大力号召，以努力促进顾客对销售较慢产品的需要。

第三节　产品生命周期策划

所谓产品生命周期，是指产品从进入市场开始，直到最终退出市场为止所经历的市场生命循环过程。

一、产品生命周期阶段

典型的产品生命周期一般可分为四个阶段：介绍期、成长期、成熟期和衰退期。

二、各阶段的营销策略

1. 介绍期的营销策略

介绍期的特征是产品销量少，促销费用高，制作成本高，销售利润很低甚至为负值。根据这一阶段的特点，企业应努力做到：投入市场的产品要有针对性；进入市场的时机要合适；设法把销售力量直接投向最有可能的购买者，使市场尽快接受该产品，以缩短介绍期，更快地进入成长期。在产品的介绍期，一般可以由产品、分销、价格、促销四个基本要素组合成各种不同的市场营销策略。仅将价格高低与促销费用高低结合起来考虑，就有下面四种策略：快速撇脂策略、缓慢撇脂策略、快速渗透策略和缓慢渗透策略。

2. 成长期市场营销策略

新产品经过市场介绍期以后，消费者对该产品已经熟悉，消费习惯也已形成，销售量迅速增长，这种新产品就进入了成长期。针对成长期的特点，企业为维持其市场增长率，延长获取最大利润的时间，可以采取下面几种策略：

（1）改善产品品质。如增加新的功能，改变产品款式，发展新的型号，开发新的用途等。对产品进行改进，可以提高产品的竞争能力，满足顾客更广泛的需求，吸引更多的顾客。

（2）寻找新的细分市场。通过市场细分，找到新的尚未满足的细分市场，根据其需要组织生产，迅速进入这一新的市场。

（3）改变广告宣传的重点。把广告宣传的重心从介绍产品转到建立产品形象上来，树立产品名牌，维系老客户，吸引新顾客。

（4）适时降价。在适当的时机，可以采取降价策略，以激发那些对价格比较敏感的消费者产生购买动机或采取购买行动。

3．成熟期市场营销策略

对成熟期的产品，宜采取主动出击的策略，使成熟期延长，或使产品生命周期出现再循环。为此，可以采取以下三种策略：

（1）市场调整。这种策略不是要调整产品本身，而是发现产品的新用途、寻求新的用户或改变推销方式等，以使产品销售量得以扩大。

（2）产品调整。这种策略是通过产品自身的调整来满足顾客的不同需求，吸引有不同需求的顾客。整体产品概念的任何一层次的调整都可视为产品再推出。

（3）市场营销组合调整。即通过对产品、定价、渠道和促销四个市场营销组合因素加以综合调整，刺激销售量的回升。常用的方法包括降价、提高促销水平、扩展分销渠道和提高服务质量等。

4．衰退期市场营销策略

衰退期的主要特点是：产品销售量急剧下降，企业从这种产品中获得的利润很低甚至为零，大量的竞争者退出市场，消费者的消费习惯已经发生改变等。面对处于衰退期的产品，企业需要进行认真的研究分析，决定采取什么策略，在什么时间退出市场。通常有以下几种策略可供选择：

（1）继续策略。继续沿用过去的策略，仍按原来的细分市场，使用相同的分销渠道、定价以及促销方式，直到这种产品完全推出市场为止。

（2）集中策略。把企业能力和资源集中在最有利的细分市场和分销渠道上，从中获取利润。这样有利于缩短产品推出市场的时间，同时又能为企业创造更多的利润。

（3）收缩策略。抛弃无希望的顾客群体，大幅度降低促销水平，尽量减少促销费用，以增加目前的利润。这样可能导致产品在市场上的衰退速度加快，但也能从忠实于这种产品的顾客中得到利润。

（4）放弃策略。对于衰退比较迅速的产品，应当机立断，放弃经营。可以采取完全放弃形式，也可采取逐步放弃的形式。

第四节　新产品开发和扩散策略

新产品开发是满足新的需求、改善消费结构、提高人民生活素质的物质基础，也是企业具有活力和竞争力的表现。

一、新产品的类型

从市场营销学的角度来看，所谓新产品，是指与旧产品相比，在结构、功能、用途或形态上发生了改变，推向了市场，能满足新的顾客需求的产品。

新产品大体上包括以下四类产品：

1. 全新产品

全新产品指应用新的技术、新的材料研制出的具有全新功能的产品。这种产品无论对企业或市场来讲都属新产品，全新产品开发通常需要大量的资金、先进的技术水平，并需要有一定的需求潜力，故企业承担的市场风险较大。全新产品在创新产品中只占很小的比例。

2. 换代产品

换代产品指在原有产品的基础上，采用或部分采用新技术、新材料、新工艺研制出来的新产品。换代产品与原有产品相比，性能有改进，质量也有了相应的提高。它适应了时代发展的步伐，也有利于满足消费者日益增长的物质需要。

3. 改进产品

改进产品指对老产品加以改进。使其性能、结构、功能用途有所变化。与换代产品相比，改进产品受技术限制较小，且成本相对较低，便于推广和消费者接受，但容易被竞争者模仿。

4. 仿制产品

仿制产品指对市场上已经出现的产品进行引进或模仿、研制生产出的产品。开发这种产品不需要太多的资金和尖端的技术，因此比研制全新产品要容易得多。但企业应注意对原产品的某些缺陷和不足加以改造。

除此之外，企业将现行产品投入新的市场，对产品进行市场再定位，或通过降低成本，生产出同样性能的产品。企业开发新产品一般是推出上述产品的某种组合，而不是进行单一的产品变型。

二、新产品开发的方式

在现代市场上，企业要得到新产品，并不意味着必须有企业独立完成新产品的创意到生产的全部过程。除了自己开发以外，企业还可以通过购买专利、经营特许、联合经营、甚至直接购买现成的新产品来取得新产品。

1. 获取现成的新产品

这种方式又可以分为：联合经营、购买专利、经营特许、外包生产。

2. 自己开发

自己开发包括两种基本形式：独立研制开发、协约开发。

三、新产品开发过程

不同行业的生产条件和产品项目不同，新产品开发具体过程也有所差异，但企业开发新产品的过程一般由八个阶段构成，即寻求创意、甄别创意、形成产品概念、制定市场营销策略、商业分析、产品开发、市场试销和批量上市。

1. 寻求创意

新产品开发过程是从寻求创意开始的。所谓创意就是开发新产品的设想。营销人员寻找和收集新产品构思的主要方法有如下几种：

产品属性排列法、强行关系法、多角分析法、聚会激励创新法、征集意见法。

2. 甄别创意

创意甄别的目的就是淘汰那些不可行或可行性较低的创意，使公司有限的资源集中于成功机会较大的创意上。甄别创意时，一般要考虑两个因素：一是该创意是否与企业的策略目标相适应，表现为与利润目标、销售目标、销售增长目标、形象目标等几个方面相适应；二是企业有无足够的能力开发这种创意。

3. 形成产品概念

经过甄别后保留下来的产品创意还要进一步发展成为产品概念。所谓产品概念，是指企业从消费者的角度对这种创意所做的详尽的描述。

4. 制定市场营销策略

形成产品概念后，需要制定市场营销策略，企业的有关人员要拟定一个将新产品投放市场的初步的市场营销策略报告书。报告书由三个部分组成：描述目标市场的规模、结构、行为，简述新产品的计划价格、分销策略以及第一年的市场营销预算，阐述计划长期销售额和目标利润以及不同时间的市场营销组合等。

5. 商业分析

在这一个阶段，企业市场营销管理者要复查新产品将来的销售额、成本和利润的估计，看看它们是否符合企业的目标，如果符合就可以进行新产品开发。估计销售额要特别注意三个购买量：首次购买量、更新购买量和重复购买量。

6. 产品研制

这一阶段应清楚的问题是，产品概念能否变为在技术上和商业上可行的产品。如果不能，除在全过程中取得一些有用副产品情报外，所耗费的资金则全部付诸东流。

7. 市场试销

其目的在于了解消费者和经销商对于经营、使用和再购买这种新产品的实际情况以及市场大小，然后再酌情采取适当对策。市场实验的规模取决于两个方面：一是投资费用和风险大小，二是市场实验费用和时间。

8. 批量上市

在这一阶段，企业高层管理者应当作出以下决策：何时推出新产品、向谁推出新产品和如何推出新产品。只有这几个方面的问题都解决了，企业才能真正实现批量上市的目的。

第五节　产品品牌与商标策划

品牌策划是对品牌战略和策略的策划，是品牌决策的形成过程。品牌策划是一个动态的过程，它要完成一系列的决策。这些决策主要有：品牌有无决策、品牌使用者决策、品牌充分决策和多品牌决策等。

一、品牌和商标的含义

所谓品牌，是用以识别某个销售者或某群体销售者的产品或服务，并使之与竞争对手的产品或服务区别开来的商业名称和品牌标志，通常由文字、标记、符号、图案和颜色等要素或这些要素的组合构成。品牌是一个集合概念，它包括品牌名称和品牌标志两部分。

品牌实质上代表着销售者对交付给买者的产品特征、利益和服务的一贯性的承诺。久负盛名的品牌就是质量的保证。

企业在政府有关主管部门注册登记以后，就享有使用某个品牌名称和品牌标志的专用权，这个品牌名称和品牌标志受到法律保护，其他任何企业都不得仿效使用。因此，商品实质上是一种法律名词，是指已获得专用权并受法律保护的一个品牌或一个品牌的一部分。商标是企业的无形资产，驰名商标更是企业的巨大财富。

二、品牌有无策略

一般来讲，现代企业都建立有自己的品牌和商标。虽然这会使企业增加成本费用，但它可以使卖主得到好处：便于管理订货；有助于企业细分市场；有助于树立良好的企业形象；有利于吸引更多的品牌忠诚者；注册商标可使企业的产品特色得到法律保护，防止被别人模仿、抄袭。一般来讲，无牌产品使用质量较低的原料，而且其包装、广告和标签的费用都较低。

三、品牌使用者策略

企业有三种可供选择的策略，即：企业可以决定使用自己的品牌，这种品牌叫做制造商品牌；企业也可以决定将其产品大批量地卖给中间商，中间商再用自己的品牌将物品转卖出去，这种品牌叫做中间商品牌；企业还可以决定有些产品用自己的品牌，有些产品用中间商的品牌。

四、品牌统分策略

1. 个别品牌

个别品牌是指企业各种不同的产品分别使用不同的品牌。其好处主要是：企业的整个声誉不致受其某种商品的声誉的影响；某企业原来一向生产某种高档产品，后来退出，生产较低档产品，如果这种新产品使用不同的品牌，也不会影响这家企业的名牌产品的声誉。

2. 同一品牌

同一品牌是指企业的所有产品都统一使用一个品牌名称，其好处是：企业宣传介绍产品的费用开支较低；如果企业的名声好，其产品必然畅销。

3. 分类品牌

分类品牌是指企业将各类产品分别命名，一类产品使用一个牌子。

4．企业名称加个别品牌

这种策略是指企业对其不同的产品分别使用不同的品牌，而且各种产品的品牌前面还冠以企业名称。其好处主要是：在各种不同的新产品的品牌名称前冠以企业名称，可以使新产品合法化，能够享用企业的信誉，而各种不同的新产品分别使用不同的品牌名，又可以使各种不同的新产品各有不同的特色。

五、品牌延伸策略

品牌延伸策略是指企业利用其成功品牌名称的声誉来推出改良产品或新产品，包括推出新的包装规格、香味和样式等。企业采取这种策略，可以节省宣传介绍新产品的费用，使新产品能迅速地、顺利地打入市场。

六、多品牌策略

多品牌策略是指企业同时经营两种或两种以上互相竞争的品牌。一般来说，企业采取多品牌策略的主要原因是：多种不同的品牌只要被零售商店接受，就可占用更大的货架面积，而竞争者所占用的货架面积当然会相应减少；多种不同的品牌可吸更多的顾客，提高市场占有率；发展多种不同的品牌有助于在企业内部各个产品部门、经理之间开展竞争，提高效率；发展多种不同品牌可使企业深入到各个不同的市场部分，占领更大的市场。

七、品牌设计原则

设计品牌时应该坚持的原则是：简洁醒目、易读易记，构思巧妙、暗示属性，富蕴内涵、情谊浓重，避免雷同、超越时空。

八、企业在商标管理上的误区

1．商标缺乏个性
抄袭、模仿现象严重，品牌缺乏个性。

2．商标不注册
商标不注册，因而不受法律的保护。

3．商标注册范围过于狭窄
我国目前把商品分为 34 个大类，服务行业分成 8 个大类。因此每个商标都有 42 个类别可以申请注册。

4．不注重国际注册
要注重商标国际注册——也就是取得国际市场的通行证。

5．商标不宣传
只停留在产品层次的宣传上，而不注重宣传商标。

6．商标不续展
这是商标保护中的一个技术问题，但我国每年都有不少商标因为没有及时续展而被注销。

九、企业的商标防御战略

商标是企业的无形资产，驰名商标更是企业的巨大财富。所谓防御性商标注册，即注册与使用相同或相似的一系列商标。具体地说就是注册一系列文字、读音、图案相同或相似的商标，保护正在使用的商标或以后备用。防御性商标的另一种注册方法就是同一商标运用于完全不同种类的产品或不同行业，防止他人在不同产业或产品上使用企业的商标。因为同一商标使用的商品类别有一定的限制，产品跨行业、跨种类时，就必须分别注册。

第六节　产品包装策划

所谓包装，就是企业的某些人员对某种产品的容器或包装物的设计和制造的活动。

一、产品包装的过程

市场营销学认为，产品的包装过程一般包括以下三个部分：首要包装，即产品的直接包装；次要包装，即保护首要包装的包装物；装运包装，即为了便于储存、识别某些产品的外包装。

此外，在产品包装上还有标签，这是为了说明产品而贴在产品上的招贴或印在产品上的图案、文字等。在标签上一般都印有包装内容和产品所包含的主要成分、品牌标志、产品质量等级、生产厂家、生产日期、有效期和使用方法等，有些标签上还印有彩色图案或实物照片，以促进销售。

二、产品包装的作用

（1）保护产品。
（2）促进销售。
（3）增加价值。

三、包装设计

企业在设计包装时，应考虑以下问题：
（1）包装应与商品的价值或质量相适应。
（2）包装应能显示商品的特点或独特风格。
（3）包装应方便消费者购买、携带和使用。
（4）包装上的说明文字应实事求是。
（5）包装装潢应给人以美感。
（6）包装装潢上的文字、图案、色彩等不能和目标市场的风俗习惯、宗教信仰发生抵触。

四、包装战略

1．相似包装策略

即企业生产的各种产品，在包装上都采用相似的图案、颜色，体现共同的特征。其优点是能节约设计和印刷成本，树立企业形象，有利于新产品的推销。但有时也会因为个别产品质量下降而影响到其他产品的销路。

2．差异包装战略

即企业的各种产品都有自己独特的包装，在设计上采用不同的风格、色彩和材料。这种战略能够避免由于某一商品推销失败而影响其他产品的声誉，但也相应的会增加包装设计费用和新产品促销费用。

3．相关包装战略

即将多种相关的产品配套放在同一包装物内出售。

4．复用包装战略或多用途包装战略

即包装内产品用过之后，包装物本身还可作其他用途使用。

5．分等级包装战略

即对同一种商品采用不同等级的包装，以适用不同的购买力水平。

6．附赠品包装战略

即在包装上或包装内附赠奖券或实物，以吸引消费者购买。

7．改变包装战略

当某种产品销路不畅或长期使用某一包装时，企业可以改变包装设计、包装材料，使用新的包装。这可以使顾客产生新鲜感，从而扩大销售。

复习思考题

1．产品的层次都包括哪些方面？
2．如何打造企业产品的品牌？
3．产品包装的层次和作用是什么？
4．如何进行新产品有效的开发？
5．品牌设计的原则有哪些方面？

第九章　价格策划

案例与相关衔接

营销价格策划≠定价

　　所谓企业营销价格策划就是企业为了实现一定的营销目标而协调处理上述各种价格关系的活动。它不是指简单的价格的制定，而是指在一定的环境条件下，为了实现特定的营销目标，协调配合营销组合的其他各有关方面，构思、选择并在实施过程中不断修正价格战略和策略的全过程。

　　价格策划的成功与否、水平高低对企业经营的成败有着决定性的影响。这是因为：

　　首先，在营销组合中，价格是若干变量中作用最为直接、见效最快的一个变量，其营销手段运用效果如何，在很大程度上取决于价格策划的质量：价格的定位是否适当、能否协调处理好各种有关的价格关系、能否有效地组织其他资源为价格战略及策略的实施创造条件等。

　　其次，价格也是决定企业经营活动市场效果的重要因素。企业市场占有率的高低、市场接受新产品的快慢、企业及其产品在市场上的形象等都与价格有着密切的关系。在商战实践中，我们不难得出这样一个基本结论：在很多情况下，即便企业的产品内在质量很好，外形设计也较先进，但如果缺乏价格与产品策略的协调，竞争的结果仍可能是灾难性的。科学的定价策划是企业其他经营手段取得成功的重要条件。

　　最后，价格策划的重要性还体现在实际经营过程中人们所感受到的巨大的价格压力上。尽管由于科技的发展，产品和服务的多样化已经使人们走出了只能使用价格一种竞争手段的时代，但在某些行业、某些地区的市场上，价格仍然是一个企业经营者十分关注、并使企业家们感受到巨大压力的问题。

　　进行企业价格策划工作要以市场和整个企业为背景，将企业内部的价格工作作为一个整体，注意各个局部之间的协调，从而把握策划的整体性和系统性。以市场为背景就是要联系市场状况，把价格策划建立在对现有竞争者和潜在竞争者的状况，以及竞争者对本企业行为可能产生的反应进行全面清醒分析的基础上；以整个企业为背景，就是要考虑企业资源限制和资源优势，考虑到企业价格工作与其他各项工作的衔接，处理好不同产品或服务价格的协调、同一产品或服务价格的协调、具体价格制定与整体企业价格政策的协调。这是进行价格策划的基本前提。价格策划必须要有动态观念。在营销活动中，从来不存在一种适合于任何企业、任何市场情形的战略、政策和策略。成功的价格策划是那些与企业经营总体目标相一致的构思和举措。而且，企业能够根据不断变化的内外部环境与条件，对原有的战略、政策及策略进行适时、适当地修正或调整。这是保证价格策划有效性的基本条件。价格策划要立足于历史和现实，更要放眼未来。策划的优劣并不取决于它是否适应于现有的状况，而是取决于其是否和未来的状况相协调。尽管价格的调整较其他营销策略的调整来得方便，但仍需注重对未来的分析，包括对竞争者的未来状况、消费者的未来状况、企业未来可以使用的资源状况等的分析。这是保证价格策划具有强大生命力的关键。

价格是市场营销组合因素中十分敏感而又难以控制的因素，它直接关系着市场对产品的接受程度，影响着市场需求和企业利润的多少，涉及生产者、经营者、消费者等各方面的利益。因此价格策划是营销策划中一个极其重要的组成部分。

第一节　价格策划概述

价格策划是指企业在一定条件下，为实现长期的营销目标，协调配合营销组合其他方面的策略，进行价格决策的全过程。在理解价格策划时要注意，价格策划不是企业定价。企业定价是企业根据商品成本和市场供求情况，在经营目标的制约下制定商品的销售价格。价格策划的过程包含了定价的过程，除此之外还要运用各种有关的定价方法和定价策略。

一、价格策划的影响因素

当企业开发或获得一项新产品时，或者当它把一种产品打入新的分销渠道或地理区域时，抑或当它正式进行一项新的投标工作时，就产生了价格策划问题。企业在进行价格策划时，必须考虑到许多因素，主要包括：定价目标、市场需求、成本、竞争对手的价格和产品。

1. 定价目标

定价目标是指企业通过制定特定水平的价格，凭借价格所产生的销售效果实现预期的目的。当企业慎重地选定了产品的目标市场并进行市场定位后，它就有必要非常明确地把价格包含在其营销组合战略中。对于利润、销售收入、市场份额等这类目标，每一种可能的价格都会收到不同的效果。企业进行价格策划的目标主要有：生存目标、当期利润最大化目标、市场份额领先目标和产品质量领先目标等。

2. 市场需求

产品价格的高低，最终取决于市场的供求关系。市场需求是企业定价策略的导向。企业在进行价格策划时，首先要了解市场需求的变动。

（1）市场需求与价格变动。

微观经济学认为，价格是影响需求的主要因素，但在这种决定关系中还存在着一些非价格的因素。非价格因素对需求的影响时刻在起作用，因此要确定出价格对需求的真正作用程度，还应该先排除非价格因素的干扰。非价格因素主要有以下几种：收入、替代品价格的变化、消费者偏好。

（2）需求价格弹性。

需求价格弹性是指价格变动而引起需求相应的变动率，反映了需求变动对价格变动的敏感程度。如果用 E 表示需求价格弹性，则 E 等于需求量变动的百分比除以价格变动的百分比。就大多数产品而言，在产品处于高价位时降低价格，对销售量的增加会更加明显；与此相反的是，较低价格的产品即使降价，其销售量增加也不明显。这从另一方面说明，价格战并不会时时奏效。

3．成本

在很大程度上，需求决定着企业为产品定制的价格最高限，而成本则是最低限。企业要制定的价格，应尽可能覆盖所有的生产成本、分销和销售成本，还应包括人员的努力和承担风险的合理的报酬补偿。

通常我们可以将企业成本分为两种：固定成本和变动成本。固定成本是指不随生产和销售收入变化而改变的成本，主要指企业每个月必须支付的账单，包括房租、取暖费、利息支付、管理人员的薪水等。无论企业的产出如何变动，固定成本是与生产水平无关的。变动成本与生产水平的变化直接相关。生产的单位产品成本是不变的，称之为变动成本是因为总变动成本是随着产品的数量的变化而改变的。全部成本是指在一定水平下生产所用的固定成本和变动成本的总和。管理部门所制定的价格至少要包含在这一水平生产的全部成本。

4．竞争对手的价格和产品

在市场需求为价格规定了最高限，而成本为价格规定最低限的时候，还应该考虑竞争对手的价格。竞争对手的价格以及这些对手对本企业价格变动所做出的反应也是企业定价时应该考虑的一个重要因素。企业必须要对每一个竞争者提供的价格及其产品质量情况有所了解。这可以有几种做法：企业可以派专人打听行情，比较价格和竞争者所提供的产品；企业可以得到竞争者价格表并购买竞争者的设备，然后拆开仔细研究；企业还可以询问购买者，他们对于企业竞争者所提供的产品价格和质量有什么看法。

企业在为产品定价时，除了考虑以上几方面的因素外，还应考虑消费者购买心理，如消费者的价值观念、消费者的质量价格心理、消费者的价格预期心理和消费者对价格变动的反应心理都是企业在定价时应考虑的因素。

二、价格策划的程序

价格策划是企业最重要的策划项目，也是最困难的策划项目。说它重要，是因为策划结果的优劣，直接关系到市场需求的大小，关系到产品进入市场速度的快慢、市场占有率的高低、产品竞争力的强弱、产品和企业形象的好坏、企业获利能力的大小，并最终关系到企业的兴衰存亡。说它困难，是因价格策划涉及企业、消费者、竞争者和社会的利益，影响决策的因素很多，策划的过程比较复杂。

1．收集相关信息

企业在进行市场调研之后，就进入到产品价格策划的阶段。此时企业需要进一步收集企业内外与价格相关的信息，需要收集的主要是消费者、竞争者和成本等方面的信息，这些是价格策划最重要的信息；同时还要收集价格执行过程中的反馈信息，了解价格执行情况，以便决定是否需要调整价格。

2. 确定需求价格

消费者的需求价值，是指消费者希望在一定价格水平上从产品中所获得的最佳利益或满足。对于确定产品价格水平来说，这是最重要的制约因素。在制定产品的价格时，要让消费者从产品中获得比竞争产品更多的经济价值，以吸引他们购买本产品。因此充分了解消费者的需求价值是价格策划过程中最重要的步骤之一。

3. 分析影响因素

价格策划中必须考虑的影响价格的因素很多，有来自企业内部的企业能够控制的因素，也有来自企业外部的企业无法控制的因素。这些众多的因素之间关系复杂，或相关，或对立，或交叉，或混杂，并且始终处于变动之中。价格策划的一个主要任务就是分析、研究各种影响因素对价格形成和调整的影响和方向，权衡轻重，趋利避害，保证策划结果的可行有效。

4. 制定价格目标

价格目标是定价和调价的指导方针，直接影响和制约着企业的价格行为。在不同的市场条件下，不同的企业在不同的时期会有不同的价格目标。一个产品在一定的时间也可以由几个不同的价格目标，即使是同一个价格目标，也可以产生不同的价格策略和价格水平。

5. 选择定价策略

定价策略就是为了实现价格目标而制定的定价行动方针。定价策略的选择要从市场和企业的实际出发，在全面了解各种影响因素的条件下，在确定定价方法的基础上，在价格目标的指导下进行。可供选择的定价策略有许多，其中以价值为基础的定价策略主要是参照消费者需求的经济价值和他们认识的本企业产品的经济价值来制定的，主要是：高价策略，即价格高于大多数消费者认知的产品的经济价值；中价策略，即价格与大多数消费者认知的产品的经济价值相当；低价策略，即价格低于大多数消费者认知的产品的经济价值。

6. 制定具体价格

产品实际执行价格的确定，是实施价格目标和价格策略的结果，是在定价策略规定的范围之内，在经过分析、判断、计算、比较而确定的一个既符合消费者期望又能使消费者获得价值满足，并能使企业获得合理利润的具体价格。

以价值为基础的价格策略，是根据所确定的产品价格来倒推出目标成本，然后按这一成本水平生产符合消费者需求的产品，以消费者期望的价值和价格，将产品推向市场。

7. 指导价格执行

价格策略的下一步是对价格执行过程中的市场动态进行调查，了解价格适应市场的情况。如果价格能够被市场所接受，或市场环境发生重要变化，原定价格已经不能适应这种变化，如竞争产品大幅度降价，则企业需及时对价格水平进行调整。

8. 调整产品价格

企业所确定的价格不可能是一成不变的，随着市场环境的变化，企业应审时度势，对价格进行及时的调整，僵化的价格只会给企业带来巨大的经济损失。

价格调整的方向有升有降，调整的时间有长有短，调整的幅度有大有小，调整的方法灵活多样，一切都要以市场为转移。调整也不可能一次就完成，市场环境在变化，价格就要再调整，直至产品生命周期结束，产品离开市场。

第二节 定价方法策划

依据对影响价格因素的分析研究，运用价格决策理论，对产品价格水平进行计算并确定价格的具体方法。企业在选择定价方法解决定价问题时，应参考成本费用、市场需求和竞争状况这三个因素中的一个或多个，并通过此种定价方法产生一个独特的价格。从对此三方面的不同侧重点出发，各种定价方法可归纳为成本导向、需求导向和竞争导向等三类。

一、成本导向定价

成本导向定价以产品成本作为定价的基本依据，具体形式主要有成本加成定价法和目标利润定价法。

1. 成本加成定价法

成本加成定价法是指按照单位成本加上一定百分比的加成来制定产品销售价格的定价方法。零售企业普遍采用成本加成定价法。

在这种定价方法中，加成率的确定是定价的关键。加成率的计算又有两种方式：倒扣率和顺加率。

$$倒扣率 = \frac{(售价 - 进价)}{售价} \times 100\%$$

$$顺加率 = \frac{(售价 - 进价)}{进价} \times 100\%$$

利用倒扣率和顺口率来计算销售价格的公式分别为：

$$产品价格 = \frac{进价}{(1 - 倒扣率)}$$

产品售价 = 进价 × (1 + 顺加率)

加成率的确定应考虑商品的需求弹性和企业的预期利润。在实践中同行业往往形成一个为大多数企业接受的加成率。成本加成定价具有计算简单、简便易行的特点，在正常情况下，按此方法定价可以使企业获取预期利润。同时，如果行业中的所有企业都使用这种方法，它们的价格就会趋于一致，这样就能避免价格竞争，但它忽视了市场需求和竞争状况的影响，缺乏灵活性，难以适应市场竞争的变化形式。

2. 目标利润定价法

目标利润定价法是指根据损益平衡点的总成本及预期利润估计的销售数量来制定

产品价格的方法。运用目标利润定价法制定出来的价格能给企业带来所追求的利润。但企业在运用目标利润定价法时，对销售量的估计和对预期利润的确定应考虑多方面的因素影响，这样制定出来的价格才比较可行。

二、需求导向定价法

需求导向定价法以买主对产品价值的认知和需求强度作为定价依据，其具体形式主要有认知价值定价法和需求强度定价法。

1. 认知价值定价法

认知价值定价法是指企业根据买主对产品的认知价值来确定价格的一种方法。它是伴随现代营销观念而产生的一种新型定价方法。

企业在制定价格时，应考虑买主对产品价值的评判。买主在购买商品时总会对其进行比较与鉴别，买主对商品价值的理解不同会形成不同的价格限度。如果刚好在这一限度内，买主就会顺利购买。为此企业应当搞好产品的市场地位，突出产品的特性，综合运用各种营销手段，提高产品的知名度，使买主购买这些产品能够获取相对的利益，从而提高他们接受价格的限度。企业可以据此拟定一个可销价格，进而估计此价格水平下的销量、成本及盈利情况，最后确定实际价格。

认知价值定价的关键在于准确地估计买主对产品的认知价值。如果估计过高，定价就会过高，这样销量就会减少；如果估计过低，定价就会过低，这样固然可以多销，但收入就会减少。为准确把握市场认知价值，企业必须进行市场营销研究。

2. 需求强度定价法

这是根据市场需求的强弱，利用需求函数来制定产品价格的一种方法。需求函数是在需求表、需求曲线及需求规律的基础上提炼而成的对需求规律的数学描述。它表明价格与需求之间反方向变化的关系。

三、竞争导向定价法

以市场上相互竞争的同类产品价格作为定价的基本依据，并随竞争状况的变化确定和调整价格水平。具体形式主要有随行就市定价法和投标定价法。

1. 随行就市定价法

随行就市定价法是指企业按照行业的平均现行价格水平来定价。它是同质产品市场的常用定价方法。在垄断性竞争的市场上，销售同类产品的各个企业在定价时实际上没有多少选择余地，只能按照行业的现行价格来定价。在寡头竞争的市场上，企业也倾向于和竞争对手制定相同水平的价格，因为在这种条件下，市场上只有少数几家公司，彼此十分了解，买主对市场行情也很熟悉，价格稍有偏差，买主就会转向价格较低的企业。一般来说，当需求有弹性时，一个寡头企业不能通过提价而获利；当需求缺乏弹性时，一个寡头企业不能通过降价而获利。

在异质产品市场上，企业有较大的自由来决定其价格，产品的差异化使卖主对价格的差异不甚敏感。但企业也应相对于竞争者确定自己的适当位置，搞好自己产品的价格定位。

2. 投标定价法

投标定价法是指卖方在买方的招标期限内，根据对竞争对手报价的估计来相应制定竞争报价的一种定价方法。采购机构一般在报刊上登广告或发出函件，说明拟采购商品的品种、规模、数量等具体要求，邀请供应商在规定的期限内投标。卖方竞争投标，密封或公开报价；买方按物美价廉的原则择优选取，到期当众开标，中标者与买方签约成交。

企业参加投标的目的是为了中标，所以它的报价通常应低于竞争对手的报价。一般来说，报价高、利润大，但中标机会小，如果投标失败则利润为零；反之报价低、中标机会大，但利润低，其机会成本可能大于其他投资方向。因此，报价时既要考虑目标利润，又要考虑中标概率。最佳报价应是使预期利润达到最高水平的价格，这里的预期利润是指企业目标利润与中标概率的乘积。不同的报价对预期利润有不同的影响。运用这种方法的主要问题在于测定不同报价水平下的中标概率。这一方面需要通过市场调查及对过去投标资料进行分析来大致估计，另一方面需要密切注意竞争者的投标动态。

第三节　定价策略策划

企业在制定了基本价格后，要建立一种多价位结构，以适应不同消费者的需求特点。因此，企业有必要针对不同的消费心理、购买行为、地区差异、需求差异等，对基本价格进行修改。价格修改策划主要包括心理定价、地区性定价、折扣定价、需求差别定价、新产品定价、产品组合定价和捆绑定价。

一、心理定价策划

心理定价即依据消费者的购买心理来修改价格，主要有以下几种形式：

1. 整数定价

整数定价就是将产品价格采取"和零凑整"的办法，把价格定在整数或整数水平以上，给人产品具有较高档次的感觉。

2. 尾数定价

尾数定价是指保留价格尾数，采用零头标价，将价格定在整数水平以下，使价格保持在较低一级档次上。尾数定价一方面给人以便宜感；另一方面因标价精确，给人以信赖感。对于需求弹性较强的商品，尾数定价往往能使需求量大幅度增加。

3. 声望定价

声望定价指针对消费者"一分钱一分货"的心理，对在消费者心目中享有声望，具有信誉的产品制定较高价格。这种声望定价技巧，不仅在零售商业中广泛应用，在饮食、服务、修理、科技、医疗、文化教育等行业也运用广泛。

4. 习惯定价

习惯定价是指按照消费者的习惯性标准来定价。日常消费品价格一般采用习惯定价，因为这类商品一般易于在消费者心目中形成一种习惯性标准，符合其标准的价格容易被顾客接受，否则易引起顾客的怀疑。高于习惯价格常被认为是变相涨价，低于习惯价格又会被怀疑为产品质量有问题。因此，这类产品价格力求稳定，在不得不涨价时，应采取改换包装或品牌等措施，减少消费者的抵触心理，并引导消费者逐步形成新的习惯价格。

5. 招徕定价

招徕定价是指将产品价格调整到低于价格表价格，甚至低于成本费用的水平，以招徕顾客促进其他产品的销售。

二、地区性定价策划

一般来说，一个企业的产品，不仅卖给当地顾客，而且卖给外地顾客。而卖给外地顾客，把产品从产地运到顾客所在地，需要花一些装运费。所谓地区性定价战略，就是企业要决定：对于卖给不同地区顾客的某种产品，分别制定不同的价格，还是制定相同的价格。也就是说，企业要决定是否制定地区差价。

1. 按产地在某种运输工具上交货定价

按产地在某种运输工具上交货定价是一种贸易条件，是指卖方须负责将某种产品运到产地的某种运输工具上交货，一切风险和费用概由买方承担。而所谓按产地在某种运输工具上交货定价，就是顾客按照厂价购买某种产品，企业只负责将这种产品运到产地的某种运输工具上交货，交货后，从产地到目的地的一切风险和费用概由顾客承担。如果采用按产地的某种运输工具上交货，那么每一个顾客都各自负担从产地到目的地的运费，这是合理的。但是这样对企业也有不利之处，即远地的顾客可能不愿意购买这个企业的产品，而愿意购买其附近企业的产品。

2. 统一交货定价

这种定价和前者正好相反。所谓统一交货定价，就是企业对于卖给不同地区顾客的某种产品，都按照相同的厂价加相同的运费定价，也就是说，对于不同地区的顾客，不论远近，都实行一种价。

3. 分区定价

这种战略介于前二者之间。所谓分区定价，就是企业把全国分为若干价格区，对于卖给不同价格区顾客的某种产品，分别制定不同的地区价格。距离企业远的价格区，价格定得较高；距离企业近的价格区，价格定得较低。在各个价格区范围内实行一种价。

4. 基点定价

企业选定某些城市作为基点，然后按一定的原价加上从基点城市到顾客所在地的运费来定价。有些公司为了提高灵活性，选定许多个基点城市，按离顾客最近的基点来计算运费。

5. 运费免收定价

在西方国家，有些企业因为急于和某些顾客做成生意，负担全部或部分实际运费。这些卖主认为，如果生意扩大，其平均成本就会降低，因此足以抵偿运费开支。采取运费免收定价，可以使企业加深市场渗透，并且能在竞争日益激烈的市场上站住脚。

三、折扣定价策划

折扣定价是指企业为鼓励买主及早付清货款、大量购买、淡季购买以及配合促销，给予顾客一定的价格折扣与让价。

1. 现金折扣

这是企业给那些提前付清货款的买主的一种减价。

2. 数量折扣

这种价格折扣是企业给那些大量购买某种产品的顾客的一种减价，以鼓励顾客购买更多货物。因为大量购买能使企业降低生产、销售、储运、记账等环节的成本费用。

3. 职能折扣

这种价格折扣又叫贸易折扣。职能折扣是制造商给某些批发商或零售商的一种额外折扣，促使他们愿意执行某种市场营销职能。

4. 季节折扣

这种价格折扣是企业给那些过季商品或服务的一种减价，使企业的生产和销售在一年四季能保持相对稳定。

5. 折让

这是另一种类型的价目表价格的减价。如果经销商同意参加制造商的促销活动，则制造商卖给经销商的货物可以打折扣，这叫做促销折让。

四、需求差别定价策划

需求差别定价是指企业需求的不同时间、地点、产品及不同类型顾客的差别来决定在基础价格上是加价还是减价，以两种或两种以上不反映成本费用的比例差异的价格销售产品或劳务。它有以下几种形式：

1. 因顾客而异

企业按照不同的价格将同一产品或劳务卖给不同的顾客。因职业、阶层、年龄等原因，企业在定价上是可以给予不同的顾客相应的优惠或提高价格，可获得良好的效果。

2. 因时间而异

企业对于不同时间甚至一天中的不同钟点的产品或服务分别制定不同的价格。

3. 因地点而异

企业对于处在不同位置的产品或劳务分别制定不同的价格，即使这些产品或劳务的成本费用没有任何差异。

4. 因产品而异

企业对于不同形式的产品分别制定不同的价格，但这些不同形式的产品价格之间的差额和成本费用之间的差额并不成比例。

五、产品组合定价策划

当某种产品成为产品组合的一部分时，对于这种产品的基本定价必须加以修订。这时企业要寻找一组在整个产品组合方面能获得最大利润的价格。产品组合定价是复杂的，因为各种各样的产品有需求和成本之间内在的相互关系和受到不同程度竞争的影响。

1. 系列产品定价

企业一般都希望生产经营系列产品，而不只单搞一种产品，使产品品种、档次、规格、花色、式样、等级等多样化。由于产品之间存在差异，因此在价格上也应该有所差别。这种差别一般可分为品种差价、档次差价、规格差价、花色差价、式样差价等形式。品种差价是指同一类商品中，不同品种之间的价格差额。档次差价是指同一种商品中，不同档次之间的价格差额。规格差价是指同一种商品中，因大小、长短、轻重、厚薄、粗细、宽窄等不同而形成的价格差额。花色差价是指在同一种商品中，规格相同、花色不同的商品之间的价格差额。式样差价是指同一种商品中，因造型不同而形成的价格差额。

2. 互补产品定价

有些企业同时生产与主要产品一起使用的配套产品，如生产照相机和剃刀架的企业同时生产胶卷和刀片。对于这类互补产品，企业可以有意识地降低购买频率低而需求弹性大的商品价格，同时提高购买频率高而需求弹性小的商品价格，这样会取得各种商品销售量同时增加的良好效果。

3. 互替产品定价

互替产品定价是指买主在购买和使用过程中能够互相代替的产品。一般来说，对于互替产品，企业应当适当提高畅销品的价格，降低滞销品的价格，以使两者的销售相得益彰，增加企业的赢利。

六、捆绑定价策划

捆绑定价，亦称冰山定价，指在价格中包括部分高于产品价格的利润。该定价战略曾经在出租而非出售产品的公司非常流行。因此，使用捆绑定价战略时，租金价格包括了对产品使用寿命以内的功能支持和服务的额外收费。因为单位利润在结束了预定的分期付款后将急剧上升，因此出租产品的公司非常愿意保持产品的良好状态，延长其工作寿命以获得较高再出售或再出租的价值。捆绑定价战略允许厂商这么做是因为在价格中包含了维护和服务的费用。

在不利方面，捆绑定价战略容易抬高成本和歪曲价格与收益。在不利的经济环境中，采用该战略并不适合。

第四节　价格变动策划

企业处在一个动态的环境中，产品价格的制定与修改都不是一劳永逸的。企业必须根据市场环境的变化，不断地对价格进行调整，发动价格进攻战略。价格进攻战略包括两种情况：一是根据市场条件的变化主动进行调价，即主动变价策略；二是针对竞争对手的价格变动进行的调价，即应对变价策略。

一、主动变价策略

在营销活动中，企业会因外部条件的变化而主动降低价格或提高价格，但何时降低价格，何时提高价格，需要考虑多方面因素的影响。企业调价时还应观察顾客和竞争者的可能反应。

1．何时降价

下列情况，企业可以考虑降低价格：

（1）企业的生产能力过剩因而需要扩大销售，但企业又不能通过产品改进和加强销售工作等来扩大销售。

（2）在强大的竞争者的压力之下，企业的市场占有率下降。

（3）企业的成本费用比竞争者低，企图通过削价来掌握市场或提高市场占有率，从而扩大生产和销售量，降低成本费用。

2．何时提价

由于通货膨胀、物价上涨，企业的成本费用提高，因此许多企业不得不提高产品价格。西方国家在通货膨胀大的条件下，许多企业往往采取种种方法来调整价格，诸如：

（1）采取推迟报价定价战略。即企业决定暂时不规定最后价格，等到产品制成时或交货时确定最后价格。在工业建筑和重型设备制造等行业中一般采取这种定价战略。

（2）在合同上规定调整条款。即企业根据合同上的规定在一定时期内可按某种价格指数来调整价格。

（3）采取不包括某些货物和服务定价的战略。即在通货膨胀、物价上涨的条件下，企业决定产品价格不动，但原来提供的某些服务要计价，这样一来，原来提供的产品的价格实际上提高了。

（4）减少价格折扣。即企业决定削减正常的现金和数量折扣，并限制销售人员以低于价目表的价格来拉生意。

（5）取消低利产品。

（6）降低产品质量，减少产品特色和服务。企业采取这种战略可保持一定的利润，但是会影响其声誉和形象，失去忠诚顾客。

企业的产品供不应求，不能满足所有的顾客时，企业就必须适当提价。提价方式包括：取消价格折扣，在产品大类中增加价格较高的项目，或者开始提价。为了减少顾客的不满，企业提价时应向顾客说明提价的理由，并帮助顾客寻找节约途径。

二、应对变价战略

在竞争的市场上，如果竞争对手率先调整了价格，那么企业应采取应对措施，予以反攻。

在同质产品市场上，如果竞争者削价，企业也必须随之削价，否则顾客就会购买竞争者的产品而不购买本企业的产品；如果某一个企业提价，其他企业也可能随之提价，但是如果有一个企业不随之提价，那么最先发动提价的企业和其他企业也不得不取消价格。

在异质产品市场上，企业对竞争者的价格变动的反应有更多的自由。在这种市场上，购买者选择卖主时不仅考虑产品价格高低，而且考虑产品质量、服务、可靠性等因素，因而在这种产品市场上，购买者对于较小的价格差额无反应或不敏感。

营销环境的变化要求企业重新考虑市场现存产品的价格。面对价格方面的变动，企业的定价策略将表现为：

1. 维持价格

如果公司取得的大部分细分市场份额不受环境变化的影响，则可以决定不对定价战略做任何改变。

在渴望价格变化而变化量无法确定的环境中，采取维持价格战略是恰当的。如果无法预知消费者和竞争对手对价格变化的反应，恰当的做法是保持价格水平。另一种情况是价格变动可能对产品形象和产品线其他产品的销售造成无法评估的冲击。

政治可能是维持价格的另一个原因。很多公司为了配合政府控制通货膨胀的努力，而主动限制自身改变价格。

对社会福利的关注可能是保持当前价格的另一个原因。

2. 降低价格

降低价格有三个主要原因：

（1）作为防御战略，削减价格以应对竞争。另外，为了在成熟市场成功竞争，很多公司降低价格，采取经常被称为价值定价的战略。

（2）降价是为了进攻。根据经验曲线，经验每增加一倍，总成本下降一个固定比例。结果是经验丰富的公司比经验有限的公司成本更低。较低的成本对利润产生有利影响，所以作为战略，它使公司能够取得较高市场份额和保证尽可能多的经验，以获得成本优势并因此获得利润优势。

（3）降价是对消费者需求的反应。如果低价是促进市场增长的前提，那么消费者需求就成为营销战略的重点，营销综合战略的其他方面也会根据消费者的需求而发展。

对现有产品采用低价战略，必须提前考虑一些问题。要估算降价对主要竞争对手的长期冲击。

三、提高价格

一般来说，在通货膨胀的经济中，可能需要调高价格以维持利润。在通货膨胀中，成本上升了，为了保持充足的利润，提高价格是有必要的。价格需要提高多少需视情况而定，但从理论上讲，价格提高幅度应使通货膨胀前后利润水平大体相等。提高价格还应考虑到提价造成的需求转移所导致的总收入下降。

此外，还必须说明的是公司并不总是通过提高价格来应付通货膨胀压力。企业可以通过改进产品质量和提高配套服务水平，从而大大提高价格，其幅度远远超过通货膨胀独自作用的结果。高质量产品能够保证价格和利润，这是因为厌烦了通货膨胀的消费者们会在市场中寻找有价值的产品。

还应该注意，企业可以通过减小包装容量同时保持价格不变的方式提高价格。在经济衰退时，减小包装容量能够帮助在成本升高的情况下维持价格。在通货膨胀条件下，减小包装容量有助于将价格上涨控制在心理屏障之下。减小包装容量被许多公司广泛应用。

复习思考题

1. 影响价格的主要因素包括哪些方面？
2. 客户的认知价值都受哪些方面的因素的影响？
3. 顾客的心理定价应该注意哪些方面？
4. 如何有效地对价格进行调整？

第十章　分销渠道策划

案例与相关衔接

推广应该放在一个系统的概念里面讨论

在营销的过程中，我们必须要考虑推广本身的力度问题，还要考虑策略方式的问题。

其实，推广和销售在市场的操作行为是互动达成的。不同的产品根据其属性、产品阶段和品牌地位的不同，所采用的推广力度和方式也是不尽相同的。当推广的力度大的时候，销售的力度就相对较弱；反之，当销售的力度大的时候，推广的力度也会相对较弱。

另外，我们需要清楚到底需要推广什么。是推广认知、利益，还是欲望；是推广品牌认知，还是产品概念。只有确定了我们的产品到底是处于一个什么阶段之后，才能决定到底要做哪些事情。但是现在，好像一提到推广，大家的第一反应就是广告，也不管是什么类型的广告。

这种观念是有问题的！

我们必须首先确认产品在市场上所处的阶段和位置，明确我们要推广的目标人群，是男的、女的，还是老的、少的，是什么职业，有多少收入，有什么特征，能够接受的消费理念是什么。只有将这些定位明确后，我们才能够制订出适合推广的计划。

我们都应该知道，推广应该有其自身的多种表现形式，如广告创意、品牌名称、颜色、语言等。当所有的行为加起来，在消费者面前的表现形式都属于推广的范围。比如说，任何一年轻人，想在服装上更好地展现自己，想让别人感受到自己的帅气、稳重和精神面貌等，那么他就要根据自己的年龄阶段来分析应该穿什么样的衣服。刚上班的年轻人，应该穿什么？

大家应该知道，最好是西服衬衫，这样的打扮显得精神，更具有良好的职业形象；最好是不要穿休闲的衣服，公司的董事长或许可以穿休闲衣服，因为他已经是成功人士了，他表现的是成功人士的休闲，而我们是刚出道的小伙子，还在朝成功的方向努力，穿休闲衣服上班，就不太合适了。其实，做营销推广和选择穿衣服，道理都是一样的。也就是说，在产品推广的时候，我们是根据定位来实施计划的，而计划中的第一项工作就是外形的表现。我们给别人感觉这是一个什么产品，我们的包装是什么样的，我们的广告表现什么，我们的销售行为等，所有的一切给消费者的感觉是一个大品牌，还是一个小品牌，这都不一样。

一般来说，消费者都会有一个印象。也就是说，消费者都是有感觉的。表现到位之后就是形式了。当外观的形象设计完了之后就要考虑形式了。现在我们就要分析在市场上的推广行为是不是正确的，是不是合乎营销的规律。推广自己，是为了得到别人的认同，那么我们还要看推广的行为是否与我们的定位相符合。如果与定位相符合，那么我们就要确定推广行为的节奏。就像两人刚见面应该说什么礼貌的语言，熟悉之后又应该如何放松等。

推广行为也是如此，要有节奏的把握，有阶段性的区分。当市场分别正处于导入阶段的时候、成长阶段的时候和处在成熟阶段的时候，应该用什么方式去推广，推广哪些内容，这些都是有区别的。

我们说推广，其实都是应该放在一个系统的观念里面来谈论的。但是，现在存在的问题是，很多企业在做推广的时候，找一家广告公司做一个广告创意，找一个策划人策划几场促销活动，等等，其实这都是对推广有一个简单的认同而已，并没有经过一个系统的分析。

企业在做推广的时候，一定要从根本上了解推广到底是什么、推广的内容和表现形式、推广的行为定位、推广的节奏把握等诸多方面问题，千万不要简单盲目地去胡乱地做，到时候白白浪费了资源不说，还会对我们的产品和品牌产生巨大的负面影响。

企业网景·管理学院高级顾问——刘永炬，国家注册高级管理咨询顾问，多所著名大学研究生院 MBA、EMBA 特聘教授，中国广告协会学术委员会委员。先后在国内企业及跨国公司担任市场及营销方面的高级领导职务 10 余年，在市场运作和执行方面有着深厚的功力和实际操作经验。

市场总监，销售总监，营销总经理，大型广告公司策划总监、总经理等磨砺了其市场策划及市场管理的丰富技巧。曾创办了东方战略企业营销策划公司。刘永炬先生总结多年的市场实战经验并运用国外的先进营销理论为数十家企业进行服务，取得了丰硕的成果。

康师傅、可口可乐、露露、海尔、长虹、美的、联想等许多著名品牌的企业服务使刘先生积累了丰富的市场实战经验。多年来，刘先生在全国各地进行演讲和培训，很多著名的企业包括世界 500 强在中国的 80 多位总裁都曾接受过刘先生培训，刘先生还主持撰写了广告及营销的研究生教材和中国市场案例教材等，并著有《中国通路行销》《媒体组合》《市场生动化》《中国市场行销误区》《消费品企业销售管理》《市场经理》《销售经理》等营销专著，其中多本著作被多所著名大学列为 MBA 的参考教材。

刘永炬先生历经中国计划经济到市场经济转轨的全过程，对中国市场有着深刻的了解，是中国推行市场经济的一线见证者、参与者。在多年的市场实践中，刘永炬先生深入到中国市场前沿，从城市到农村，从豪华的顶级商厦到农村的路边小店他都深入拜访，积累了丰富的实战经验和大量的一手资料；同时他还将许多国外先进的营销理论运用到中国的市场实践中，取得了丰硕的成果。多年来，刘永炬先生成功地主持及参与了许多著名品牌的企划工作，被港台的一些专业营销顾问誉为"大陆实战营销第一人"。个人著作有《中国通路行销》《媒体组合》《市场生动化》《消费品促销》等。现在正在编写中国市场实战营销的系列丛书，并计划在几年内架构好中国市场的实战操作性丛书体系，使中国企业及境外在华投资企业从中受益。

刘永炬先生还多次被邀请为各类企业高层管理者做演讲和培训，并将其二十年丰富的中国市场经验融入到教学中，生动灵活的案例每次都让学习者受益匪浅。

作者：刘永炬

本文来源：http://www.mrhzp.cn/look.asp? id=72831&Page

第一节　分销渠道策划概述

分销渠道又称渠道，是指配合起来的生产、分销和消费某种生产者的产品或服务的所有企业和个人。由于产品或劳务从生产领域到消费领域的过程是由一系列的执行中介职能的企业和个人完成的，所以，分销渠道实质上是指参与产品或劳务从生产者到消费者或用户过程的相互依存的所有企业和个人。

一、分销渠道的特点

1. 外部性
生产者利用中间商销售产品或劳务，但不能随心所欲地控制中间商的行为，因为中间商独立于生产者之外，是与生产者并行的企业或个人。中间商虽然为生产者销售产品或劳务，但不是生产者营造的营销链条中的一个环节，不可以随意控制。当中间商拥有自己的顾客时，便在市场中占有重要位置。中间商同生产者一样追求利润最大化。这种分销渠道的外部性特征要求生产者在选择中间商时必须谨慎。

2. 稳定性
生产者使用中间商的市场分销渠道，一旦与中间商签约确定买卖关系，双方便产生了长期合作关系。这种长期性的关系使分销渠道具有比较稳定、不易改变的特征。即使在市场情况出现变化的时候，生产者也不能单方面撕毁协定。

3. 关联性
分销渠道不仅与生产者确定目标市场关系密切，而且也与其他营销策略相关。生产者确定了目标市场，如果没有适当的渠道利用，则会令生产者改变目标市场。分销渠道的选定也对其营销策略有影响，如生产者对产品的价格决策取决于中间商的信誉形态，促销决策取决于中间商所需要的训练和激励程度。

二、分销渠道的功能

分销渠道使商品和服务流畅，它把生产者的产品和服务的分类与消费者的需求分类之间的差距弥合起来，达到了各种细分的供给与需求相互匹配，使整体经济节约化，显示了分销渠道的基本功能。并且中间商的存在，减少了交易过程必须完成的工作量，提高了效率。具体来说渠道成员执行着如下职能：信息收集与传播、促销、协商、订货、筹资、风险承担、实体分配、付款和所有权转移。

三、分销渠道的指标

1. 分销渠道的长度

分销渠道的长度，是企业分销渠道中中间环节的数目。而中间商是指同一产品的又买又卖者和帮助转移所有商品所有权的机构。商品在分销中经过的环节越多，分销渠道就越长；反之越短。

2. 分销渠道的宽度

分销渠道的宽度是指渠道的每个层次使用同种类型中间商数目的多少。它与企业的分销战略密切相关。而企业的分销战略通常可分为三种，即密集分销、选择分销和独家分销。

四、分销渠道的类型

1. 根据分销渠道长度来划分

（1）零层渠道，通常叫做直接分销渠道。直接分销渠道是指产品在从生产者流向最终消费者的过程中不经过任何中间商转手的分销渠道。直接分销渠道主要用于产业用品。因为，一方面，许多产业用品要按照用户的特殊需要制造，有高度技术性，制造商要派遣专家去指导用户安装、操作、维护设备；另一方面，用户数目较少，某些行业工厂往往集中在某一地区，这些产业用品的单价高，用户购买批量大。

（2）一层渠道，是指含有一个营销中介机构。在消费者市场，这个中介机构通常是零售商；在产业市场，则可能是销售代理商或佣金商。

（3）二层渠道，是指含有两个营销中介机构。在消费者市场，通常是批发商和零售商；在产业市场，则通常是销售代理商和批发商。

（4）三层渠道，是指含有三个中介营销机构。肉食类产品及包装类产品的制造商通常采用这种渠道分销其产品。在这类行业中，通常有一专业批发商处于批发商和零售商之间，该专业批发商从批发商进货，再卖给无法从批发商进货的零售商。

2. 根据分销渠道宽度来划分

产品和劳务从生产者向消费者转移的过程中，不仅要经过若干流通环节，而且还要通过流通环节中若干中间商的努力，从而完成转移。产品或劳务通过同一环节中间商的数目多少，形成了不同宽度的分销渠道。

（1）密集分销，是指制造商尽可能地通过负责任的、适当的批发商和零售商推销其产品。消费品中的便利品和产业用品中的供应品通常采取密集型的分销方式，使广大消费者和用户能随时随地买到这些日用品。

（2）选择分销，是指制造商在某一地区仅仅通过少数几个精心挑选的、最合适的中间商推销其产品。选择分销适用于所有产品。但相对而言，消费品中的选购品和特殊品最适合于采取选择分销方式。

（3）独家分销，是指制造商在某一地区仅选择一家中间商推销其产品，通常双方协商签订独家经销合同，规定中间商不得经营竞争者的产品，以便控制中间商的业务经营，调动其经营积极性，占领市场。

五、分销渠道策划

分销渠道策划是指对企业分销渠道的谋划，完善的企业分销渠道谋划应该包括设计、管理以及物流实体分配等环节。因此分销渠道策划的内容就包括：分销渠道设计策划、分销渠道管理策划和物流实体分配策划。

第二节　分销渠道设计策划

设计分销渠道就是规划分销渠道的基本结构，为分销渠道的组建提供方向性指导，这是分销渠道策划的第一步，只有在分销渠道设计的基础上，企业才能正确组建自己的分销渠道，并对其进行管理，最终取得渠道绩效。

设计分销渠道首先要组建渠道的基本框架，在考虑各种因素的基础上，遵循正确的步骤，明确企业分销渠道应该具备的长度和宽度；然后，再选择合适的中间商来构成真实的渠道系统；最后还要对组建的渠道系统进行评估。当然组建后的渠道系统并不是一成不变的，而是需要根据环境的变化进行调整。

一、影响渠道设计的因素

1. 顾客特性

渠道设计深受顾客人数、地理分布、购买频率、平均购买数量以及对不同促销方式的敏感性等因素的影响。当顾客人数多时，生产者倾向于利用每一层次都有许多中间商的长渠道。但购买者人数的重要性又受到地理分布的修正。而购买者的购买方式又修正购买者人数及其地理分布的因素。如果顾客经常小批量购买，则需采用较长的分销渠道为其供货。因此，少量而频繁的订货，常使得五金器具、烟草、药品等产品的制造商依赖批发商为其销货。同时，这些相同的制造商也可能越过批发商而直接向那些订货次数少的大顾客供货。此外，购买者对不同促销方式的敏感性也会影响渠道选择。例如，越来越多的家具零售商喜欢在产品展销会上选购产品，从而使得这种渠道迅速发展。

2. 产品特性

产品特征也影响渠道选择。易腐烂的产品为了避免拖延时间及重复处理增加腐烂的风险，通常需要直接营销。那些与其价值相比体积较大的产品，需要通过生产者到最终用户搬运距离较短、搬运次数最少的渠道来分销。非标准化产品，通常由企业推销员直接销售，这主要是由于不易找到具有该类知识的中间商。需要安装、维修的产品经常由企业自己或授权独家专售的特许商来负责经销和保养。单位价值高的产品则应由企业推销人员而不由中间商销售。

3. 中间商特性

设计渠道时，还必须考虑执行不同任务的市场营销中间机构的优缺点。一般来讲，中间商在执行运输、广告、储存及接纳顾客等职能方面，以及在信用条件、退货特权、人员训练和送货频率方面，都有不同的特点和要求。

4. 竞争特性

生产者的渠道设计还受到竞争者所使用的渠道的影响，因为某些行业的生产者希望在与竞争者相同或相近的经销处与竞争者的产品相抗衡。例如，食品生产者就希望其品牌和竞争者品牌摆在一起销售。有时，竞争者所使用的渠道反倒成为生产者所避免使用的渠道。

5. 企业特性

企业特性在渠道选择中扮演着十分重要的角色，主要体现在：总体规模、财务能力、产品组合、渠道经验和营销政策。

6. 环境特性

渠道设计还受到环境因素的影响。例如，当经济萧条时，生产者都希望采用能使最后顾客以廉价购买的方式将其产品送到市场。这也意味着使用较短的渠道，并免除那些会提高产品最终售价但并不必要的服务。

二、分销渠道的设计步骤

1. 确定渠道目标与限制

渠道设计问题的中心环节，是确定到达目标市场的最佳途径。每一个生产者都必须在顾客、产品、中间商、竞争者、企业政策和环境等所形成的限制条件下，确定其渠道目标。所谓渠道目标，是指企业预期达到的顾客服务水平及中间商应执行的职能等。

2. 明确各种渠道交替方案

（1）中间商类型。企业首先必须明确可以完成其渠道工作的各种中间商的类型。

（2）中间商的数目。在每一渠道类型中的不同层次所使用中间商数目的多少，受企业追求的市场展露程度的影响。

（3）渠道成员的特定任务。每一个生产者都必须解决如何将产品转移到目标市场这一问题。渠道成员经常的任务有：运输，即将产品运送到目标市场的工作；广告，即通过广告媒介通知并影响购买者的工作；储存，即准备接受订货的物品存储的工作；接触，即寻找购买者并与购买者协商交易条件的推销工作。

3. 评估各种可能的渠道交替方案

每一渠道交替方案都是企业产品送达最后顾客的可能路线。生产者所要解决的问题，就是从那些看起来似乎很合理但又相互排斥的交替方案中选择一个最能满足企业长期目标的方案。因此，企业必须对各种可能的渠道交替方案进行评估。评估标准有三个，即经济性、控制性和适应性。

（1）经济性标准。在这三项标准中，经济标准最为重要。因为企业是追求利润而不是追求渠道的控制与适应性。经济分析可用许多企业经常遇到的一个决策问题来说明，即企业应使用自己的推销力量还是应使用制造商的销售代理商。

（2）控制性标准。使用代理商无疑会增加控制上的问题。一个不容忽视的事实是：代理商是一个独立的企业，他所关心的是自己如何取得最大利润。他可能不愿与相邻地区同一委托人的代理商合作。他可能只注重访问那些与其推销产品有关的顾客，而忽略对委托人来说很重要的顾客。代理商的推销员可能无心去了解与委托人产品相关的技术细节，也很难正确、认真对待委托人的促销资料。

（3）适应性标准。在评估各渠道选择方案时，还有一项需要考虑的标准，那就是生产者是否具有适应环境的能力，灵机应变力如何。每个渠道方案都会因某些固定期间的承诺而失去弹性。当某一制造商决定利用销售代理商推销产品时，可能要签订5年的合同。这段时间内，即使采用其他销售方式也会很有效，但制造商也不得任意取消销售代理商的资格。所以，一个涉及长期承诺的渠道方案，只有在经济性和控制性方面都很优越的条件下，才可予以考虑。

三、选择中间商

（一）选择中间商应考虑的因素

1. 市场覆盖范围

市场是选择中间商最关键的因素。一是要考虑所选中间商的经营范围所包括的地区与企业产品的预期销售地区是否一致。二是中间商的销售对象是否是企业所希望的潜在顾客。这是最基本的条件，因为生产企业都希望所选的中间商能打入自己选定的目标市场，并最终说服消费者购买自己的产品。

2. 声誉

在目前市场游戏规则不甚完善的情况下，中间商的信誉显得尤其重要。它不仅直接影响回款情况，还直接关系到市场的网络支持。一旦中间商中途有变，企业就会欲进无力，欲退不能，不得不放弃已经开发起来的市场。而重新开发，往往需要付出双倍的代价。

3. 中间商的历史经验

许多企业在决定某中间商是否可以承担中间商的重任时，往往会考察中间商的一贯表现和盈利记录。若中间商以往经营状况不佳，则将其纳入分销渠道的风险较大。而且，经营某种商品的历史和成功经验，是中间商自身优势的另一个特点。一方面，长期从事某种商品的经营，通常会积累比较丰富的专业知识和经验，因而在行情变动中，能够掌握经营主动权，保持销售稳定或成绩扩大销售量。另一方面，经营历史较长的中间商早已为周围的顾客或消费者所熟悉，拥有一定的市场影响和一批忠实的顾客，大多成为周围顾客或消费者光顾购物的首选之地。

4. 合作意愿

中间商与企业合作得很好会积极主动地推销企业的产品，这对双方都有利。有些中间商希望生产企业也参与促销，以扩大市场需求，他们认为这样会获得更高的利润。因此，生产企业应根据产品销售的需要，确定与中间商合作的具体方式，考察被选中间商对企业产品销售的重视程度和合作态度，然后再选择最理想的中间商进行合作。

5. 产品组合情况

在经销产品的组合关系中，一般认为如果中间商经销的产品与自己的产品是竞争产品，应避免选用；而实际情况是，如果其产品组合有空当，或者自己产品的竞争优势非常明显，也应选取。这需要企业进行细致、翔实的市场调查。

6. 中间商的财务状况

生产企业倾向于选择资金雄厚、财务状况良好的中间商，因为这样的中间商能保证及时付款，还可能在财务上给生产企业提供一些帮助。反之，若中间商财务状况不佳，则往往会拖欠货款。

7. 中间商的区位优势

区位优势即位置优势，理想的中间商位置应该是顾客流量较大的地点。批发中间商的选择则要考虑其所处的位置是否利于产品的批量储存与运输，通常以交通枢纽为宜。

8. 中间商的促销能力

中间商推销商品的方式及运用促销手段的能力，直接影响其销售规模。有些产品比较适合广告促销，有些产品则适合通过销售人员推销；有些产品需要有效地储存，而有的则应快速地运输。企业要考虑中间商是否愿意承担一定的促销费用，有没有必要的物质、技术基础及相应的人才。在选择中间商之前，企业必须对其所能完成某种产品销售的市场营销政策和技术的现实可能程度进行全面的评价。

（二）选择中间商的方法

企业经常采用的一种方法是评分法。评分法就是对拟选择作为合作伙伴的每个中间商，就其从事商品分销的能力和条件进行打分评价。根据不同因素对分销渠道功能建设的重要程度的差异，分别赋予一定的权数。然后计算每个中间商的总得分，选择得分较高者。评分法主要适用于在一个较小范围地区的市场上，为了建立精选的渠道网络而选择理想的中间商。

第三节　分销渠道管理策划

在建立好渠道后，企业分销渠道策划的重点就转移到了渠道管理上，不断优化和组合渠道系统，让渠道系统发挥出应有的作用是渠道管理的首要任务。

一般来说分销渠道管理策划的内容主要包括：渠道成员激励、渠道冲突化解和渠道系统整合。

一、渠道成员激励

美国哈佛大学心理学家威廉·詹姆士在《行为管理学》一书中认为，合同关系仅仅能使人的潜力发挥20%～30%，而如果受到充分激励，其潜力可发挥至80%～90%，这是因为激励活动可以调动人的积极性。所以，激励渠道成员是渠道管理中不可缺少的一环。激励渠道成员是指制造商激发渠道成员的动机，使其产生内在动力，朝着所期望的目标前进的活动过程，目的是调动渠道成员的积极性。

对于制造商而言，其目的就是希望中间商多提货早回款，希望现有的渠道增加抵御风险的能力等。因此，了解中间商需求只是激励的第一步，随后应该做的是采取有效的激励措施。

激励中间商的形式多种多样，但大体上可以分为两种：直接激励和间接激励。

（一）直接激励

直接激励是指通过给予中间商物质、金钱奖励来激发中间商的积极性，从而实现企业的销售目标。

直接激励的主要形式有：

1. 返利政策

在制定返利政策时一定要考虑到如下因素：

（1）返利的标准。一定要分清品种、数量、等级、返利额度。制定该政策时，一要参考竞争者情况；二要考虑现实性；三要防止抛售、倒货等。

（2）返利的形式。是现价返，还是以货物返，还是二者结合，一定要注明；返货物能否作为下月任务数，也要注明。

（3）返利的时间。是月返、季返还是年返，应根据产品特性、货物流转周期而定；应在返利兑现的时间内完成返利的结算，否则时间一长，搞成一团糊涂账，对双方都不利。

（4）返利的附属条件。为了能使返利这种形式促进销售，而不是相反，一定要加上一些附属条件，比如严禁跨区域销售、严禁擅自降价、严禁拖欠货款等，一经发现，取消返利。

现实中会遇到这种情况：返利标准制定的比较宽松，达不到刺激销售的目的，或者返利太大造成价格下滑或倒货现象等。因而在执行中，一是在政策的制定上要考虑周全；二是执行起来要严格，不可拖泥带水。

2. 价格折扣

价格折扣包括：数量折扣、等级折扣、现金折扣和季节折扣等形式。

3. 开展促销活动

一般而言，生产者的促销措施会受到中间商的欢迎。促销费用一般可由制造商负担，亦可要求中间商合理分担。生产者还应经常派人走访主要的中间商，协助安排商品陈列，举办产品展览和操作表演，训练推销人员，或根据中间商的推销业绩给予相应的激励。

（二）间接激励

间接激励是指通过帮助中间商获得更好的管理、销售的方法，从而提高销售绩效。在市场机制日益成熟的今天，直接激励的作用不断地削弱。一方面，企业每天都向市场推出成熟或不成熟的新产品，各种形式的招商广告铺天盖地，各种各样的承诺一个比一个诱人。另一方面，大量的中间商在经历了账面资金不断缩水的教训后，面对五花八门、充满诱惑的招商广告依然捂紧口袋无动于衷，致使企业大量的招商广告只赚眼球却无法镀金。经历了代理、经销、买断等厂商合作方式，演绎过降价、打折、买一送一等促销手段后，中间商们面对厂家抛出的橄榄枝，比任何一个时期都来得冷静，来得理智。面对这种冷静与理智，一大批缺乏营销创意的企业，在市场竞争中渐渐败落继而被淘汰出局。显而易见，在当前竞争白热化、残酷性日趋凸显的市场上，营销方法正在超越产品、超越品牌走向营销首席。因为理智的中间商们今天对真正独特且行之有效的营销方法的渴望，已经远远高于他们对所营销产品的利润空间和厂家的广告费的追逐。他们深知，没有一套行之有效的营销方法将产品卖出去，再大的利润空间，再多的广告投入都不行。所以，制造商们越来越意识到间接激励的重要性。

间接激励的做法通常有以下几种：

（1）帮助中间商建立进销存报表，做安全库存数和先进先出库存管理。

进销存报表的建立，可以帮助中间商了解某一周期的实际销售数量和利润；安全库存数的建立，可以帮助中间商合理安排进货；先进先出的库存管理，可以减少即将过期的商品的出现。

（2）帮助零售商进行零售终端管理。

终端管理的内容包括铺货和商品陈列等。通过定期拜访，帮助零售商整理货架，设计商品陈列形式。

（3）帮助中间商管理其客户网以加强中间商的销售管理工作。

帮助中间商建立客户档案，包括客户的店名、地址、电话，并根据客户的销售量将它们分成等级，并据此告诉中间商对待不同等级的客户应采用不同的支持方式，从而更好地服务于不同性质的客户，提高客户忠诚度。

（4）伙伴关系管理。

从长远来看，应该实施伙伴关系管理，也就是制造商和中间商结成合作伙伴，风险共当，利益共存。

近年来，分销渠道的作用正在逐渐增强，渠道合作、中间商合作、商业合伙、战略联盟变得日益普遍。合作关系或战略联盟表述了一种在制造商和其渠道成员间的持续的相互支持的关系，包括努力提供一个高效团队、网络或渠道伙伴联盟。通用电器董事会首席执行官杰克·韦尔奇就他的公司致力于发展上述关系陈述如下：我们在1990年的目标是使公司无界限，我们将拆除隔离彼此的围墙，且让我们的主要赞助商走进来……和我们携手并进，为了一个共同的目标——顾客满意。

二、渠道冲突管理

渠道冲突管理是分销渠道管理的一项非常重要的内容，也是让营销管理人员非常头疼的问题。渠道成员之间的合作程度、协调程度如何，将直接影响到整个渠道的分销效率和效益。

（一）渠道冲突的表现形式

渠道冲突是指当分销渠道中的一方成员将另外一方成员视为对手，且对其进行伤害，设法阻挠或在损害该成员的基础上获得稀缺资源的情景。企业必须对渠道冲突加以重视，防止渠道关系恶化，甚至是整个渠道体系的崩溃。渠道冲突的类型有水平渠道冲突、垂直渠道冲突和多渠道冲突。

1. 水平渠道冲突

水平渠道冲突是指某一渠道内同一层次中的成员之间的冲突。如同级批发商或同级零售商之间的冲突，表现形式为跨区域销售、压价销售、不按规定提供售后服务或提供促销等。

2. 垂直渠道冲突

垂直渠道冲突是指同一条渠道中不同层次之间的冲突。如制造商与分销商之间、总代理与批发商之间、批发商与零售商之间的冲突，表现形式为信贷条件不同、进货价格的差异、提供服务的差异等。

3. 多渠道冲突

多渠道冲突也称为交叉冲突，是指两条或两条以上渠道之间的成员发生冲突。当制造商在同一市场或区域建立两条或两条以上的渠道时，就会产生此类冲突。如直接渠道与间接渠道形式中成员之间的冲突，代理分销商与经销分销形式中渠道成员之间的冲突。表现形式为销售网络紊乱、区域划分不清、价格不同等。

(二) 渠道冲突的起因

1. 角色失称

当一个渠道成员的行为超出另一个渠道成员对其行为角色的期望范围时，角色失称就会发生。有些情况下，角色失称也发生在当一个渠道成员不能确定哪些行为是可以接受的时候。为了避免角色失称，渠道成员需要了解其他成员的具体期望是什么，他需要承担什么责任，以及他的行为绩效如何被对方所评价。

2. 感知偏差

它是指渠道成员如何对他所取的形式进行解释，或如何对不同的刺激做出反应。渠道成员应通过加强相互间的理解来减轻甚至消除这种感知差异。

3. 决策主导权分歧

即一个渠道成员认为其他渠道成员的行为侵害了自己的决策权力。例如，零售商或制造商是否有权制定最终零售价格，制造商是否有权对分销商的存货水平做出要求。

4. 目标不相容

即成员间的目标是不可相容的。目标不相容还可以在分销商和制造商"如何使利润最大化"的分歧上体现出来。分销商为使利润最大化通常希望提高毛利润，加速存货周转速度，降低成本并获得较高的制造商津贴，而制造商为了提高销量通常倾向于降低零售毛利率，增加分销商库存，提高促销费用并减少津贴。

5. 沟通困难

也就是缓慢的信息和不准确的信息在渠道成员间的传送。为了克服沟通困难，许多大的零售商都要求他们的供应商就订单、发票以及装运通知单等方面与其进行充分交流。实际上，沟通困难也是造就感知偏差的原因之一。

6. 资源缺乏

争夺稀缺的资源是渠道冲突产生的一个重要原因。例如，对客户资源的争夺使许多实施多重分销策略的公司与分销商产生摩擦。

（三）化解渠道冲突的对策

1. 销售促进激励

为减少渠道成员的冲突，有时成员组织的领导者不得不折中其政策和计划，对以前的游戏规则进行修改是为了对成员的激励，以物质利益刺激他们求大同，存小异，大事化小，小事化了。如价格折扣、数量折扣、付款信贷、按业绩的奖励制度、分销商成员的培训、成员的会议旅游等。

2. 进行协商谈判

协商谈判是实现解决冲突的目标进行的讨论沟通。成功的、富有艺术的协商谈判能够将原本可能中断的渠道关系引向新的成功之路。协商谈判是分销渠道管理之中常有之事。有效的谈判技巧是非常有用的，它是渠道成员自我保护和提高自己地位的手段。如果掌握了这一艺术，在面临冲突解决问题时保持良好的关系的可能性就会大大增加。甚至许多对手也会因一次成功的谈判而成为长久的合作伙伴。

3. 清理渠道成员

对于不遵守游戏规则屡犯不改的渠道成员，有可能是当初对其考察不慎，该成员的人格、资信、规模和经营手法都未达到成员的资格和标准。此时就应该重新审查，将不合格的成员清除出联盟。如对那些肆意跨地区销售、打压价格进行恶性竞争的分销商，或长时间未实现规定销售目标的分销商，都可以进行清理。

4. 使用法律手段

法律手段是指当渠道系统中冲突存在时，一方成员按照合同或协议的规定要求另一方成员行使既定行为的法律仲裁手段。比如，在特许经营体系中，特许特权商认为特许总部不断新添的加盟商侵蚀了他们的利益，违反了加盟合同中的地理区域限定，这时就很可能要采用法律手段来解决这一问题。

法律手段只能是解决冲突的最后选择。因为一旦采用了法律手段，另一方可能会完全遵守其意愿改变其行为，但是诉讼方会产生不满，其结果是双方的冲突可能会增加而非减少。从长远来看，双方可能会不断卷入法律纠纷中而使渠道关系不断恶化。

三、渠道整合

所谓渠道整合就是互动联盟，它能通过优势互补，营造集成增势的效果，从而在纵深两方面强化渠道竞争能力。

渠道整合中要特别注意以知识为核心的活性要素的作用，以此带动其他要素功能的改善，形成现代的诚信理念、科学的营销理念、发展市场的理念、朴素的双赢理念、良好的沟通理念和相互学习的理念。

（一）渠道网络的隐患

目前，我国的渠道网络远不尽如人意，存在着诸多隐患。

1. 分销商素质低，经营意识落后

不少分销商不能随着市场环境的变化而及时转换功能，没有公司化的经营管理意

识，没有品牌意识，只看到眼前利益，不做网络建设，不搞中端维护，缺乏科学的库存管理、数据管理、客户资料管理，更谈不上区域经营的战略计划。

2．窜货问题

各级分销商由于受到厂家销售唯量论的影响，为获取年终返利、为争夺客户、为了带动杂牌产品销售等，只求薄利多销，只图眼前小利，不顾后果，竞相窜货；还有甚者，在自己区域内买正常价赚取薄利后贴钱低价争夺非责任区域内的客户，置厂家政策、区域内正常价差体系、竞争品牌状况于不顾。

3．分销商忠诚度下降

从实际情况情况来看，各企业的渠道网络成员均有流失，这样，不仅会泄露许多机密文件，还会给企业造成巨大的经济损失。

4．厂商之间的信用度恶化

许多分销商不能按照厂家的规范操作，甚至货款也很难收回；而一些品牌厂家又不能以平等互利原则对待分销商，双方签订的协议说改就改，失信于人。

5．分销商不具备对品牌的运作能力和市场的控盘能力

分销商因受规模、实力、素质、管理水平、经营意识等因素的影响，没有能力做到整合营销、优势最大化、成本最低化等综合实力的组合。即使是全国名牌产品也无法做到使当地消费者认可。成为占有率比较高的产品。在当地有一定销量的产品，还会出现断货和乱价的情况，没有能力控制局面。

6．分销渠道的经营模式复杂、混乱

目前各企业的分销渠道非常复杂，有直销的，有靠渠道网络营销的，有网络加平台的，还有既有网络经销商又需要厂家出大批业务员为其跑单，经销商只要送进货就可以了。为了加强对终端的控制，厂家不惜代价又无所适从。分销渠道经营模式复杂、混乱，使渠道网络的作用明显下降。

（二）渠道整合的途径

分销渠道如今已经成为企业间竞争的一个重要的砝码。畅通的销售渠道意味着成本的降低、效率的提高和利润的增加。

1．渠道扁平化

传统的销售渠道的经典模式是：厂家——总经销商——二级批发商——三级批发商——零售店——消费者。然而这样的销售网络却存在着先天不足，在许多产品可实现高利润、价格体系不透明、市场缺少规则的情况下，销售网络中普遍存在的"灰色地带"使许多经销商实现了所谓的超常规发展。多层次的销售网络不仅进一步瓜分了渠道利润，而且经销商不规范的操作手段造成严重的网络冲突。更重要的是，经销商掌握的巨大市场资源，几乎成了的心头之患——销售网络漂移、可控性差等。因此改革势在必行。

2．渠道品牌化

品牌已经渗透到了我们生活中的各个领域，产品需要品牌，服务需要品牌，分销

渠道同样也需要品牌。专卖店作为渠道品牌化的一种重要方式正在迅速地扩张到各个行业。

专卖店一般具备以下几个优点：其一，它可以作为一个展示中心，充分展示自己的产品，提升产品形象，进而促进产品的销售。其二，它可以作为一个推广中心，用户往往会被专卖店人员专业、热情的服务所打动，这样可以使用户对厂商的产品有更多的了解，从而留下较好的印象。其三，它可以作为一个培训中心，许多用户的产品知识并不是很专业，这就要求厂商能够提供及时的培训。其四，它还是一个销售中心，人们可以根据自己的爱好，根据自己的产品的现场印象，来进行自己的逻辑推断，从中购买到自己满意的产品。

3. 渠道集成

目前，传统渠道和新兴渠道之间的矛盾越来越突出。传统渠道主要包括大商场、中小商场以及专营店。新兴渠道可以分为以下几种：综合性连锁、品牌专卖店、集团采购、网上订购等。传统渠道和新兴渠道目前都具有自己的竞争优势，并存于市场中，但是新兴渠道使传统渠道面临着越来越大的挑战。

解决渠道冲突的最好办法就是渠道集成，即把传统渠道和新兴渠道完整地结合起来，充分利用两者各自的优势，共同创造一种全新的经营模式。当然，这种方法要求供应商能够对传统渠道施以足够的控制，所以操作难度较大。

4. 渠道关系伙伴化

通过渠道整合，建立伙伴型的渠道关系，各个代理商，不仅是利益共同体，而且是命运共同体，渠道本身就是一个战略的联盟。其中，服务意识、服务内容、服务手段在联盟运转中起着关键的作用。这个服务的链条会使渠道联盟更加稳固，使企业、渠道商和用户之间的亲和度大大增加。厂家与经销商合作的形式很多，如联合促销、专门产品、信息共享、培训等。

第四节 分销渠道实体分配策划

分销渠道中的实体分配是指商品的实物流通，包括订货、仓储和运输等环节，它反映的是商品在时间和空间上的变化。实体分配是企业降低成本、扩大销售、提高竞争力的关键性环节。

分销渠道、实体分配可以使产品在合适的时间及地点到达顾客手中，没有实体分配环节，市场营销活动就不能构成一个完整的体系。

一、存货管理策划

存货水平是影响顾客满意程度的一个重要的物流战略。营销人员都希望自己的公司存货充足，以便立即为顾客的订单供货。但是，如果存货过多，其公司成本效益也会出现问题。目前，大多数企业的市场营销部门并未担负存货战略的全部责任，但是，在企业制定存货战略时，市场营销人员都极力争取发言权，因为他们对提高顾客服务水平负有责任。他们把存货战略视为一种创造需求的工具。顾客选择供应商的主要因素之一，就是供应商是否备有充足的存货，使它的订单能很快得到妥善处理。

（一）订购点决策

存货的基本性质是在当期内随着提取而降低，因此企业的管理人员需要决定在何种剩货水平时就必须发出新的订单，以避免届时完全缺货，这个剩货水平就称为订购点。如果订购点为20，则表明企业所存物品降到20单位时，就必须发出订单，以保持应有的存货量。

（二）订购量决策

企业有关订购的多少的决策直接影响企业的订购频率。订购量越大，则购买频率越低。每次订购，企业都要花费成本费用，但保留大量存货也需要成本费用。企业在决定订购数量时，就要比较这两种不同的成本。

1. 经销商的订购成本

订购成本也就是订货处理成本，对于经销商和制造商来讲有所不同。经销商的订购成本是指每次从发出订单到收货、验货所发生的成本。不同企业对订货处理成本估计数值的差异，有些是真实的，即来自实际经营成本的差异；有些是人为的，即来自会计方法的不同。

2. 制造商的订购成本

制造商的订购成本包括装置成本与运转成本。如果装置成本很低，则制造商可以经常生产该产品，该产品的成本将变得非常稳定。然而，如果装置成本过高，制造商只有采用生产次数较少的生产方式。

3. 存货占用成本

一般讲，订购量受两个主要因素的影响：一是订购处理成本，二是占用成本，即为维持存货而发生的成本。存货量越大，占用成本越高。

二、运输策划

运输策划是一种重要的物流策划。企业选择何种运输工具会影响到产品定价、准时交货和物品到达目的地时的情况，所有这些都关系到顾客的满意程度。目前主要的运输方式有以下五种：铁路运输、水运、汽运、管道运输、空运。

企业在给仓库、经销商和顾客发货时，要在上面的五种运输方式中进行选择。发货人员在为某种产品选择运输方式时，要考虑速度、频率、可靠性、运载能力、适应性和成本等因素。如果发货人要求快速，空运和卡车是主要选择对象。如果目的是要谋求低成本，那么水运和管道就是主要的考虑对象。在所有这些运输方式中，卡车在上述大部分标准方面名列榜首，因此，使用率越来越高。

三、配送策划

(一) 制订配送计划

配送是一种物流业务组织形式，商流是其制订配送计划的主要依据，即商流提出了何时何地向何处送货的要求，配送则据此恰当地安排运力、路线、运量，完成此项任务。制订正确而又可操作的配送计划，是既经济又有效地完成配送任务的重要前提。配送计划的制订依据主要有以下几项：一是订货合同。根据用户与配送中心的订货合同或用户与供应商的订货合同副本，确定用户的送达地、收货人、接货方式，货物的品种、规格、数量，送货时间及接送货的其他要求。二是所需配送的各种货物的性能、运输要求，依此决定车辆种类及装卸搬运方式。三是分日、分时的可用、运力配置情况。四是交通条件、道路水平。五是各配送点所存货物品种、规格、数量情况。

在充分掌握了上述必需的信息资料后，企业可以利用计算机的专用配送软件制订配送计划。在具备条件的企业或地区，企业可以通过计算机网络直接向具体执行部门下达命令。在不具备上述手段的条件下，企业可以利用下述步骤编制配送计划：按日汇总各用户需要物资的品种、规格、数量，并详细地弄清楚各用户地址，可用地图标明，也可以在表格中列出。计算向各用户送货所需时间，以确定起运提前期。确定每日应从每个配送点发运物质的品名、规格和数量。利用上述信息资料，可采用图上或表上作业法制订配送计划，也可以通过计算，以吨公里数最低或总运距最小、总运费最省等指标为目标函数，求解最优配送计划。

(二) 下达配送计划

配送计划确定后，将到货时间、到货的品种、规格、数量通知配送点和用户，使配送点按计划发货、用户按计划准备接货。

(三) 按配送计划确定物资需要量

按配送点配送计划审定库存物质的保证配送能力，对数量、种类不符合要求的物资，及时组织补充进货。

(四) 配送点下达配送任务

配送点向仓储部门、分货包装部门、运输部门及财务部门下达配送指令，各部门按指令分别完成配送准备。

(五) 配货发运

理货部门，包括仓储部门和分货包装部门，按要求将各用户所需的各种货物进行分货及配货，然后进行适当的包装并详细标明用户名称、地址、配送时间、货物明细等，按计划将各用户货物组合、装车，然后将发货明细表交司机或随车送货人。

(六) 送达

车辆按计划规定的路线或在规定的时间将物资运达用户，并让用户在回执上签字。配送工作完成之后，通知财务部门结算。

复习思考题

1. 分销渠道的特点都有哪些方面？
2. 营销渠道的长度如何确定？
3. 营销渠道的冲突的类型和成因是什么？
4. 分销渠道中的实体分配包括哪些方面？

第十一章　销售促进策划

案例与相关衔接

促销方式

人员推销

AIDA——引起注意、引起兴趣、刺激欲望、采取行动。

广告

主要是介绍产品、刺激欲望等作用，在选择广告时注意传达率、频率及影响价值。

公共关系

公共关系的活动方式，是指以一定的公关目标和任务为核心，将若干种公关媒介与方法有机地结合起来，形成一套具有特定公关职能的工作方法系统。按照公共关系的功能不同，公共关系的活动方式可分为五种：

1. 宣传性公关

这是运用报纸、杂志、广播、电视等各种传播媒介，采用撰写新闻稿、演讲稿、报告等形式，向社会各界传播企业有关信息，以形成有利的社会舆论，创造良好气氛的活动。这种方式传播面广，推广企业形象效果较好。

2. 征询性公关

这种公关方式主要是通过开办各种咨询业务、制订调查问卷、进行民意测验、设立热线电话、聘请兼职信息人员、举办信息交流会等各种形式，连续不断地努力，逐步形成效果良好的信息网络，再将获取的信息进行分析研究，为经营管理决策提供依据，为社会公众服务。

3. 交际性公关

这种方式是通过语言、文字的沟通，为企业广结良缘，巩固传播效果。可采用宴会、座谈会、招待会、谈判、专访、慰问、电话、信函等形式。交际性公关具有直接、灵活、亲密、富有人情味等特点，能深化交往层次。

4. 服务性公关

就是通过各种实惠性服务，以行动去获取公众的了解、信任和好评，以实现既有利于促销又有利于树立和维护企业形象与声誉的活动。企业可以以各种方式为公众提供服务，如消费指导、消费培训、免费修理等。事实上，只有把服务提到公关这一层面上来，才能真正做好服务工作，也才能真正把公关转化为企业全员行为。

5. 社会性公关

社会性公关是通过赞助文化、教育、体育、卫生等事业，支持社区福利事业，参与国家、社区重大社会活动等形式来塑造企业的社会形象，提高企业的社会知名度和美誉度的活动。这种公关方式，公益性强，影响力大，但成本较高。

第一节　销售促进策划概述

由于市场竞争日趋激烈，企业越来越多地运用一些销售促进的手段来刺激中间商和消费者的购买行为，达到带动销售的目的。

一、销售促进的含义

销售促进是指企业运用各种短期诱惑，鼓励购买或销售企业产品或服务的促销活动。美国市场营销协会定义委员会认为，销售促进是指除了人员推销、广告和宣传报道以外的刺激消费者购买和提高经销商效益的种种企业市场营销活动。该定义委员会还指出，在美国零售业，销售促进被理解为零售企业"刺激顾客的一切方法，其中包括人员推销、广告和宣传报道"。因此，在美国零售业，销售促进和促销常被视为同义语。销售促进是企业销售的开路先锋与推进器。

二、销售促进的特征

销售促进与其他促销方式相比，具有下述明显特征：

（一）非连续性

销售促进一般是为了某种即期的促销目标专门开展的一次性促销活动。它不像广告、人员推销、公共宣传那样作为一种连续性的、常规性的促销活动出现，而着眼于解决一些更为具体的促销问题，因而往往是非规则、非周期性地使用和出现的。

（二）形式多样

销售促进的方式多种多样，如优待券、竞赛与抽奖、加量不加价、积点优待、折价优待、包装促销、回邮赠送、退费优待、零售补贴、免费样品、POP 广告等。这些方式各有其长处和特点，企业应根据不同的产品特点、不同的市场营销环境、不同的顾客心理的等条件灵活地加以选择和运用。

（三）即期效应

销售促进往往是在一个特定的时间里，针对某方面的消费者或中间商提供一种特殊优惠的购买条件，能给买方以强烈的刺激作用。只要方式选择运用得当，其效果能很快地在其经营活动中显现出来，而不像其他促销方式那样需要一个较长的周期。因此，销售促进比较适合于那些突击式的需要短期见效的促销目标。

三、销售促进的功能

（一）沟通功能

卖主可通过各种销售促进的方式，使消费者尤其是潜在消费者体验到产品的实际效用，获得对该产品的了解，达到加强与消费者沟通的目的。在传递商品信息方面，广告的作用固然不可低估，卖方可以通过广告媒介把商品信息传递给家中、在工作场所以及在旅途中的广大潜在顾客。但是，在购买行为发生的特定时间和空间，广告的效果可能消失。在这种情况下，卖主要在特定的购买地点和购买时间及时运用适当的销售促进手段来通知、提醒、刺激可能的买主，就可以促使他们立即购买，实现潜在交换。也就是说，销售促进比广告在销售上能产生更快的反应。

（二）激励功能

卖主可以运用销售促进手段来吸引产品的新试用者和报答忠于本企业的老顾客。这是因为卖主可向买主提供某些额外的利益，从而刺激消费者试用和购买。有的企业采取欲取先予的战术，先让消费者免费试用新产品样品，以引起消费者对新产品的兴趣。虽然这种方式成本较高，但往往收效也较快。还有的企业采取退款优待的方式来鼓励消费者对新产品的第一次购买，即消费者从零售店按正常价格购买商品，然后把某种购买凭证寄给制造商，便可以收到制造商寄回的一定数额的退款。实践证明，这些方法是行之有效的。

（三）协调功能

制造厂家在销售产品中与中间商保持良好关系，取得他们的合作是至关重要的。制造商可以运用销售促进方式来影响中间商，协调与中间商的关系。如通过向中间商提供购买馈赠、陈列馈赠来鼓励订货；通过向零售商提供交易补贴来弥补零售商制作产品广告、张贴商业通知或布置产品陈列时所支出的费用等。这些措施能调节中间商的交易行为，使中间商做出有利于自身的经营决策，从而保持与中间商稳定的购销关系。

（四）竞争功能

销售促进可以有效地抵御和击败竞争者的促销活动。当竞争者大规模地发起促销活动，如不及时采取针锋相对的措施，往往会大面积地失去已享有的市场份额。在应付竞争方面，企业有许多销售促进工具可以选择。如减价赠券或减价包装的方式来增强企业经营的同类产品对顾客的吸引力，以稳定和扩大自己的顾客队伍；再如采用购货累计折扣优待的方式来促使顾客增加购物数量和提高购货频率。

四、销售促进策划的含义

销售促进策划是根据企业销售促进的目的，对企业销售促进活动的各个环节以及销售促进中的预期问题进行全面、细致、客观地安排和规划，创造出具有影响力、有效的行动方案，并将行动方案付诸实施，以达到激励士气、销售产品的目的。它包含以下几方面的要点：第一，销售促进策划的重点是迅速增加当前商品的销售量；第二，销售促进策划的关键是发掘新颖独特的创新思维；第三，销售促进策划要与其他促销策划相互配合。

五、销售促进的方式

（一）针对销售者的促销的工具

1. 样品

样品是某种产品或服务一定数量的免费供应。样品可以上门赠送或邮寄，或在商店中发放，或附在另一种商品上面，或在广告中注明。样品是介绍新产品最有效也是最昂贵的方法。在推出产品样本时，公司管理者头脑中应有文化道德观念。

2. 优惠券

优惠券是授权持有者在购买某种产品时可免付一定金额的单据。优惠券可以邮寄，也可以附在其他商品中，或插在杂志和报纸广告中。其回收率因分发方式的不同而各异。在某些亚洲国家，优惠券很难运用。在日本，报纸拒绝分发，消费者没有使用的习惯，也没有供回扣使用的商品。

3. 赠奖

赠奖是以相对较低的价格或免费出售某种商品，以此作为对购买某种特定产品的激励。赠奖包括：随附赠品、免费邮寄赠品、自尝赠品。

4. 竞赛

竞赛是提供赢得现金、旅行或者商品的机会，以此作为购买某种商品的结果。竞赛要求消费者提交某种参加竞赛的东西，由一个评价小组加以审查，评出其中最好的。抽奖是指消费者提供他们的姓名以供抽签。在消费者每次购买商品时都让他参加游戏，有纸牌游戏、填字游戏等。消费者可能从中得到奖励，也可能一无所获。所有这些都比优惠券或小赠品能获得更多注意。

5. 惠顾回报

消费者从特定的卖主中购买产品时，能得到现金或其他形式的回报，这些回报的价值大小是以购买数量为基础的。

6. 免费试用

免费试用是指邀请潜在购买者免费尝试产品，希望他们做出购买决定。

7. 连带促销

这是指某种品牌利用另一种无竞争关系的品牌做广告。

8. 购买现场（POP）

陈列和示范表演在购买现场即在销售现场举行。但大多制造商希望制作更好的POP陈列材料，并将它们和电视或印刷品宣传结合起来运用，并且帮助零售商布置现场。

（二）针对中间商的促销工具

针对中间商的促销工具包括批量折扣、现金折扣、购买折让、合作广告津贴、经销商销售竞赛、免费咨询服务、为经销商培训销售人员、展览会以及联合促销等。采用这些方式的主要目的是调动中间商的销售积极性，以期进一步扩大产品销售。对于一次购买数量巨大或多次购买其数额到达一定水平的中间商免费提供一定的产品，通过让利来刺激经销商更多地进货。对经销商开展销售竞赛，通过设立销售奖金，奖励购买额领先或比例增加最大的经销商，鼓励中间商大量进货、多次进货。厂商还经常给中间商一些交易馈赠和礼品，以鼓励订货。在举办商品陈列会以后，可将部分陈列品馈赠给零售商。有的厂商还给予经销商交易补贴，用以弥补零售商在制作产品零售广告、张贴商业通知或者布置产品陈列时所支出的费用。另外制造商有时会提供商品使用手册、示范影片以及派人辅导等方式的促销资助。这种资助一方面替零售商支付了额外的费用；另一方面加深了中间商对商品的了解，使中间商能更好地推销其产品并回答顾客的。这些措施能有效地协助中间商，加强与中间商的关系，达到共存共荣的目的。

（三）针对销售人员的促销工具

针对销售人员的促销工具主要有推销竞赛、红利提成、特别推销奖金、免费旅游等。采用这些方式的目的是鼓励推销人员积极推销新产品，积极开拓新市场；同时也有利于对过时、积压和滞销产品的推销。

第二节　销售促进方案策划

销售促进策划的一个主要环节就是制订销售促进方案，也就是销售促进方案策划。制订销售促进方案需要经过以下主要环节：建立销售促进目标；选择销售促进工具；制订销售促进方案；试验、实施和控制销售促进方案以及评估销售促进效果。销售促进方案策划就是对这几个主要环节进行谋划和规划。

一、建立销售促进目标

一般来讲，销售促进目标是从总的促销组合目标中引申出来的，而它在总体上又是受企业市场营销总目标所制约的，表现为这一总目标在促销策略方面的具体化。在不同类型的目标市场上，销售促进的具体目标是各不相同的。就消费者而言，目标可以确定为鼓励大量购买和重复购买；吸引潜在购买和提高购买水平；鼓励非季节性购买；对抗竞争者的促销活动；建立零售商的品牌忠诚和获得进入新的零售网点的机会。就推销人员而言，销售促进的目标可以确定为鼓励对新的产品的型号的支持；刺激非季节性销售；鼓励更高的销售水平等。企业促销部门要通过对多种因素的分析，确定一定时期内销售促进的特定目标，并尽可能地使其数量化和切实可行。

二、选择促销工具

销售促进的工具是多种多样的，各有其特点和适用范围。一个特定的销售促进目标可以采用多种销售促进工具来实现，所以应对多种销售促进工具进行比较选择和优化组合，以实现最优的促销效益。在选择销售促进工具时应主要考虑以下因素：

（一）市场类型

不同市场类型对销售促进工具的要求不同。如消费者市场和中间商市场的需求特点和购买行为就有很大的差异，所选择的销售促进工具就必须适应企业所处的市场类型的特点和相应的要求。

（二）销售促进目标

特定的销售促进目标往往对销售促进工具有着较为明确的条件要求和制约，从而规定着销售促进工具选择的范围。

（三）竞争情况

根据企业本身在竞争中具有的实力、条件、优势与劣势以及企业外部环境中竞争者的数量、实力、竞争策略等的影响，企业应选择最适合自己的最有效的销售促进工具。

（四）促销预算及每种销售促进工具的成本效益

企业市场营销费用中有多少用于促销，促销预算中又有多大份额用于销售促进，往往对销售促进工具的选择形成一种硬约束。另外，每种销售促进的成本效益以及不同种销售促进工具组合的综合效益也是有差别的。

三、制订销售促进方案

在确定了销售促进目标和工具后，接下来就是要制订具体的销售促进方案。在制订这一具体方案时要考虑以下问题：

（一）激励规模

对销售促进对象的激励规模，要根据费用与效果的最优比例来确定。要获得销售促进活动的成功，一定规模的激励是必要的，关键是要找出最佳的激励规模。最佳激励规模要依据费用最低、效率最高的原则来确定。只要销售促进工具选择适当，有一定的激励规模就可以了，如果激励规模过大，虽然仍会促使销售额上升而产生较多的销售利润，但效率将相对递减。一般来说，一定的最小规模才足以使销售促进活动开始引起足够的注意；当超过一定水准时，较大的激励规模会以递减率的形式增加销售反应。通过考察销售和成本增加的相对比率，企业营销人员可以确定最佳激励规模。国外一些大公司专门设立一名销售促进经理，主要研究过去各种销售促进活动的成本与效益，科学地计算合理的激励规模，然后提出建议，以供品牌经理根据实际情况，采取适当规模的激励措施加以实施。

（二）激励对象

激励是面向目标市场的每一个人还是有选择的某部分人，这种范围控制有多大，哪类人是主攻目标，这些选择的正确与否会直接影响到销售促进的最终效果。通常，某种赠品可能只会送给那些寄回包装物的购买者；抽奖可能限定在某一范围内，而不允许企业员工的家属或某一定年龄以下的人参加。企业在选择激励对象时，要尽量限制那些不可能成为长期顾客的人。如发放以购物凭证为依据的奖券就是鼓励已经购买这种商品的顾客，限制没有买过此商品的人。当然，限制面不能太宽，否则又会导致只有大部分品牌忠诚者或喜好优待的消费者才有可能参与，不利于目标顾客范围的扩大。

（三）送达方式

企业要根据激励对象，以及每一种渠道方法的成本和效率来选择送达方式。如赠券这种促销工具就有四种送达方式：附在包装内、邮寄、零售点分发和附在广告媒体上。每一种途径的送达率和费用都不相同。再如赠送试用品可用下列方式来配送：邮寄、通过经特别训练的人挨户分发、通过牛奶配送员或其他地区性的路线送货人员分送、促销人员店内发送、附于其他产品包装上。每种方法各有其优点，企业应从费用与效果的关系角度仔细斟酌，选择最佳的送达方式。

（四）活动期限

任何销售促进方式，在实行时都必须规定一定的期限，不宜过长或过短。如果销售促进活动的期间过短，可能使一些潜在顾客错过机会而无法获得这项利益，这时他们可能无暇顾及或来不及重新购买该产品，达不到预期的效果；如果持续时间过长，又会引起开支过大和损失刺激购买的力量，并容易使企业产品在顾客心目中降低身价。具体的活动期限应综合考虑产品的特点、消费者购买习惯、促销目标、竞争者策略及其他因素，按照实际需求而定。

（五）时机选择

一般来讲，销售促进时机的选择应根据消费者需求时间的特点并结合总的市场营销战略来定，日程的安排应注意与生产、分销、促销的时机和日程协调一致。不同地区的销售促进活动应与地区营销管理人员一道根据整个地区的营销战略研究与决定。

（六）预算及其分配

销售促进活动是一项较大的支出，必须进行筹划预算。销售促进预算可以通过两种方式来确定：

（1）自下而上的方式，即营销人员根据全年销售促进活动的内容、所运用的销售促进工具及相应的成本费用来确定销售促进预算。销售促进成本由管理成本加激励成本乘以在这种交易中售出的预期单位数量计算得到。

（2）确定销售促进预算的方式，是按照习惯比例来确定各项销售促进预算占总预算的比率。在不同市场上对不同品牌的费用预算是不同的，并且要受到产品生命周期的各个阶段和竞争者销售促进预算的影响。

对于一个经营多品牌产品的企业，应当考虑销售促进活动中各品牌产品效益的结合问题。在配套产品的销售促进活动中尤其要全面平衡，有时甲产品的销售促进费用较高，可能出现亏损，但它能给乙产品带来收益，并足以弥补甲产品的亏损。

四、试验、实施和控制销售促进方案

销售促进方案制订后一般要经过试验才予以实施。通过试验明确所选用的销售促进工具是否适当、刺激规模是否最佳、实施的方法效率如何等。

对于每一项销售促进工作都应该明确实施和控制计划。实施计划必须包括前置时间和销售延续时间。前置时间是从开始实施这种方案前所必需的准备时间。它主要包括：最初的计划和设计工作，以及包装修改或者材料的邮寄或者分配；配合广告宣传的准备工作和销售点材料；通知现场推销人员；为个别分销店建立社区的配额；配买或印刷特别赠品或包装材料；预期存货的生产及发放等。销售延续时间是指从开始实施优惠起到大约95%的采取此优待办法的商品已经到达消费者手中为止的时间。这段时间可能是一个月甚至几个月，这主要取决于活动持续时间的长短。在实施计划的制订及执行过程中，应有相应的监控机制作保障，应专人负责控制事态的进展，一旦出现偏差或意外情况应及时予以纠正和解决。

五、评估销售促进效果

销售促进活动结束后，应立即对其进行效果评估，以总结经验与教训。很多企业忽视这一工作，即使有的企业试图评估，可能也只是一点皮毛而已。其实，评估销售促进效果是销售促进决策的重要一环，它对整个市场营销战略的实施具有重要意义。

对销售促进效果评估的方法依市场类型的不同而有所差异。企业在对零售商销售促进的效果进行评估时，可根据零售商销售量、商店货档空间的分布和零售商对合作广告的投入等进行测定。企业在评估对消费者销售促进活动的效果时，可以采用以下四种方法：销售绩效分析、消费者固定样本数据分析、消费者调查和实验研究。

（一）销售绩效分析

它是最普通、最常用的一种方法，即对销售促进活动前、活动期间和活动后的销售额或市场份额进行比较分析，根据数据变动来判别。在其他条件不变的情况下，增加销售额或市场占有份额就归因于销售促进活动的影响。

（二）消费者固定样本数据分析

它也可以用来评估消费者对销售促进的反应。布莱恩·斯腾塔尔等人曾对消费者固定样本数据进行了专门研究，发现优待通常促进品牌转移，其比率则视具体的优待形式而定。通过媒体送出的赠券引起了大量的品牌转移；降价的效果则没这样明显；而附在包装内的折价券则几乎对品牌转移没什么影响。尤为引人注意的是：在优待活动结束后，消费者通常又恢复购买原来偏好的品牌。

（三）消费者调查

它是在目标市场中找一组样本消费者面谈，以了解事后有多少消费者能回忆起这项销售促进活动；他们如何看待这次活动，有多少人从中受益；对他们后来的品牌选择行为有什么影响等。此外企业还可以进一步采用某些标准对消费者进行分类来获得更为具体的结果。这种方法常用来研究某种销售促进工具对消费者的影响。

（四）试验研究

它是指通过变更刺激程度、优待期间、优待分配媒体等属性来获得必要的经验数据，供比较分析和得出结论。优待属性的改变与地理区域的变换相搭配，可以了解不同地区的销售促进效果；同时，运用试验研究还需做一些顾客追踪调查，以了解不同优待属性引起消费者的不同反应水平的原因及其规律，为改进销售促进活动、提高其效果提供依据。

第三节　销售促进工具策划

在制订销售促进方案时，有多种销售促进工具可供企业选择，营销策划人员需要制定所选用的销售促进工具的实施细则，针对具体的销售促进工具进行谋划。

一、赠送优待券

赠送优待券是指企业以邮寄、在商品包装中或以广告等形式向顾客附赠一定面值的优待券，持券人可以凭此优待券在购买某种商品时免付一定金额的费用。优惠券分成两大类，即零售商型优待券和厂商型优待券。

（一）零售商型优待券

零售商型优待券只能在某一特定的商店或连锁店使用。通常，此类型优待券由总经销者或零售店策划，并运用在平面媒体广告或店内小传单、POP 广告上。运用此类优待券，绝大部分是以吸引消费者光临某一特定的商店为主要目的，而不是为了吸引顾客购买某一特别品牌的商品。另外，它也被广泛用来协助刺激消费者对店内各种商品的购买欲望上。虽然零售商优待券的种类繁多，但不外乎下列三种：

（1）直接折价式优待券，即指某特定零售店在特定期间内，针对某特定品牌，可凭券购买以享有某金额的折价优待。这种促销方式也可运用在多量购买上。

（2）免费送赠品优待券，即买 A 产品可凭此券免费获赠 B 产品。

（3）送积分点券式优待券。即购买某商品时，可获赠积分点券，凭这些点券可在该零售店兑换自己喜欢的赠品。此券的价值常由零售商自行决定。

（二）厂商型优待券

厂商型优待券是由产品制造商的营销人员规划和散发的，通常可在各零售点兑换，并获得购买该品牌商品的折价和特价优待。厂商型优待券因散发方式的不同又可分为以下四类：直接送予消费者的优待券、媒体发放的优待券、随商品发放的优待券、特殊渠道发放的优待券。

二、折价优待

折价优待也是企业常用的销售促进策略之一。折价优待是指企业在一定时期内调低一定数量商品的售价，也可以说是适当地减少自己的利润以回馈消费者的销售促进活动。企业之所以采用折价优待，其主要原因是为了与竞争品牌的价格相抗衡。同时，折价优待可积极地用来增加销售，扩大市场份额。从长远角度来讲，折价优待也可增加企业利润。

大部分厂商惯用折价优待来掌握已有消费者群，或利用这一促销方式来抵制竞争者的活动。通常，折价优待在销售点上能强烈地吸引消费者的注意，并能促进购买欲，提高销售点的销售量，甚至可刺激消费者购买一些单价较高的商品。折价优待的运用方式灵活多样，不胜枚举，但较为常用的方式有下列几种：标签上的运用、软质包装上的应用、套袋式包装的运用、买一赠一的运用。

三、集点优待

集点优待又叫商业贴花，指顾客每购买单位商品就可以获得一张贴花，若筹集到一定数量的贴花就可以换取这种商品或奖品。消费者对集点优待的偏好不一，但总的来说，仍不失为一种重要且具影响力的促销手段。此促销手段的最终目标是让顾客再次购买某种商品，或再度光顾某家商场。

积点优待与其他促销方式的最大差别在于时间上的拖延。消费者必须先购买商品，再收集点券、优待券或购物凭证，在一定的时间后，达到了符合赠送的数量，才可获得赠品。

通常消费者参加了某一积点优待活动，他就会积极地去收集点券、标签或购物凭证，以兑换赠品，此时，自然不愿意转而购买其他品牌的商品。可见，积点优待对解决某些促销问题身居效力，尤其是对建立再次购买及保护现有使用者免受竞争品牌的干扰等更具成效。

积点优待通常分为两大类：

（一）厂商型积点优待

厂商型积点优待可以划分为：点券式、赠品式和凭证式积点优待。点券式积点优待主要是厂商鼓励消费者多购买其产品，给予一定数量的点券，消费者凭这些点券可兑换不同的免费赠品，或是凭此点券再买商品时可享受折扣等价格优待。厂商型赠品式积点优待是指在包装内、包装上附赠品的积点优待方法。凭证式积点优待是指消费者提供某种特定的购物凭证即可获得厂家提供的某种特定优待如奖金、赠品等。

（二）零售商积点优待

零售商积点优待包括赠品式、积分券式和积点卡式积点优待。赠品式积点优待是在零售店或专卖店运用的积点优待，以吸引顾客。积分券优待是根据在零售店购物的一定量的消费金额为基准提供赠品。积点卡式优待是指零售商根据某个特定标准向顾客发放积点卡，顾客根据其不同的累积购买量享受不同的优待。

四、竞赛与抽奖

竞赛与抽奖是指企业通过某种特定方式，以特定奖品为诱因，让消费者深感兴趣，积极参与并期待中奖的一种销售促销活动。竞赛与抽奖促销效果明显，因为它可以为消费者提供获得意想不到收入的机会。因此，一个规划完善的竞赛或抽奖活动，确能帮助企业达到既定的促销目的和销售目标。

竞赛活动的参与者必须提供购物或必须符合某些合理的必备条件，方可参加该活动的评选。因此，竞赛通常需要具备三个要素，即奖品、参与者的才能和学识以及某些参加条件限制，并以此作为评选优胜者的依据。

最为流行的抽奖方式是：直接式抽奖，即从来件中直接抽出中奖者；对奖式抽奖，即由厂商事先选定好数字或标志，当一组奖券送完或到指定的日期后，由媒体告知消费者，参加者若符合已选定的数字或标志即中奖。

目前较为流行的对奖式抽奖方式是运用一种印有号码的卡片，参加者获得卡片之后，可在指定的期限内将卡片上显示的数字或者标志与厂商选定的数字或标志相对比，符合者即中奖。

另外还有一种受欢迎的抽奖方式被称为"计划性学习"。参加者必须首先详细阅读举办活动的宣传材料，以便获得符合参加条件的答案，然后再在商品标签、包装或广告上回答某些问题，最后再由厂商在所有提交正确答案的参加者中抽出幸运中奖者。

五、赠送样品

将产品免费送达消费者手中的促销方式称为赠送样品。在绝大部分促销方法中，消费者常必须完成某些事情或符合某些条件，才可取得商品或获得馈赠。免费赠送样品则不同，消费者无需具备什么条件即可得到商品。实践证明，免费样品是吸引消费者试用其产品的好方法，特别是当新产品介入市场时运用较为有效。

对于高度特殊性商品或诉求的市场小又有选择限制时，运用免费样品效果不佳；当产品差异性或特点优越于竞争品牌，并值得向消费者进行披露时，运用样品赠送效果较好。据经验得知，大众化消费品最适合于运用此方法。因此，当广告难以详尽表达产品的特性时，运用免费样品来推广介绍产品效果明显，因为只要展示产品的利益，即可获得消费者的认可。

在新产品上市进行广告宣传之前4~6周，先举办免费样品促销活动，不仅可以有效地刺激消费者的兴趣，同时又可以提高其尝试购买的意愿。但有一点需要注意，那就是要保证货源充足，渠道顺畅，以避免出现消费者正式使用产品时却寻找不到的情况，这会挫伤购买者的积极性。

赠送样品按发送方式的不同可分为7种。

(一) 直接邮寄

直接邮寄是将样品通过邮政部门邮寄，或利用民间专门的快递公司或促销公司，直接送到潜在消费者手中。除了邮寄费用昂贵之外，此方法有时还会受到一定程度的限制，例如新建小区、边远地区等。

(二) 逐户分送

逐户分送是将样品以专人方式送到消费者家中的促销方式，通常是通过运送公司或委托专业的样品促销和直销服务公司执行，一般是将样品放在门外、客户信箱内，或者是交给应门的消费者。此种方式因直接面对消费者，无中间的转折，所以效果很好。但是，这一方式在某些地方已经严禁使用，而仅适用于都市地区或者人口密度较高的地区。

（三）定点分送及展示

定点分送及展示时选择零售店里、购物中心、重要街头、转运站或其他人流汇集的公共场所等地点，将样品直接交到消费者手中的促销方式。同时，要向消费者宣传有关产品的销售信息，使消费者更加了解产品。若再搭送优待券或其他购买奖励，效果就会更加明显。

（四）联合或选择分类

它是由专业的营销服务公司来规划各种不同的分送样品的方式，以有效地送到各个选中的目标消费者手中。此法是针对特定对象分送组合样品的，其最大的优点在于它既迅速又直接地接触目标顾客，因此各品牌分摊费用成本无形中降低许多。

（五）媒体分送

部分消费品可经由大众媒体，特别是通过报纸、杂志将免费样品送给消费者。其最大的长处在于它能送达家庭和机构内部；同时能够传播商品信息，但成本相对较高。

（六）凭优待券兑换

消费者凭邮寄或媒体分送的优待券可直接到零售店里兑换免费样品，或是将优待券寄给厂家换取样品。这一促销方式效果往往不错，但费用较高，因为厂商要付零售点样品兑换处理费或支付样品邮寄费。

（七）入包装分送

入包装分送是选择非竞争性商品来附送免费样品的方法。该样品通常被认为是此商品的赠品。许多实例证明，因该商品消费对象的购买及尝试意愿往往不能充分地展现，所以此法的运用效果往往偏低，但费用也较低。

复习思考题

1. 销售促进的特征是什么？
2. 销售促进方案策划的具体内容包括哪些方面？
3. 如何对销售促进工具进行有效地选择和策划？

第十二章　人员推销策划

案例与相关衔接

论营销策略中的人员推销策略

市场营销活动是以满足市场需求为中心，而市场需求的满足只能通过提供某种产品或服务来实现。公司只有在产品不断创新，使产品富有时代特点和个性，才能在激烈的市场竞争中占有更多的市场份额。随着现代市场营销环境的变化，广告作为一种信息传递方式，伴随着商品产生而产生，已经成为企业市场营销活动的重要手段，广告为企业产品营销创造了有利的外部条件，但与消费者面对面的交流、沟通，实现产品的销售，则要靠推销员的努力和辛勤工作。推销员是生产者与消费者的桥梁和纽带。对消费者而言，推销员是公司形象的代表，而推销员又从消费者那里为公司带回新的有用的信息。人员推销是现代产品促销的一种重要形式，人员推销占有重要的地位。推销员是市场营销工作的第一线战士，直接和消费者接触，通过微笑和带有亲和力的工作形象，实现三个目标：第一，售出产品；第二，满足消费者的需求；第三，带回消费者对产品评价的信息反馈。

一、人员推销的任务和作用

人员推销是公司通过派出推销员直接与消费者交谈，面对面口头陈述，介绍宣传产品，促进和扩大产品销售。推销人员直接和消费者接触，起到连接公司和消费者的桥梁和纽带作用。推销人员对消费者来说，就是公司的形象和代表。推销人员的任务并不仅仅局限于产品的推销，作为公司和消费者之间的桥梁，推销人员负有维护双方利益的责任。推销人员的工作任务是既要使公司获得令人满意的销售额，又要培养与消费者的感情联系，同时还要捕捉收集有关的市场信息。

1. 带全产品资料，使消费者建立最初的信任

推销人员在拜访消费者时，一定要将产品的有关资料或样品展示给消费者，使消费者对公司产品的技术性能、用途和使用方法等有比较全面的了解。产品使用说明书、信誉卡、售后服务措施及联系电话对消费者要和盘托出，消除消费者排斥心理，建立信任，使消费者产生购买欲望。

2. 巧用推销术，促成交易

推销人员在与消费者面对面的交谈中，除了传递信息之外，还可以促进双方的了解，通过直接洽谈购销业务，运用推销艺术和技巧，向消费者宣传介绍产品，排除消费者疑虑，说服消费者购买产品，促成交易，使消费者的购买欲望变成购买行动。

3. 市场调查，反馈信息

推销人员活跃在市场和消费者中间，他们对市场的动向和消费者的反应比较了解，可及时把消费者对产品的性能、质量、型号、规格、价格、交货时间等意见和要求以及使用后的感受等反馈信息汇报给公司，实现双方的双向信息沟通。

4. 提供优质服务，促进销售

推销人员在走访消费者推销产品的过程中，同时要向消费者提供各种服务。提供咨询意见，给予技术帮助，承担产品的调试维修，解决消费者在使用该产品过程中出现的问题，使消费者满意，赢得消费者重复购买和代为宣传的机会。

5. 市场预测

推销人员不仅要承担产品推销的任务，同时要兼做市场调查工作，并对市场需求的发展变化做出预测，为公司进行市场预测提供科学的依据。

推销人员要出色地完成推销任务，必须实现下列推销：

（1）推销自己。让消费者接受你，认可你，对推销人员产生良好的印象，发生兴趣，进而产生信任感，愿意同你进一步交往。

（2）推销价值观念。通过与消费者的双向交流与沟通，改变、强化消费者的价值观和认识事物的思维方式，使消费者接受新的观念。

（3）推销知识。广泛介绍与产品相关的生活、生产知识，加强消费者的认识能力，是最好的推销产品。

（4）推销公司。对公司的了解，特别是在消费者的印象中树立起企业的良好印象，是促成消费者购买的重要条件。

二、推销人员的素质

推销人员直接和广大消费者接触，他们既是公司的代表，更是消费者的顾问和参谋。他们要走遍千山万水，要吃尽千辛万苦，要联系千家万户，要与千差万别的消费者打交道。所以，他们必须有良好的政治素质、业务素质及身体素质，同时，也必须具有良好的适合推销工作的仪表、礼节和品格。只有这样，才能出色地运用自己的业务技巧，完成推销任务。

1. 政治素质

（1）具有强烈的事业心和责任感。推销人员应充分认识自己工作的价值，热爱推销工作，对自己的工作充满信心，积极主动，任劳任怨地去完成推销任务。推销人员应对所在公司负责，为树立公司的良好形象和信誉做贡献，对用户的利益负责，帮助消费者解决困难和问题。

（2）具有良好的职业道德。推销人员必须自觉遵守国家的政策、法律，正确处理个人、集体和国家三者之间的利益关系。

（3）具有正确的推销思想。推销思想是推销人员进行推销工作的指南。推销人员在推销工作中要竭尽全力地为国家、公司着想，全心全意地为消费者服务。

2. 业务素质

推销人员是否具有良好的业务素质，直接影响其工作业绩。良好的业务素质来自两方面：一方面要掌握丰富的业务知识，另一方面要具有一定的推销能力。

（1）业务知识。①公司知识。要熟悉本公司的经营方针和特点，产品种类和服务项目、定价策略、交货方式、付款条件和付款方式等。②产品知识。要了解产品的性能、用途、价值、使用方法、维修方法等，了解市场上竞争产品的优劣情况。③用户知识。了解用户的购买动机、购买习惯，购买条件、方法及购买地点，了解由何人掌握购买的决策权等。④市场知识。要了解市场的动向、现实和潜在的消费者需求情况。⑤法律知识。要了解国家规范经济活动的各种法律，特别是与推销活动有关的经济法律。

（2）推销能力。①观察能力。推销人员在推销工作过程中，需要进行市场信息的收集和处理。为此，必须具有敏锐的观察能力。②创新能力。推销工作是一种综合性、复杂性的工作，绝不能因循守旧，要创新工作方式，不断地发展新用户和开拓潜在市场。③社交能力。推销人员应是开放型，必须具有一定的社交能力。推销人员被称之为公司的外交家，需要同各类人打交道，这就需要其具备与各种各样人交往的能力，能够广交朋友。④应变能力。在各种复杂的特别是突如其来的情况下，推销人员仅用一种姿态或模式对待消费者是很难奏效的，这就要求推销人员具有灵活的应变能力，做到在不失原则的情况下，实施一定的方式，从而达到自己的目的。⑤语言表达能力。在推销活动中，为了达到推销目的，推销人员必须向消费者宣传、介绍本公司的宗旨、本公司的产品，必须善于去启发消费者、说服消费者，这就要求推销人员必须具有良好的语言表达能力。语言要清晰、简洁、语速适中，说话要抓住消费者的心理，针对消费者需求，促使产生自觉购买欲望。

3. 身体素质

推销工作比较辛苦，要起早贪黑地东奔西走，交涉各种推销业务，有时吃住都没有规律，如果推销人员没有健康的体魄，很难担起重任。此外，推销人员还应注重自己的着装和仪表，谈吐和举止给初识你的人留下深刻的第一印象，为推销工作奠定一个良好的基础。

三、推销技巧

推销人员的推销技巧，主要表现为有效的推销过程。

1. 寻找用户

推销过程的第一步是识别潜在的用户群，寻找进一步接触的线索，参与能引起人们注意的公共关系活动，走访各种企业和单位办公室，寻找潜在市场和消费者。

2. 案头准备

推销人员应通过各种渠道尽可能地广泛收集潜在用户的信息，如市场需要什么，有哪些人参与购买决策，采购人员的个性特征和购买风格。确定访问目标和访问方法，是电话沟通还是网上联系。考虑最好的访问时机，制订详细的推销策略及方案。

3. 走近消费者

接触和面对是推销过程的前奏。成功的推销，首先应让用户接受你、认可你、信赖你。推销人员应对用户彬彬有礼，谈话内容应明白准确，双方关系有一个良好的开端是成功的一半，为顺利转入和展开销售打开局面。

4. 产品介绍

推销人员推销介绍应始终强调用户利益，陈述清楚产品特点和功能及使用方法。推销人员应事先准备好产品介绍词，配合示范介绍，使购买者亲眼看见或亲手操作该产品，能更好地记住产品的特点和功能，推动达成交易。

5. 促成购买

导致购买行为是推销介绍产品的最终目的。推销人员应树立信心，学会几种达成交易的技巧，激活用户购买欲望，并使用户的购买想法变成购买行为。

6. 售后服务

这是确保用户满意，获得重复购买，建立长期合作关系的必要环节。成交后应立即着手准备好有关履约的交货时间，购买条款和其他等具体工作。推销人员在接到订单后，要制定售后工作访问日程表，以确保有关安装、指导、技术培训和维修等售后服务工作得到妥善安排。

综上所述，人员推销策略是营销策略中最重要的策略，正确地运用，会使公司充满生机和活力，实现经济效益和社会效益同步增长。

人员推销是指销售人员在一定的推销环境中，利用各种推销技巧和手段，说服消费者接受企业的商品，从而既能满足消费者需要，又能扩大企业销售的活动。人员的推销具有三要素，即销售人员、推销对象和推销商品。销售人员一般是企业的销售人员；推销对象是消费者或用户，其中最主要的是购买决策者；推销商品主要是企业的生产资料或大件消费品。推销的实质是推销的商品在销售人员和推销对象之间的"转移"过程。推销活动具有双重目的，在满足消费者需求的同时实现销售的扩大。

第一节 人员推销策划概述

人员推销是一种传统的促销方式，国内外许多企业在人员推销方面的费用支出要远远大于在其他促销组合因素方面的费用支出。在现代企业市场营销和社会经济发展中，人员推销起着十分重要的作用。

所谓人员推销是指企业通过派出销售人员与一个或一个以上的可能成为购买者的人交谈，作口头陈述，以推销商品，促销和扩大销售。不难看出，人员推销是销售人员帮助和说服购买者购买某种商品或服务的过程。在这一过程中，销售人员要确认购买者的需求，并通过自己的努力去吸引和满足购买者的各种需求，使双方能从公平交易中获取各自的利益。因此，人员推销也是生产性活动。

一、人员推销的形式

企业可以采取多种形式开展人员推销。第一，企业可以建立自己的销售队伍，使用本企业的销售人员来推销产品。推销队伍中的成员又称销售人员、销售代表、业务经理、销售工程师。他们又可以分为两大类：一类是内部销售人员；另一类是外勤销售人员。第二，企业可以使用合同销售人员，如制造商代表、销售代理商、经纪人等，按照其代销额付给佣金。

二、人员推销的工作任务

把销售人员的工作仅仅视为推销商品固然无可厚非，但未免过于简单化。作为企业和购买者之间相互联系的纽带，销售人员负有维护双方利益的责任，尽管这些责任有时会发生矛盾。概括地讲，销售人员的工作任务是既要使企业获得满意的和不断增长的销售额，又要培养与顾客的友善关系，并反映市场信息和购买者信息。具体地讲，主要有以下几方面任务：一是积极寻找和发现更多的可能的顾客或潜在顾客；二是把关于企业产品和服务方面的信息传递给现有及潜在的顾客；三是运用推销技术，千方百计的推销产品；四是向顾客提供各种服务；五是经常向企业报告访问推销活动情况，并进行市场调查和收集市场情报。

三、人员推销策划的含义

对许多顾客来说，销售人员是企业的象征，反过来，销售人员又从顾客那里给企业带回许多有关的信息和资料。因而，企业对人员推销进行策划时，要制定销售队伍的目标、战略、结构、规模和报酬方式等。另外，销售人员既是企业的资源和财富，又是一项重要的投资活动。这项投资不仅受各种环境因素的制约，而且一旦拍板决策之后又很难改变。所以，企业必须加强对销售人员的管理，如招聘、挑选、指导、激励和评价等。

（一）人员推销策划的内容

人员推销策划是指企业根据外部环境变化和内部资源条件设计和管理销售队伍的过程。具体地讲，它包括如下几个方面：一是确立人员推销在企业市场营销组合中的地位，为销售人员制定出适当的销售活动组合；二是根据企业资源条件和销售预算等确定销售队伍的规模；三是根据顾客、产品和销售区域分配资源和时间；四是对销售活动进行激励和控制。

人员推销策划是一个循环的、双向流动的过程。销售队伍的目标影响销售队伍的大小，而销售规模又会限制其目标。同时，销售规模还制约资源和时间在产品、顾客、区域等方面的分配，而在分配过程中，企业还会发现市场的销售反应比预期的还要大。因此，为了增加利润，企业又把更多的资源分配在人员推销上。

（二）人员推销策划的分类

人员推销策划的内容尽管很多，但大体上可分为两种：一是组织决策，包括销售队伍的大小、区域设计和访问计划等；二是管理决策，包括对销售人员的招募、挑选、培训、委派、报酬、激励和控制等。

第二节　人员推销组织策划

人员推销组织策划就是设计企业人员推销的组织结构的体系，让企业的销售人员在既定的组织体系活动，合理安排销售人员之间的权责关系。

人员推销组织策划的内容主要包括销售人员的目标、销售人员的规模、销售人员的组织结构、销售区域设计和销售工作安排等内容。

一、销售人员的目标策划

企业销售人员的基本任务是销售产品，但仅仅确定这一点是不够的。因为销售产品仅仅是推销活动过程众多环节之一，单纯地强调销售产品的目标，既不利于销售人员提高推销的成功率，也不利于在目标市场上树立企业形象，同时还是推销资源的一种浪费。根据推销活动的特点及销售人员的特殊位置，销售人员能够承担的任务可以概括为：寻找客户、传递信息、销售产品、提供服务、收集信息和分配货源。企业可以从中选择一项或多项任务，形成销售队伍的任务组合，不同企业为其销售队伍设计不同的任务组合。

销售队伍任务组合的确定须综合考虑营销目标、目标市场特点、企业的促销策略及供求关系等因素。企业的营销目标如果是扩大市场占有率、提高销售量，销售队伍的任务组合应以开拓新市场、寻找新客户为主；如果是维持既定的市场占有率，树立市场形象，销售队伍的任务组合则应以提供服务为主。目标市场上的顾客在需求状况、购买行为等方面的特点具有直接的影响，当大部分目标顾客需求水平不高时，销售人员必须向顾客传递有关产品的大量信息，以刺激其需求水平向更高阶段发展；而当大部分目标顾客已具有较高的需求水平时，销售人员的工作重点则应转向说服其采购行动。企业的促销策略如果是"拉引"导向的，销售人员主要应注意经销商是否有充足的存货，并合理分配货源；如果企业的促销策略是"推动"导向的，销售人员则需要开展更具创造性的说服工作，促使批发商和零售商经销企业的产品。供求关系呈现供过于求的特点时，销售人员的工作以寻找客户，销售产品为主；供求关系呈现供不应求的特点时，推销的主要任务是调剂余缺，合理分配货源。

二、销售人员的组织结构策划

人员推销采取何种组织结构，以便使它产生最高的工作效率，是一个重要问题。在实践中，销售人员的组织结构可依企业的销售区域、产品、顾客类型以及这三个因素的结合来设置。

(一) 区域式结构

区域式结构是指企业将目标市场划分为若干个销售区域，每个销售人员负责一个区域的全部销售业务。这是一种最简单的组织结构形式。企业实行区域式组织结构，需要决定销售区域的大小和形状。

（1）销售区域大小的确定。销售区域的确定可根据销售潜量相等的原则，也可以根据销售工作相等的原则来划分。

（2）销售区域形状的确定。销售区域形状的确定应综合考虑区域的自然形状、区域同顾客的分布状况、推销成本、便利程度等因素，以减轻销售人员的工作负荷量，降低成本，取得最好的推销效益。销售区域的形状主要有圆形、十字花形和扇形。

（二）产品式结构

产品式组织结构是指企业将产品分成若干类，每一个销售人员或每几个销售人员为一组，负责销售其中的一种或几种产品的推销组织结构形式。这种组织形式产品类型较多且技术性较强，用于产品间无关联的情况下的产品推销。

（三）顾客式结构

顾客式结构是指企业将其目标市场按顾客的属性进行分类，不同的销售人员负责向不同类型的顾客进行推销活动的组织结构形式。顾客的分类可依其产业类别、顾客规模、分销途径等来进行。很多国内外企业都按用户类型或用户规模来安排推销组织结构，使用不同的销售人员。这种形式的好处是销售人员易于深入了解所接触的顾客的需求状况及所需解决的问题，以利于在推销活动中提高成功率。顾客式组织结构通常用于同类顾客比较集中时的产品推销。

（四）复合式结构

复合式组织结构是指当企业的产品类别多、顾客的类别多而且分散时，综合考虑区域、产品和顾客因素，按区域—产品、区域—顾客、产品—顾客或者区域—产品—顾客来分派销售人员的形式。在这种情况下，一个销售人员可能要同时对数个产品经理或几个部门负责。

三、销售人员的规模策划

销售人员是企业最有生产价值、花费最多的资产之一，销售队伍的规模直接影响着销售量和销售成本的变动。因此，销售队伍规模是人员推销战略中一个重要的问题。它既受市场营销组合中其他因素的制约，又会影响到企业的整个市场营销战略。企业设计销售队伍规模通常有三种方法。

（一）销售百分比法

企业根据历史资料计算出销售队伍的各种耗费占销售额的百分比以及销售人员的平均成本，然后对未来销售额进行预测，从而确定销售人员的数量。

（二）分解法

这种方法是把每一位销售人员的产出水平进行分解，再同销售预测值相对比，以确定销售队伍的规模。

（三）工作量法

工作量法分为五个步骤：第一，按年销售量的大小将顾客分类；第二，确定每类顾客所需的访问次数，它反映了与竞争对手相比要达到的访问密度；第三，每类顾客的数量乘以各自所需的访问次数就是整个地区的访问工作量；第四，确定一个销售代表每年可进行的平均访问次数；第五，将总的年访问次数除以每个销售代表的平均年访问次数，即得到所需销售代表数。

四、销售区域策划

企业委派销售代表驻到一些地区负责产品销售，这些地区通常被称为销售区域。区域设计是人员推销策划的重要内容之一。无论是设计新的区域系统，还是调整现有的区域构成，企业都要考虑以下问题：区域要易于管理；各区域的销售潜量容易估计；能够严格控制推销旅途的时间花费；对销售人员来说，每个区域的工作量和销售潜量都是相等的，而且足够大。

企业要想满足这些条件，可以通过对区域单位大小和形状的确定而达到。设计区域大小主要有两种方法，即同等销售潜量法和同等工作量法。企业按同等销售潜量法划分区域能给每个销售代表提供相同的收入机会，并有利于企业衡量销售代表的工作绩效。由于各区域间长期存在的销售额差异反映出各销售代表能力与努力程度的不同，这就促使他们互相竞争，努力工作。

五、销售工作策划

销售工作策划是指对销售力量进行分配，即在销售队伍规模既定的条件下，销售人员如何在产品、顾客和地理区域方面分配时间和资源。

（一）时间安排

大多数市场的顾客都是互不相同的。因而，每位销售人员在做销售时间安排时总涉及这样三个问题：在潜在顾客身上要花多少时间；在现在顾客身上要花多少时间；如何在现有顾客和潜在顾客之间合理地分配时间。

对企业而言，时间安排通常表现为销售目标，有比较明确的规定。如果企业不规定，销售人员很有可能把绝大部分时间用于向现有顾客推销产品，从而忽视潜在顾客方面的工作。所以，企业进行人员推销战略时，必须重视销售时间的安排。

（二）资源分配

一支销售队伍通常要推销一系列产品，所以，销售人员必须寻求一种最为经济的方式在各个产品间配置推销资源。新产品的推销有时甚至要花上好几年时间才能使销售额达到最高水平。因此，企业在决策时不能仅看近期的销售额和利润率，而必须着眼于长远的利益，从战略角度来分配资源和时间，设计市场营销组合。

（三）销售计划

销售计划是指实现销货收入的一连串过程与计划，所以，销售计划的中心就是销货收入计划。更具体地说，就是根据销售预测，设定销货目标额，进而为能具体实现该目标而实施销售任务的分配作业，随后编定销售预算，来支持未来一定期间内的销售额的达成。

综上所述，销售计划的内容主要包括：决定销货收入的目标额、分配销售、销售预算的编定和实施计划。

第三节　人员推销管理策划

人员推销管理策划就是对企业销售体系进行控制和规范的策划，其目的是努力保持推销队伍的高素质和高效率，以便实现企业为人员推销工作所确立的目标。其主要内容包括：销售人员的招聘、销售人员的培训、销售人员的督导、销售人员的激励、销售人员的考评和销售人员的报酬制度。

一、销售人员的招聘策划

要组建一支高效率的销售队伍，关键在于选择有能力的优秀的销售代表。一般的销售代表与优秀的销售代表的业务水平有很大差异，如何挑选高效率的销售人员是人员推销策划的重要问题。

甄选销售人员的程序因企业而异，最复杂的甄选程序包括九个步骤：先行接见→填写申请表→面谈→测验→调查→体格检查→销售部门初步决定→高层主管最后决定→正式录用。上个步骤合格才能进入下一个步骤，以确保选出最优秀的销售人才，把好第一关。

（一）初步淘汰

初步淘汰包括先行接见和填写申请表两个阶段，其目的是防止明显不合格的人员仍继续参加以后各阶段的选拔，以节省甄选的时间及费用，提高效率。

初步接见由负责派发申请表的职员主持，该职员可凭申请人员的初步印象，决定是否给予申请表。初步接见淘汰的人通常很少。

（二）面谈

面谈是整个招聘工作的核心部分，任何一种任职招聘几乎都少不了这个环节。面谈是一种有目的的谈话，其目的是要增进相互了解。

（三）测验

测验是以更客观的方式，了解应聘者的个性及能力，并能以定量的方式分出各申请人在各种特性上的高低，便于比较衡量。

（四）调查

在测验合格后，就可对应聘人所提供的资料进行查证，以确认资料的真实性。调查可向申请人所提供的咨询人或其他与他有关的单位及个人查询，但要注意咨询人与申请人之间的关系，以便考虑其保证的真实性。

二、销售人员的培训策划

许多企业在招募到的新的人员之后，立即派他们去做实际工作，企业仅向他们提供样品、订单簿和销售区域情况介绍等。这些企业担心培训要支付很大的费用、薪金，会失去一些销售机会。但事实证明，训练有素的销售人员所增加的销售业绩要比训练成本大，未经培训的销售人员其工作并不理想，他们的推销工作很多是无效的。有远见的企业在招聘销售人员之后，都要进行几周乃至数月的专业推销培训。

（一）培训计划

培训计划需要明确以下问题：培训目标、培训时间、培训地点、培训方式、培训师资和培训内容等。培训计划的设计应考虑到新人培训、继续培训、主管人员培训等不同培训类型的差异。

1. 培训目标

培训目标主要包括发掘人员的潜能、增加销售人员对企业的信任、训练销售人员的工作方法、改善销售人员的工作态度、提高销售人员的工作热情、奠定销售人员的合作基础等。其目的是提高销售人员的综合素质，以增加销售量，提高利润水平。

2. 培训时间

培训时间要根据需要来确定。企业在决定培训时间时需要考虑以下情况：产品性质、市场状况、人员素质、要求的销售技巧、管理要求。

3. 培训地点

依据培训地点的不同可分为几种培训和分开培训。几种培训一般由公司举办，培训企业所有的销售人员。一般知识和态度方面的培训可采用几种培训，以保证培训的质量。分开培训是由各分公司自行培训其销售人员。

4. 培训方式

培训方式有在职培训、个别会议培训、小组会议培训、销售会议培训、定期设班培训和函授等。各企业可根据实际情况选择适宜的方式。

5. 培训师资

培训师资应由学有专长和富有销售经验的专家学者担任。任教者应具备如下条件：对于所授课程应有彻底了解；对于任教工作具有浓厚兴趣；对于讲授方法有充分研究；对所用教材随时进行补充和修正；具有乐于研究及勤于督导的精神。

6. 培训内容

培训内容常因工作人员的需要及受训人员已具备的才能而异。总的来说，培训内容包括：企业的历史、经营目标、组织机构、财务状况、主要产品和销量、主要设施及主要高级职员等企业概况；本企业产品的生产过程、技术情况以及产品的功能用途；目标顾客的不同类型及其购买动机、购买习惯和购买行为；竞争对手的策略和政策；公司专门为每种产品概括的推销要点及提供的推销说明；如何适当分配时间、合理费用，如何撰写报告、拟定有效推销路线等。

（二）培训方法

1．课堂培训法

这是一种正规的课堂教学培训方法。一般由销售专家或富有推销经验的销售人员采取讲授的形式将知识传给受训人员。这是应用最为广泛的方法，其主要原因在于费用低，并能增加受训人员的实用知识。

2．会议培训法

这种方法一般是组织销售人员就某一专门议题进行讨论，会议由主讲老师或销售专家组织，此法是双向沟通，受训人有表示意见及交换思想、学识和经验的机会。

3．模拟培训法

这是一种受训人员亲自参与并具有一定实践感的培训方法，已为越来越多的企业所采用。其具体做法又可分为实例研究法、角色扮演法和业务模拟法等。

4．实地培训法

这是一种在工作岗位上练兵的培训方法。在新来的销售人员接受一定的课堂培训之后即可安排在工作岗位上，由有经验的销售人员带领，然后逐步放手，使其独立工作。这种方法有利于受训者较快地熟悉业务，效果很好。

三、销售人员的督导策划

对销售人员的指导应该是多方面的，如销售人员时间的运用、访问日程表的确定、访问次数的确定、对客户销售目标和利润目标的设定、销售展示的准备和销售路线的规定等。

（一）制定现有客户目标和访问标准

企业按对各客户的销售额、可能获得的利润和业务发展潜力，将客户分为 A、B、C 三类或者更多类别，并规定每类顾客在一定时间内应接受访问的次数，访问次数的确定要看能从客户那里实现多少销售额利润。

对销售反应和利润反应与次数无关的客户，访问次数就可少一些；需经过多次访问才有较佳的利润反应的客户，则访问次数就可多一些。销售人员要决定客户的访问次数，必须准确求出客户的销售反应或利润反应。

（二）制定潜在客户目标和访问标准

除了访问现有客户外，销售人员也应发掘新客户，加速企业销售的成长。企业对销售代表发展新的客户实行奖励，并对销售人员在每一期内最少访问新客户的次数加以规定。

（三）时间使用的指导

要对销售人员的时间使用作有效地指导，须从研究销售人员如何活用时间着手。销售人员一天的时间分配包括：当天的计划、资料准备、说话方式准备、交通时间、等待时间、午餐时间、准备洽谈、实物示范、洽谈、请示和签约等。许多销售人员发现，每年的交通时间、等待时间竟多得意想不到，销售人员最重要的推销事物的时间却被占去了很多。只要能把洽谈的黄金时间稍增加一些，对于公司扩大销售力是极为重要的。要增加这方面时间，就应尽可能减少销售人员的事务性工作，而把这些工作集中到内勤人员身上去；或使推销路线合理化，以缩短交通时间；也可以研究访问技巧，以缩短等待时间等。另外，给销售人员配备新的技术装备，如手提式电脑等，也是很重要的。

四、销售人员的激励策划

激励也是对销售人员进行管理的重要内容。绝大多数销售人员都需要激励，良好的激励能使销售人员保持高昂的斗志和良好的精神状态，能使他们的潜力得到更充分地发挥，把销售工作做得更好。

（一）激励的方式

企业可以通过环境激励、目标激励、物质激励和精神激励等方式来提高销售人员的工作积极性。

1．环境激励

环境激励是指企业创造一种良好的工作氛围，使销售人员能心情愉快地开展工作。企业对销售人员的重视程度很重要。

2．目标激励

目标激励是指为销售代表确定一些可以达到的目标，以目标来激励销售人员上进。企业应建立的主要目标有销售定额、毛利额、访问户数、新客户数、访问费用和贷款回收等。

3．物质激励

物质激励是指对做出优异成绩的销售人员给予晋级、奖金、奖品和额外报酬等实际利益，以此来调动销售人员的积极性。物质激励往往与目标激励联系起来使用。

4．精神激励

精神激励是指对做出优异成绩的销售人员给予表扬，以此来激励销售人员上进，精神激励是一种较高层次的激励。

（二）竞赛激励策划

竞赛是企业常用的激励销售人员的方法。它可采取多种形式，充分发挥销售人员的潜力，促使销售工作的完成。

1．竞赛激励设置的原则

（1）奖励设置面要宽；

（2）业绩竞赛要和年度销售计划相配合，要有利于公司整体销售目标的完成；

（3）建立具体的奖励颁发标准，奖励严格按实际成果颁发；

（4）竞赛的内容、规则、办法力求通俗易懂，简单明了；

（5）竞赛的目标不宜过高；

（6）专人负责宣传推动，并将竞赛进行实况适时公布；

（7）要安排宣传推出竞赛的聚会，不时以快讯等方式追踪；

（8）精心选择奖品；

（9）奖励内容考虑要周全；

（10）竞赛完毕，马上组织评选，公布成绩结果，并颁发奖品，召开总结会。

2. 竞赛目标的设定

竞赛是利器，可以制胜也可以伤人，关键要看竞赛规则、奖励方式与竞赛的目的是否一致。一般竞赛目标有：提高销售业绩奖、问题产品销售奖、开发新客户奖、新人奖、训练奖、账目完好奖、淡季特别奖、市场情报奖、降低退货奖、最佳服务奖等。

3. 制订竞赛方案

制订竞赛方案需要对竞赛的主题、规划及注意事项，竞赛资格及入围标准，时段时机的选择，给奖方式及奖品的选择等做深入细致的准备。

4. 竞赛活动的管理与评估

竞赛活动是一项重要的活动，在销售主管的指导下，自始至终要有专人管理，一旦发现问题要能及时发现和弥补。在管理时要注意以下事项：

（1）预算管理。也就是先要进行成本分析。

（2）时间管理。竞赛要注意时间的掌握及时期长短的安排，在时机或时段上，最好要和全年度销售计划以及特殊季节、假日等因素相互配合。

（3）组织管理。竞赛期间，为了引起大家的注意，应不断地宣传，营造竞赛气氛。其他环节如存货的准备、后勤作业、送货及其他相关的配合都要谨慎，以免出现疏忽，影响竞赛效果。

（4）活动评估。竞赛结束应及时做正式的评估和分析，看目标是否达到，经验何在。

复习思考题

1. 为什么说人员推销也是生产性活动？
2. 为什么说销售人员是企业最有生产价值、花费最多的资产？
3. 人员推销管理策划的内容包括哪些方面？
4. 人员推销管理策划的激励策划包括哪些内容？

第十三章　公关策划

案例与相关衔接

满文军缺席酒井法子失踪只因缺乏危机公关意识

《史密斯夫妇》告诉我们一个道理：即使是再甜蜜的一对夫妇，彼此也有可能成为眼中钉肉中刺。不巧的是，这样一个事实居然在一天之内被中外两对明星夫妻证实。而更巧合的是，导火索居然还都是同一件事。

8月3日上午，北京朝阳法院对歌手满文军之妻李俐做出宣判：李俐容留他人吸毒罪名成立，判处有期徒刑1年，罚金2 000元。满文军曾向警方指证妻子涉毒，李俐称："他说的不是事实。"她同时希望媒体不要再用"某人的妻子"来称呼她。同一日，日本知名女星酒井法子的丈夫高相祐一因为随身持有毒品，被日本警方以涉嫌违反《兴奋剂取缔法》被逮捕。而酒井法子4日惊传下落不明，她的亲友已报警协寻。

多么雷同的情节，不是么？不出意外的话，酒井法子所谓的下落不明只不过是她的走为上策而已。身为艺人的酒井法子深深地知道，丈夫因携毒被逮捕后所会引发的一系列效应：被全国乃至国外的媒体紧盯不放不说，如果说日本警方怀疑她是共犯的话似乎也并非不可能。为了逃避铺天盖地的媒体干扰，为了保护自己尚且年幼的儿子，酒井法子有选择性的"失踪"似乎并不奇怪，这与作为李俐丈夫的满文军有选择性地"缺席"李俐的宣判又有着多么相似之处。

作为公众人物的明星们自然很注重自己的社会声誉，但比较令人费解的是这些在娱乐圈摸爬滚打多年的老油条们却是对危机公关意识无比淡薄。每逢出事之后，十有八九都是抱着鸵鸟心态，拖字诀为上，以鸵鸟头钻沙滩的精神不闻不问，不答任何相关的事情，希冀能够借此躲过去。可事实呢？事实往往是适得其反，越描越黑，直到无可遏制，身败名裂。就拿满文军的事情来说，今日李俐在法庭上的两句话，就足以让满文军所谓的公开道歉一文不值，大家看到的只是一个无情无义、胆小怕事、没有担当的男人。若是反过来想，满文军如果以相濡以沫的姿态出现在法庭给妻子加油打气，才不枉费一首《懂你》打造出来的好男人形象。罗马不是一天建成的，但罗马却是在一天之内被毁掉的。只可惜，满文军并没有意识到这一点。

至于酒井法子的失踪，其实也只能给人带来更多不利的猜测：譬如有人会猜测其实酒井法子和丈夫一起涉毒，因为丈夫被抓，酒井法子自感大事不妙提前跑路。如果并不属实，酒井法子岂不冤哉？而如果提前做好危机公关，以正面的形象支持丈夫洗心革面，以坚强母亲的形象教育孩子，对于自己的演艺事业又岂不会没有帮助？

案例例来源：http://www.ruanwen.cc/Html/Wjgg/case/3492300029.html

进入21世纪，中国传媒开始展现出蓬勃的生机与活力。

从平面媒体来看，在华南地区，以《南方周末》《21世纪经济报道》等全国性主流报纸给人们凸现了媒体本身应有的特质。像《南方都市报》等，由于是企业化的管理和运作，发展的速度十分迅猛。与华南相呼应的，在北方也有一些民营控股的媒体，其经营也开始呈上升的态势。而区域性的媒体，比如江苏的《现代快报》《南京晨报》，浙江的《都市快报》，湖南的《潇湘晨报》，武汉的《武汉晨报》，北京的《京华时报》《新京报》，上海的《青年报》《东方早报》等都以灵活的营销方式、大胆创新的内容，夺走了一些老牌报纸相当的市场份额。

而杂志，无论是专业、大众还是财经类型，由于其资源投入的低门槛性，使得新杂志的出现，如雨后春笋，比如在家电、汽车等领域。比如《南风窗》旗下的新《营销杂志》《销售与管理》《家电商情》《中国家电报道》等。

与此同时，随着纸质传媒的集团化运作，一个个报系和报业集团开始浮出水面，比如21世纪报系、南方日报报业集团、湖南电广传媒等。

互联网，在经历了刺骨的寒冬后，开始迎来属于它们的春天，"纳指"的飙升似乎可以提供一个明证。迄今为止，无置可否，互联网已经成为相当一部分人生活和工作中不可或缺的元素。它传递信息的速度和覆盖的范围，都是其他媒体无法企及的，甚至，有些令人感到不可思议。

那么，电视媒体呢？随着上星电视的数量增加，中央电视台垄断性的地位开始有所动摇，这个从这两年地方卫视台的崛起可以看出，比如湖南卫视的文娱节目、安徽卫视的电视剧场等，在全国范围内都有广泛的影响。去年他们在广州、上海等地推介会的成功召开，似乎已经表明，地方电视台已经不满足自身的那一亩三分地，开始向全国扩张，这无疑将构成对央视的挑战，虽然从目前来看，两者还不在一个等量级上。

广播电台，本应该归属电波媒体一类，之所以单独划出，是因为在人们认为广播电台已经式微的今天，随着私人轿车的增多以及出租车行业的日益发达，广播电台特别是交通广播电台的传播受众，其消费能力较以前有较大地提升，另外，高中和高校的学生群体，这批20世纪80年代出生的独生子，极具个性，崇尚自由和独立。他们的消费能力不可小视。因此，在今天，电台无疑将成为一个传播效率较高、投入成本低的媒体选择。

户外媒体，似乎已经开始摆脱原始、简单、创意迟钝等局面，朝着专业化方向发展，一些户外传媒已经在香港上市。

除此之外，随着改革开放步伐的进一步加快，一些国外的传媒巨头也开始进入中国。比如福布斯杂志、财富杂志、哈佛商业评论、商业周刊（中文版）、新闻集团旗下的星空传媒以及其合作媒体——凤凰卫视等。

面对传媒领域所发生的这些变化，如何找到与媒体有效沟通的方法与策略，则显得十分重要。而要掌握这些方法和技巧，首先应该对媒体进行细分和研究。对媒体进行分类，在我们的整合传播过程中，显得十分重要，它决定了我们传播资源的投向和比重。

对媒体的研究和细分

对媒体的研究和细分，是与媒介进行有效沟通的前提和基础。如何掌握媒体的特性，是至关重要的。

首先，我们要改变传统的媒体细分方式。在传统的媒体细分中，企业的传播或者对外宣传部门对互联网考虑甚少；对新出现的媒体关注度不够，对那些与三大门户网站或者专业网站进行新闻互动的媒体，我们没有足够重视，对广播等电波传媒还存在固有的偏见。另外，我们要改变单纯以发行量和覆盖面积来划分媒体的方法。因此，在媒体细分时，我们还要看自身的企业和产品品牌定位与媒体的匹配性、适应性。

在今天这样一个信息时代里，对互联网应该倾注足够的精力。三大门户网站虽然各有侧重，但是对新闻报道的及时性方面，都是相同的。另外，像慧聪商务网、中华商务网、中国家电网、和讯网、巨潮网等专业网站都有着其独特的优势，切不可小看。无论专业网站还是门户网站，都是记者和业内人士每天必看的媒体，是他们获取信息的主要来源之一；作为产品的高端用户主要是白领以上的阶层，他们的工作与互联网已经密不可分；作为潜在消费人群的学生一族，特别是高中和大学的学生，对互联网的接触已经十分频繁。综上所述，对互联网应该保持足够的重视和关注，并使之成为企业产品和企业形象传播的有效手段。

其次，媒体细分要有针对性。要根据该企业本身在产业链中所处的位置来考虑，消费品中，快速消费品和耐用消费品对媒体的运用不同。而工业品处于产业链上游、中游、下游等对媒体要求都不尽相同，有的差异很大。

对媒体细分，报纸方面，以常规的从媒体性质可以划分为大众类报纸（日报和晚报型）、专业类（行业和产品类）、财经类；按地域性质可以划分为全国性和区域性。电视台（广播电台）可以划分为央视和地方电视（广播电台）。按传播介质划分，可分为纸制媒体和电波媒体。

作为快速消费品，如果是日用消费品，其消费群体为平民大众，消费模式为感性与冲动性购买，因此，广告与新闻传播主要以都市和大众性的报纸为主，对电视媒体的选择，是选择央视还是地方卫视，则根据品牌本身的规模来定（全国性品牌与区域性品牌等）。

而耐用消费品，则应该考虑传播费用在全国性主流媒体与区域主流媒体的比例。耐用消费品，其品牌与企业形象对销售的拉动力较强，特别是企业包括企业家本人在社会各界的知名度和美誉度都至关重要。

第三，在媒体细分时，要注意同类媒体的差异性。比如同是都市类报纸，以南京的省级媒体为例，《扬子晚报》和《南京晨报》同为省级报纸，其差异性却有许多：一是发行量，《扬子晚报》比《南京晨报》要多；一是覆盖率，《扬子晚报》在全省的覆盖率比《南京晨报》高，但《南京晨报》在南京市区的覆盖率和达到率比《扬子晚报》要好。而在浙江，《钱江晚报》和《都市快报》同样如此。

与媒体记者保持互动

我发现许多公司在与记者沟通方面总出现"临时抱佛脚"这一现象，因此，记者写出来的稿件一般都只有骨头没有肉，或者说缺乏神韵，不能够很好地体现公司新闻传播的意图，那么如何低成本高效率地进行新闻的传播呢？与记者保持互动，是其中一个很好的方法。

那么，如何与记者保持互动呢？我个人认为，第一，是主动出击，让记者找到感觉。就我个人实践经验来看，我规定每周必须给记者发送公司网讯，当然，网讯的内容是可控和可传播的。科龙网讯的实施已经有两年时间了，我听到太多记者的赞誉，他们说，在中国家电行业，只有科龙是这样操作的。因此，许多记者给科龙登新闻，很多都出自科龙网讯上的消息。更为重要的是，通过这种方式，我与记者建立一种常规的沟通机制，让记者感受到，在日常生活中，有一个人和公司经常惦记着他们，而他们也通过这种方式，逐渐了解企业，并开始关注企业的发展，以至于对企业有着某种好感。当然，像企业内部的报纸和杂志就更应该寄给记者。

第二，急记者之所需，当他们的参谋和助手。我们知道，企业有很多调研报告和行业资料，这是记者没有的，再说，对于市场和产品，记者也是很陌生的。给他们及时提供一些他们所需同时又有利于公司传播的资料，从而拓宽了他们的视野。因此，对一些行业资料有意识地整理和提炼，然后通过记者之手来传播企业之声音，可谓一石两鸟。

第三，提高自己的素养，成为行业的专家，让记者乐意与你进行沟通。作为公司的新闻发言人，应该对市场营销、产品、技术、品牌、行业等相关知识有足够的涉猎和掌握，成为一个信息库和数据库。让记者觉得你有沟通的价值，能够给他的思路和文章提供一些借鉴和参考，这也是很重要的一个环节。

第四，善于借力借势。作为一个公司的新闻宣传经理，至少应该每周和记者间接或直接沟通两次以上。在与记者的沟通过程中需要有足够的新闻嗅觉，能够将他们目前的选题与公司的传播重点进行有机地结合，从而创造传播机会，这样，无论是从版面还是新闻的公信力，都会有较大的提升。

第五，及时反馈。无论是正面还是负面的新闻报道，我们要在第一时间对作者进行反馈。假如是一个不在网络或者档案里的记者对公司进行正面或积极的报道，那么，作为企业的新闻发言人，应该第一时间发出公司及个人的感谢信，并表达希望建立长期合作的愿望。另外，对负面消息的报道，通过对记者的沟通，我们可以了解是记者个人所为，还是编辑的原因，或者是媒介高层的因素。这样我们可以做到有的放矢，以最快的速度进行危机公关，从而化险为夷。

媒介信息通路的建立、维护和拓展

如果说企业是信息的制造商，那么媒介是信息的供应商，媒介信息通路的畅通与否，对新闻传播的效果有着至关重要的影响。那么，如何进行媒介信息通路的建立、维护乃至拓展呢？我个人认为从以下几个方面入手：

制度是媒介信息通路的基本保障。应该说建立一个媒介信息通路并不难，难的是对信息通路的维护和拓展。因此，有必要以制度的方式理性地去对待。那么，制度中应该包含那些要素呢？我认为，可以从媒介档案的管理、媒介沟通机制、媒介记者的接待以及对媒介记者的奖励机制等方面着手。比如档案管理，这里面就大有文章。一般人认为，档案就是个联系方式，那么这就错了，它应该很详细地记载着记者的联系方式、爱好、生日等资料，这样，我们可以从各个层面对记者进行情感的沟通。再说，记者的接待里面的细节如何把握、接车接机要注意什么、宴请时怎样点菜（符合记者胃口、注意控制费用、桌面上还要显得大方隆重）、资料的提供等都需要做详尽的考虑并规范下来，形成制度性的东西。那么，如何对记者进行奖励呢？以我个人的实践来看，在这两年中，进行了两届五星级记者的评选，以发稿的数量和质量作为考评依据。这样对一些关心企业，对企业新闻传播做出一定成绩的记者给予相应的回报，鼓励他们再接再厉。

另外，发现和培养一些骨干记者也是提升媒介通路质量与效率的重要途径。对记者来说，可分为以下几种：一种是可以利用的，但不可重用；第二种是可以重用的；第三种是惹不起但可以躲得起的类型；第四种是维护性质的。因此，我们要对第二种记者下大力气和大功夫。因为企业在一年当中的新闻亮点基本由他们来发出和操作。

第三，定期的编辑主任吹风会或者俱乐部性质的沟通会议也是一个很好的方式。定期与报社的编辑、经济部主任沟通，甚为重要。因为决定版面和标题乃至主题的是主任编辑与责任编辑。编辑一般很少出差，他们一般都是由记者升上去的，相对来说，他们的素养和道行都要深一些。利用这样一些方式，不仅可以让通路内的记者在发稿上处于有利地位，与此同时还可以圈一批智囊为企业服务，两者皆之，何乐而不为呢？

综上所述，皆为个人之陋见，其实，在新闻公关层面通过我们的实践和思索，我们会总结出更多的心得和体会，从而升华我们的智慧和能力。与此同时，也希望能够通过文字的交流来分享经验，指出不足，以求至臻。

资料来源：《南方周末》2013 年 12 月。

公关即公共关系，即企业通过一系列活动的运作来树立并维护企业的公共形象，传递企业文化，建立企业与社会间的沟通桥梁，有目的、有计划地影响公众心理，从而使企业处于一个良好的社会环境当中。

公共策划的得当直接影响到公众对企业的评价，所以在进行营销策划的过程中，特别要注意恰当使用公关策划，吸引更多公众对企业的好感。公关策划涉及面比较广泛，是一个交叉学科，综合运用了传播学、心理学、管理学等相关科学的知识，要求在进行公关策划过程中，不仅能正确使用相关的技能，还要具备全面的知识。

第一节　公关概述

"公共关系"一词是英语（Public Relations）的译称，人们习惯简称为"公关"（PR）。

由于公共关系学的建立是在上世纪初的事情，学科建立较晚，因此众多学者基于个人视角的不同，对公共关系有多种解释。有人说，公共关系是"人和"之学问；也有人说公共关系是对外争取谅解与支持，对内追求团结与和谐。国际上有关权威组织与学者均对公共关系下过众多定义，如国际公共关系协会（IPRA）的定义：公共关系是一种管理职能，它具有连续性和计划性。通过公共关系，公司机构与组织试图赢得与其有关的人们的理解、同情和支持。即对舆论的估计，尽可能协调其政策与措施；依靠有计划的、广泛的信息传播争取建设性的工作，以获得共同利益。

公共关系的本质就是社会组织为了塑造组织形象，使自己与公众相互了解、相互合作而进行的带有很强艺术性和科学性的传播活动。

第二节　公关策划程序

一、公关策划的范畴

公共关系常被解释为"争取对你有利的朋友"，公共关系是一门研究如何建立信誉，从而使事业获得成功的学问，"公共关系是指影响特殊公众的说服性传播"。

公共关系有三个基本要素，即公关主体——组织或个人，公关对象——公众，传播媒体——载体。公关行为是企业与社会沟通的行为，也是把企业的经营理念、经营主旨向社会传播并获得认同和好感的行为。公关的成功需要事先策划。

公关策划是指公关人员通过对社会公众进行系统地分析，利用掌握的知识和手段对公共关系的整体活动及其所采用的战略、策略的运筹规划。它不是具体的公关业务活动，而是公关决策的形成过程。它由策划者、策划依据、策划方法、策划对象、策划效果测定和评估等五个要素组成。

公关策划在企业整个活动中居于核心地位。公关的全过程包括公关调查、公关策划、公关计划、公关行动和公关效果测定五个部分。

公关策划是企业公关活动的原则、对象、方向、战略、策略和媒体选择等重要内容的源头。只有通过公关策划，才能产生公关活动的这一系列要素。

公关策划要遵循公关活动自身规律性的原则，这些原则是：

1. 求实原则

这一原则要求公关策划必须建立在对事实准确把握的基础上，掌握真实的信息，然后再做决策。公关策划首先考虑的不是技巧，而是对事实的准确把握，要通过种种办法收集关于公众情况的资料，收集关于组织与环境互补的情况的资料，收集双方可能存在的不平衡、不协调的种种事实。只有掌握了足够的事实，进而才能策划公共关系的行动计划。

2. 创新原则

这一原则要求公关策划要打破常规思维定式的束缚，刻意求新，别出心裁，使公关得以生动活泼，给公众留下难忘、深刻、美好的印象。创新策划常常采用"头脑风暴法"或称"脑力激荡法"，这是一种集思广益的方法，提倡出奇，不加限制，不加批判，不过早下结论，相互启迪激发思想火花，形成好的创意。

3. 弹性原则

这一原则要求公关策划必须对所策划的公关活动能留有余地，便于机动调节，便于做到"取法于上，得乎其中；取法于中，得乎其下"。

4. 伦理道德原则

这一原则要求公关活动策划时要遵循道德规范和行为准则。即不能弄虚作假，不能损害公共利益，不能参与隐匿活动，不能同时为两家竞争对手服务，更不能用社会上拉扯、吃喝的庸俗关系取代企业正常的公共关系。

5. 效益原则

这一原则要求公关策划要讲究企业及社会的经济效益与社会效益。通过公关策划，企业寻找捕捉信息的时机，帮助企业改善市场环境，通过与竞争对手的比较，促进企业的发展，同时尽可能地为社会做更多的贡献。

二、公关策划的一般步骤

公共策划一般包括六个步骤：

（一）收集公关信息

公关策划主要收集政府决策信息、新闻媒介信息、立法信息、产品形象信息、竞争对手信息、消费者信息、市场信息、企业组织形象信息和流通渠道信息等。然后对收集的信息进行处理和储存。

（二）确定公关目标

公关目标有长期目标和近期目标、一般目标和特殊目标之分。公共目标是一个复合目标系统，其内容包括：提高企业的知名度、信任度和美誉度；使企业与公众保持沟通过，并完善其渠道；依据社会环境的变化趋势，调整企业行为；妥善处理公关活动中的纠纷，化险为夷；帮助企业提高产品及服务的市场占有率等。

可见，公关目标的确定是在大量的调查研究和运用各种科学方法的基础上，来确定公关所要达到目标的过程。公关目标的确定既要使公关目标与企业的整体目标相一致，又要兼顾公关主体和公关对象双方利益，还要对公关目标的轻重缓急进行排序，并使目标尽量具体化。

（三）分析公关对象

企业由于本身的业种和态度的不同，分别有不同的特定公众。公共关系活动是针对不同的公众而以不同的方式展开的。公关对象的策划首先是要鉴别不同对象的权利要求，然后对其进行分析，找出共性和个性，分别采取一般性和特殊性的对策。

（四）公关策略策划

公关策略是为实现企业的公关目标所采取的对策和应用各种方法的总称。常用的公关策略有：社会性公关、维系性公关、矫正性公关和新闻性公关。公关策略策划就是围绕企业因时因地所使用的公关策略进行创意性的谋划。

（1）社会性公关策划是对以营利为目的的社会公益性公关活动的谋划，如开展普及性的教育，开展社会福利，以及其他的文娱、体育和环保等活动。

（2）维系性公关策划是一种维系企业良好的形象和稳定企业发展的态势，需要对外界进行不知不觉、潜移默化的公关活动，以稳定各方面的关系，稳定外界关系不致继续恶化，从而保证企业的生存与发展。

（3）矫正性公关策划是在企业蒙受损害时而采取的拯救性策划。矫正性公关一是矫正有关部门对企业的误解；二是矫正企业偶然失误或受挫给社会各方面造成的不良印象。对于社会的误解要有针对性的澄清事实、说明真相、沟通思想，从而挽回不良影响；对于自身的失误或受挫要冷静分析问题，树立重整雄风的坚定信念，勇于承认错误并以强有力的措施纠正失误，从挫折中奋起。

（4）新闻性公关策划是调动新闻界、舆论界为宣传本企业的良好形象而不遗余力。新闻宣传比起商业广告的社会震撼力更大、效果更好，而且不需花费巨额广告费用。做好新闻性策划对于提高企业知名度具有事半功倍的效果。

（五）公关时机策划

公关的最佳时机是在潜在公众向知晓公众转化之前。公共关系学中有非公众、潜在公众、知晓公众和行动公众四个级次。之所以说从潜在公众转向知晓公众这段时期是最佳时期，是由于一方面企业有时间来进行公关策划和开展公关活动；另一方面，此时企业公关人员如果主动提供必要的真实情况，可以避免公众产生偏见和误解，从而避免公众可能做出不利于企业的偏激行为。

企业常利用的公关时机有：企业创办或开业之际；企业推出新产品或新的服务项目之际；企业发展很快但声誉尚未树起之际；企业更名或与其他企业合并之际；企业出现局部失误或遭某方面误解之际；企业遇到突发性危机事件之际等。

（六）公关决策及效果评价

公关决策是对公关活动方案进行优化、论证与决断。公关优化主要从增强方案的目的性、可行性，降低耗费上下工夫。方案论证包括对目标的分析、对限制性因素的分析、对潜在的问题的分析以及对预期效果进行评价。

公关策划效果的评价方法包括定量分析和定性分析。定量分析主要分析公众对企业的兴趣度、企业活动的参与者人次、公关活动中接触的各阶层人次及其对企业公关活动的认同比例。定性分析主要分析企业公关活动产生的社会影响、各阶层的反应、活动的意义、对企业营销带来的影响等。

公共关系效果评估分为四个阶段，即重温公关目标、收集公关活动资料、分析资料评估成果以及给工作主管和全体公关人员作出总结报告。

公关行为的策划是对企业公关行为的指导思想到公关方式方法的系列行为的策划，最后对公关效果的评估是一个总结性的过程，通过评估可以充分认识公关策划在公关活动中的成效，并为今后进一步策划其他公关活动积累经验和教训。

第三节　公关专题活动策划

一、公关专题活动策划的内容

公关专题活动是指服务于组织整体公关目标的各项专题活动的总称。公关专题活动策划是对公关专题活动的 5W 进行策划。5W 即何事（What）、何时（When）、何地（Where）、何人（Who）以及为什么（Why）等五个方面。

（一）何事（What）

What 即为何进行公关策划。公关专题策划的内容大致有以下方面：

（1）典礼仪式。

（2）周年志庆。

（3）展销会。

（4）专题喜庆活动。

（5）专题竞赛活动。

（6）学术研讨会。

（7）社会公益活动。

（二）何时（When）

When 即公关专题策划的时机。公关专题策划应善于分析，"准时""准点"地掌握好专题活动开展的时机。

（1）重大事件发生的自然时间。

（2）社会生活中的节日和企业的纪念日。

（3）企业运行过程中所蕴含的时机。

（三）何地（Where）

Where 即公关专题活动举办的地点。一般选取事件发生地，目标公众所在地，交通便捷、人口流动较多的地点，以地利为佳。

（四）何人（Who）

Who 即参加公关专题活动的人员及规模大小的策划。以扩大影响为最终目的，以经济有成效为原则，根据专题活动的具体需要确定人员及规模。

（五）为什么（Why）

Why 即创造良好的氛围策划。为专题活动的展开进行必要的预报、铺垫。宣传和广告，使活动能形成良好的氛围。

二、公关专题活动策划的要求

公关专题活动策划要符合以下要求：

（一）诚信可靠

公关专题活动策划要保证举办者的动机单纯、可靠，而不带有商业欺诈的成分，不设圈套，不做笼子，不隐瞒事实真相，不引人误入歧途。

（二）富有引力

公关专题活动策划应富有文化内涵，抓住大众心理，同时具有启发性和趣味性，能引人注意，撩起人的心理共鸣。

（三）新颖别致

公关专题活动策划切忌步人后尘、一味模仿，要独辟蹊径、花样翻新，以形式上的多样化和手法上的奇特化显示其特色。

（四）影响力大

所策划的专题活动要产生一定的影响，影响越大，表明活动办得越成功。

（五）切实可行

要从实际出发，充分体现可行性。在活动经费的消耗上要考虑举办单位的承受力和活动投入与产出比。

除了满足上述要求以外，还要主要注意以下几点：明确策划专题活动的目的，制订周详计划；要对计划进行可行性研究；要设计令人耳目一新的标题和宣传口号；组织精明能干的实施团队；编制预算，控制经费开支；注意时间的安排，制订传播计划；加强活动前的宣传等。

第四节 公关新闻策划

公关新闻是指对有利于一个企业的建立、维持、发展和完善其形象的新近发生事实的报道。其主要职能有：帮助企业加强与社会公众之间的沟通和理解；矫正或纠正企业在社会公众心目中的不利、片面或失真、误识的形象；扩大企业的影响，维护和完善企业的整体形象。

企业公关新闻策划，是在服务于企业的公关总目标的原则下，对以事实为依据、最新信息的选择、加工、编辑、传播、反馈等一系列活动以及与新闻媒体关系为主的决策和谋划。就其广义而言，包括新闻选择、制作、传播的全过程，以及与企业打交道的新闻媒介关系的策划；狭义的企业公关新闻策划则仅指策划具有新闻价值的活动或事件，即制造新闻。

企业公关新闻策划包括新闻媒体的策划、新闻稿件的策划、新闻报道的策划、新闻活动的策划等。

一、新闻媒体的策划

新闻媒体包括印刷类传播媒体和电子类传播媒体。公关新闻媒体的策划就是选择合适媒体的谋划，就是选择合适媒体的谋划。各类媒体各有特点，对新闻媒介的策划就是在充分认识各类媒介的优缺点的基础上，对企业所需要的媒体进行选择，选择时一般依据企业公关目标、新闻传播内容以及社会效益和经济效益等原则，使新闻媒体选得切实、经济、可行，并收到预期的效果。

二、新闻稿件的策划

企业公关新闻稿件的策划，是对企业的大量信息进行挖掘、筛选、加工和编辑的过程，包括印刷类公关新闻稿件策划和音像图表类公关新闻稿件策划。策划内容包括：

1. 新闻题材的策划

即要选取最富有代表性、最具有新闻价值的题材。在选材上不拘泥于一点而要多角度、全方位地着眼于企业发生的新事物、新情况、新成就和新气象。

2. 新闻结构的策划

即对新闻材料的组合、安排的总体设计。常见的新闻结构有三种：

（1）本末倒置型结构。即先写事件的高潮及结果，然后倒叙回溯事件发生的原因和经过，以产生先声夺人、引人注意的作用。

（2）并列双峰型结构。即所报道的几个内容处于相同的重要位置，报道时两条线并列进行，然后在适当地方交代其相互的关联性的结构安排。

（3）顺流直下型的结构。即完全按事件发生的先后顺序，从源头写起，顺流直下，最后交代结尾的结构安排。

3. 新闻结构中重要成分写作的策划

即对新闻中标题、导语、主体、背景和结尾等五个部分的导语、主体和背景的策划。

（1）新闻标题的基本要求是准确、创新、鲜明、简练和生动，要有画龙点睛之妙。

（2）新闻导语包括叙述式、描写式和议论式等三种。新闻导语写作要求凝练、醒目、明快、生动、突出最主要和最新闻的事实，或提出问题、制造悬念，以吸引读者。

（3）新闻背景材料的策划。要写得全面、周详，又言简意赅；既简明准确又引人入胜。

（4）新闻主体的策划。即指新闻中的主要部分，对导语已被披露的要素做进一步地叙述，它是发挥主题的关键部分。其结构顺序一般采取时间顺序、逻辑顺序、时间顺序和逻辑顺序相结合等三种写法。主体写作的策划要围绕新闻的主题进行，应圆满地说明和回答导语中提出的问题，与内容和背景材料相呼应，所有的材料要真实、具体、充实并富有典型意义。

（5）新闻结尾的策划。结尾可采取小结式、启发式、号召式、展望式和分析式等，无论采取何种方式，都要求简明扼要、明确有力、富有内涵、引人思索。

三、新闻报道策划

企业策划新闻就是要最大限度地利用新闻媒体进行报道，使更多的公众加深对本企业的良好印象。新闻报道是将企业具有新闻价值的新闻准确、及时和最大限度地传导给新闻界，引导新闻界加以报道，常用的方法是举行记者招待会、新闻发布会和接受记者采访。

（一）记者招待会的策划

企业召开记者招待会一般要有具有新闻价值的重大事件发布。企业开好记者招待会一般要做好以下几方面的工作：确定主题；确定应邀记者名单；选择适当的时机；做好请柬发放工作；确定主持人；准备充分的发言提纲和报道内容；遴选会议的工作人员；布置会场；备好通信设施；安排好会议程序。

（二）新闻发布会的策划

新闻发布会是有关企业重大决策和重大发明对社会的公布。对其策划要掌握好分寸，既要引起轰动，又要注意保密，开好新闻发布会还要注意以下几个方面：邀请函件要送达同议题有关的人士；选择好场地，配备好通信设施；时间安排不要与重大节日冲突；会议时间不要太长，控制在 30~60 分钟；会前、会后邀请有关记者进一步采访；对来宾要一视同仁，不分亲疏、贵贱；要有正式的结尾，不能草率收场。

（三）接待新闻界的参观访问策划

企业与新闻界的联系，可以是新闻界主动的，也可以是企业邀请的；可以是有特定目的的，也可以是无特定目的的；可以是定期的，也可以是不定期的。企业接待新闻界的策划一般要做好以下工作：一是明确邀请对象及规模，视目的的不同而做适当的安排。联络感情式一般范围广、规模大、对象多；具体式相对集中。二是安排接送要守时，细节考虑周到，态度要热情，服务要到位。三是制订详细计划，对有关活动的细节进行细致的安排。四是配套服务，如提供工作场所、完备的资料、交通和通信设备等。

四、制造新闻事件的策划

制造新闻事件必须遵循的原则是真实性和不损害公众利益。一般要以一定时期内的热点话题制造新闻，要抓住"新、奇、特、变、异"去创意，并要善于利用特殊节日、社会名流所发散的光环来借冕获誉，借光生辉。

复习思考题

1. 公关专题活动的策划包括哪些方面？
2. 公关的最佳时机如何策划？
3. 公关专题活动策划要符合哪些方面的要求？
4. 公关新闻的策划包括哪些方面？

第十四章　广告策划

案例与相关衔接

什么是 DM 广告

DM——英文为 Direct Mail，译为"直邮邮件""广告信函""直接邮寄函件"等，是指具有个人资讯（Personal Information）的功能，通过 DM 的媒体进行寄递，创造顾客的一种方式。简单理解，DM 就是一种广告宣传的手段。

DM 的目的

DM 就是要最大限度地促进销售、提高业绩。其目的大致可归纳为以下几点：

（1）在一定期间内，扩大营业额，并提高毛利率。

（2）稳定已有的顾客群并吸引增加新顾客，以提高客流量。

（3）介绍新产品、时令商品或公司重点推广的商品，以稳定消费群。

（4）增加特定商品（新产品、季节性商品、自有商品等）的销售，以提高人均消费额。

（5）增强企业形象，提高公司知名度。

（6）与同行业举办的促销活动竞争。

（7）刺激消费者的计划性购买和冲动性购买，提高商场营业额。

DM 的特点

DM 快讯的特点在于直接、快速，更兼有成本低、认知度高的优点，为商家宣传自身形象和商品提供了良好的载体。

DM 的种类

因 DM 的设计表现自由度高、运用范围广，因此表现形式也呈现了多样化包括：

（1）传单型。

（2）册子型。

（3）卡片型。

DM 的派发形式

（1）邮寄。按会员地址邮寄给过去 3 个月内有消费记录的会员（邮寄份数依各店实际会员数而定）。

（2）夹报。夹在当地畅销报纸中进行投递（夹报费用为 0.10 ~ 0.20 元/张）

（3）上门投递。组织员工将 DM 投送至生活水准较高的生活社区居民家中。

（4）街头派发。组织人员在车站、十字路口、农贸市场进行散发。

（5）店内派发。快讯上档前二日，由客服部组织员工在店内派发。

广告策划内容——以一个房地产策划案为例

1．产品的调研

只有对楼盘进行充分地调研，才能找出了自身的弱点和优点，审视产品，摆正了迎战市场的恰当位置。这样，我们才能对症下药，才能在理性的基础上，充分发挥产品的优势点，策划才能行之有效。

（1）物业的定位。

（2）建筑、配套、价格的优劣势分析。

（3）目标市场的分析。

（4）目标顾客的特征、购买行为的分析。

2．市场的调研

或许有人讲，搞房地产项目靠的是经验，但须知，市场调研的目的是从感性的经验，结合不断变化和细分的市场信息，提升到理性的层次，科学地对所有在规划、推广过程中将出现的问题进行有效地预测。

在市场经济的竞争下，闭门造车或迷信经验终究是不行的。

（1）区域房地产市场大势分析。

（2）主要竞争对手的界定与 SWOT 分析。

（3）与目前正处于强销期的楼盘比较分析。

（4）未来竞争情况的分析和评估。

3．企划的定位

定位是所有广告行为开展的一个主题，就像一个圆心，通过项目的调研，制定楼盘定位，提炼 USP（独特的销售主张），提出推广口号，使楼盘突现其与众不同的销售卖点。

寻找最能代表目标顾客对家庭和生活方式的理解作为创作元素，以此作为广告的基调，并以艺术的方式放大，使广告更具形象力、销售力。

4．推广的策略及创意的构思

房地产广告，有的决策者是去到哪里，做到哪里，既没有时间安排，更没有周期概念。当楼盘无明显优势时，竞争显得激烈，则手忙脚乱，怨声载道。

房地产广告必须以有效、经济为原则，讲究策略性、计划性。

5．传播与媒介策略的分析

有人说，在媒体上的广告花费有一半是浪费的。确实，只有发挥好媒体的作用，才能使有限的广告经费收到最大的经济效益，广告公司为客户选择、筛选并组合媒体是为客户实现利润最大化。

整合传播则是围绕既定的受众，采取全方位的立体传播，在最短时期内为楼盘树立清晰的形象，并以持续一致的形象建立品牌。

（1）不同媒体的效应和覆盖目标。

（2）不同种类、不同时间、不同篇幅的报纸广告分析。

（3）不同种类、不同时间、不同篇幅的杂志广告分析。

（4）不同电视台、不同时段、不同栏目的电视广告分析。

（5）不同电台、不同时段、不同栏目的电台广告分析。

（6）不同地区、不同方式的夹报 DM 分析。

（7）户外或其他媒体的分析。

（8）不同的媒体组合形式的分析。

6. 阶段性推广总体策略

规范的市场营销对楼盘的推广是一套系统工程，根据市场反应结合施工进度，针对竞争对手，形成一套有效、经济的阶段性策略尤为重要。

7. 阶段性广告和媒介宣传

房地产阶段性广告创作要挖掘记忆点、找准利益点、把握支持点，以阶段性目标为指导，全方位地实施强有力的广告攻势，合理运用户外媒体、印刷媒体和公共传播媒体这各具优点的"三套车"，纵横交错，整合传播。

（1）广告的重点。

（2）广告的主题和表现手法。

（3）各类媒体广告的创意与制作。

（4）媒体的发布形式和频率。

（5）整合传播的策略。

（6）媒体发布的代理。

8. 阶段性促销活动的策略

促销的最大目的是，在一定时期内，以各种方式和工具来刺激和强化市场需求，达到销售促进的目的。

（1）促销活动的主题。

（2）促销活动的计划和实施监督。

（3）促销活动与销售执行的引导、建议。

（4）促销活动的效果评估和市场反应的总结。

9. 阶段性公共关系的策略

善于借用各种社会事件制造楼盘的新闻噱头，并利用新闻媒介进行报道、炒作，使楼盘被宣传，并能树立独特的形象。

10. 定期广告效果跟踪和信息反馈

广告效果监测是对广告行为产生的经济效益、社会效益和心理效益的一项检测。而市场反馈信息同时也是对下一轮广告行为的修正，以适应日益变化的市场，"一条道，走到黑"往往是不行的。

11. 定期跟踪竞争对手的广告投放

所谓"知己知彼，百战不殆"。在市场推广中，要及时地监测竞争对手的一举一动，对于营销竞争既能做到把握对手动向，防患于未然，也能对对手的营销变数能及时地作出反应和应对。

12. 推广成本预算和费用监控

广告预算的每一笔精打细算，不应该是简单地停留在对广告项目的竭力削减、项目费用的压价之上，而是应该贯穿营销决策的每一个步骤的始终，贯穿于广告周期的缜密安排，贯穿于广告主题的切实把握和广告媒体的有效选择之中。因为一个决策性的失误，往往会抵消几十次讨价还价的全部所得。

广告文案——以一款手机为例

（1）标题：我有我的混音天地

（2）正文：

嘿！相信吗？我的手机能让耳朵兴奋！只要一拿起它，我就能摇身变成混音师！

没错！就是飞利浦530！它独特好玩的BeDJ混音功能，只要通过几个按键就能把音效、节拍、乐器混得像鸡尾酒一样炫。更过瘾的是，我能把几首爱死了的曲子串起来，加一段，删一段，节拍随意变！亲自混出来的音乐，不仅能作为天下无双的铃声，惊动所有人的耳朵，还能通过多媒体短信（MMS）发送给死党们，让他们见识我的厉害！

（3）基本文案：有飞利浦530 BeDJ混音天地，音乐怎么HIGH怎么混，耳朵当然爽到根喽！

（4）产品口号：想怎么混就怎么混。

（5）LOGO、地址、电话、网址。

第一节　广告策划概述

广告是促销组合最重要的组成部分。广告是如今受到企业普遍重视和广泛应用的一种促销形式，也是顾客接触最多，对社会生活影响最大的促销方式。

一、广告策划的含义

广告策划是根据整体营销策略，按照一定的程序，对广告活动进行前瞻性地运筹规划活动。它以市场分析为基础，以广告定位、广告目标、广告表达、广告制作和使用为内容，以策划文本为直接结构，以效果评估为终结，追求广告活动进程合理化和效果最大化。

在理解广告策划时应该注意：广告策划决定于营销策略，服务于营销策划；广告策划必须依据一定的程序；广告策划必须以市场分析为依据；广告策划的核心内容是四大策略，创意是这四大策略的灵魂；广告策划的结果以文本为直接结构，以效果评估为终结，追求广告活动进程合理化和效果最大化。

二、广告策划的内容

广告策划做得好会收到意想不到的效果。广告策划及广告总体策划、广告设计策划、广告制作策划、广告使用策划。其中广告总体策划的内容包括广告目标、广告信息、广告预算、广告媒体等；广告设计策划的内容包括广告主题、广告定位、广告表达等；广告使用策划包括广告时间、广告效果测定等方面的内容。

三、广告策划的诉求对象

从某种角度考察，广告活动实际上是一种信息的流动过程。广告策划者从广告主这一始端获取广告主题信息，进行加工、升华，设计制作成广告作品这种新的异于原信息的信息产品，然后，通过媒体流向终端——广告受众，即广告接受者。

广告诉求对象就是广告活动意欲传达广告信息，从而引起其购买兴趣和欲望，最终促使其完成购买行为的受众。因此，广告诉求对象的确定对于广告活动而言是牵一发而动全身的，广告诉求对象的确定"失之毫厘"则"差之千里"。因此，广告诉求对象的确定要反复论证，慎之又慎。

四、广告策划的基本原理

在进行广告策划时应注意一些基本的原理。

（一）塑造信息来源的可靠性

该原理表明一个开始就可信的来源，信息的来源的重要性随时间而下降这一现象被称作睡眠者效应。这里也可以得出几个结论：如果广告主正在尽可能地切断与广告的联系，尤其是受众认为制造商正在试图抛售时，该效应可能是有益的；另一方面，当来源可靠性很重要时，应该安排广告的播出时间，使来源反复出现以强化信息。

（二）优缺点的平衡

在广告策划时，我们常常面临一个问题：应该只强调品牌的优秀和突出的特性，还是应该同时也提及其缺点。传统的观点是"迈出你最好的那只脚"。换言之，信息应该被设计用来仅仅强调产品的有利方面。传播领域的新近研究对不加选择的详述有利方面的实用性提出了质疑。该研究有以下发现：

（1）对于一开始就反对所陈述观点的人来说，列出问题的两个方面比列出一个方面更有效。

（2）教育水平较高的人更容易受到两个方面陈述的影响；教育水平较低的人更容易受到只给出支持理由的信息的影响。

（3）对于已经被陈述观点说服的人，陈述两方面不如直接陈述有利于原来的观点的方面。

（4）在已经被说服的教育水平很低的人群中，两方面陈述的效果最差。

（5）遗漏的有关论点在陈述不利方面时比仅陈述有利方面则更为引人注目。

由此可见，在广告策划时，优缺点的陈述应该是平衡的。

（三）根据学习理论

随时间进行，来自多方位的反复加强可以提高学习效果。但是一些人认为，虽然主题应该保持，但陈述的信息应该有所变化。

传播研究对重复的价值提出了质疑。研究发现，重复可以使学习达到一定程度。

之后，学习水平下降并且有可能产生厌烦和失去注意力。因此广告主必须根据学习曲线的形状，在该曲线变缓时发展新产品主题。

（四）理性吸引力与情感吸引力

对广告中的理性吸引力和情感吸引力的研究尚无定论。一些研究显示情感吸引力肯定有正面作用。但是，除非广告已经以理性说服目标受众产品将满足需要，否则激起情感反应不会有什么效果，但只强调一种吸引力——理性的或情感的都是不够的。广告主必须在情感和理性吸引之间找到平衡。

（五）比较广告

比较广告是指通过明确指出竞争品牌的不同产品或服务的特点，将某品牌与一个或多个竞争品牌相比较。20 世纪 70 年代早期比较广告在美国很流行，今天可以发现所有形式的商品和服务都是使用比较广告。虽然比较广告和单独广告哪一个更有效尚无定论，但对此的有限研究显示在某些情况下，比较广告更为有效。

第二节　广告总体策划

广告总体策划的内容包括：明确广告目标、确定广告预算、选择广告信息和选择广告媒体等。

一、明确广告目标

通常，企业广告的目标可以分为信息性目标、说服性目标和提醒性目标。营销人员在确定某一广告方案的目标时，可以先明确某一目标的主要内容，然后尽量使之量化。

（一）信息性目标

即以向顾客提供有关产品的各种信息，以便使顾客对该产品产生初步的需求为目标。这些信息可能是产品的名称、生产厂家、性能、用途、技术、质量特征、价格和服务等。这类目标的数量化指标通常有知名度、记忆率和理解度等。这类目标通常是广告上市初期应该完成的。

（二）说服性目标

即以说服顾客购买为目标。其具体内容可能是培养品牌偏好、提高顾客的品牌忠诚度、改变顾客对产品的认识、说服顾客改用本企业的产品、说服顾客立即采取购买行动等。这类目标着重于宣传产品特色或优点。使顾客相信本企业产品好于其他产品，因此常常是企业在成长期和成熟期、市场竞争比较激烈的时期应该追求的目标。其数量化指标包括市场占有率、品牌偏好度、广告前后的销量等。

（三）提醒性目标

即以提醒老顾客继续购买产品或使之确信自己的选择十分正确为目标。其具体内容包括维持较高知名度、再次唤起顾客的需求、强化满意度等。

二、确定广告预算

(一) 确定广告预算应考虑的因素

在企业的广告目标确定之后，企业即可确定广告预算，即确定在广告活动上应花费多少资金。但在实践中，确定广告预算是一件十分棘手的工作，造成这种困难的原因：一是广告促销效果的不确定性；二是选择预算制定方法比较困难和影响预算制定的因素比较复杂。这里着重说明广告预算时应考虑的一些因素。

(1) 产品在其市场生命周期中所处的阶段。

(2) 产品市场占有率的高低。

(3) 产品替代性的强弱。

(4) 某一行业对广告促销方式的依赖程度。

(二) 确定广告预算的方法

企业确定广告预算的方法主要有三种。

1. 量力而行法

尽管这种方法在市场营销学上没有正式定义，但不少企业确实一直采用。即企业确定广告预算的依据是它们所能拿得出的资金数额。也就是说，在其他市场营销活动的经费被优先分配之后，尚有剩余者再供广告之用。企业根据其财力情况来决定广告开支的多少并没有错，但应看到，广告是企业的一种重要促销手段，企业做广告的根本目的在于促进销售。因此，企业在做广告预算时要充分考虑企业需要花多少广告费用才能完成销售指标。所以，严格来说，量力而行法在某种程度上存在着片面性。

2. 销售百分比法

即企业按照销售额或单位产品售价的一定百分比来计算和决定广告开支。这就是说，企业按照每完成 100 元销售额需要多少广告费来计算和决定广告预算。

3. 竞争对等法

企业比照竞争者的广告开支来决定本企业广告开支的多少，以保持竞争上的优势。在市场营销管理实践中，不少企业都喜欢根据竞争者的广告预算来确定自己的广告预算，造成与竞争者旗鼓相当、势均力敌的对等局势。要确保新上市产品的销售额达到同行业平均水平，其广告预算必须相当于同行业平均水平的 1.5~2 倍。这一法则通常被称为派克汉法则。

三、选择广告信息

广告信息决策，就是通过广告应向目标受众传达什么信息以及以怎样的形式表达这些信息。这项决策可以具体分为三个步骤：信息的内容、信息的选择和信息的表达。

(一) 广告信息的内容

广告信息的内容直接影响广告的促销效果。营销人员必须首先发现各种可供传达的信息，才可能最后找出最应该传递的信息即广告主题或广告诉求。发掘广告信息的方法和渠道多种多样，其中以向消费者、经销商、竞争企业收集信息的方法最受专家推崇。营销人员可以通过营销调研方法寻找、归纳、分析、推理，以获得有价值的广告信息。

（二）信息的选择

信息的选择就是从各种备选的广告信息中，找到最能引发大多数顾客需求的信息作为广告主题。广告信息一旦被选作广告的主题，则要进行较长时间的重复发布，改变信息的内容和表达方式需要相当高的成本。因此，必须对广告所要表达的信息进行审慎的选择。通常，同一广告不宜表达太多的信息，好的广告往往集中表达某一主题。

（三）信息的表达

信息的效果不仅取决于内容，而且取决于表达形式。广告信息表达形式是一个具有高度专业性的技术性问题，它常常涉及美术、文学、心理学、摄影等专业领域。而且，不同媒体的广告，其表达形式的侧重点也有很大差别。

（四）选择广告媒体

企业媒体计划人员还必须评估各种主要媒体到达特定目标的能力，以便解决采用何种媒体的问题。主要媒体有报纸、杂志、直接邮寄、广播、户外广告等。这些媒体在送达率、频率和影响价值方面互有差异。通常，广告媒体可以区分为电视、报纸、广播、户外广告等几种类型。每种媒体都有其优点和局限性，企业在选择媒体类型时必须综合考虑多种因素。

1. 各媒体的优缺点

（1）报纸的优点是弹性大、及时、对当地市场的覆盖率高、易被接受和被信任；其缺点是时效短、转阅读者少。

（2）杂志的优点是可选择适当的地区和对象、可靠且有名气、时效长、转阅读者多；其缺点是广告购买前置时间长、有些发行量是无效的。

（3）广播的优点是大量使用、可选择适当的地区和对象、成本低；其缺点是仅有音响效果，不如电视吸引人、展露瞬间即逝。

（4）电视的优点是视、听、动作紧密结合且引人注意、送达率高；其缺点是绝对成本高、展露瞬间即逝、对观众无选择性。

（5）直接邮寄的优点是沟通对象已经过选择、有灵活性、无同一媒体的广告竞争；其缺点是成本比较高、容易造成揽寄的现象。

（6）户外广告的优点是比较灵活、展露重复性强、成本低、竞争少；其缺点是不能选择对象、创造力有限等。

2. 影响媒体决策的因素

（1）沟通对象目标媒体的习惯。不同的人群往往具有不同的媒体习惯，因而使某些媒体特别适合于向特定人群传递广告信息。

（2）产品的性质与特征。不同的产品需要向目标顾客传递的信息是不同的，而不同的媒体在表现商品特征的能力上也是有所差异的。

（3）信息的性质与特征。信息的时效性要求、信息量及信息的复杂程度等因素往往决定着媒体的选择。

（4）媒体成本。这是企业选择媒体类型时优先考虑的因素。企业在考虑媒体成本因素时，不仅要分析绝对成本，还要分析相对成本即把成本与效果加以比较。

3．评价广告媒体的指标

企业选择广告媒体，依据是各种广告媒体的评价指标，主要包括以下内容：

（1）每千人媒体接触者的费用

在实际工作中，运用每千人媒体接触者费用还需作进一步分析：媒体接触者是否均是广告的目标对象；是否所有媒体接触者都已看到商品广告；是否不同媒体之间的影响力存在差别。

（2）观（听）众率

掌握媒体信息传播的观（听）众率，有助于帮助企业认识到：单靠某一媒体做广告是很难达到预期效果的。在为企业进行媒体选择时，可以同时选用几种能接近消费者的媒体发布广告，使观（听）众率达到预定的要求。

（3）掌握信息传播平均频率

掌握信息传播平均频率有助于在拟定媒体计划时，确定在什么时期利用媒体传播信息的次数，也就是在一定时期内，使广告在消费者眼前重复出现的次数。这样做的目的在于增强媒体传播信息的诉求认知能力，扩大信息传播的覆盖面。

第三节　广告设计策划

广告设计策划的内容主要包括广告定位策划、广告主题策划和广告表达策划等。

一、广告定位策划

广告定位的方式主要有抢先定位、强化定位、比附定位、逆向定位和补隙定位等。

（一）抢先定位

抢先定位是指企业在进行广告定位时，力争使自己的产品品牌第一个进入消费者的心目中，抢占市场的第一位置。一般来说，最先进入人们心目中的品牌，平均比第二品牌在长期市场占有率方面要高较多，而且此种关系是不易改变的。

（二）强化定位

强化定位是指企业一旦成为市场领导者后，还应不断地加强产品在消费者心目中的印象，以确保第一的地位。实行强化定位应做到如下两点：不断加强消费者起初形成的观念；绝不给竞争者以可乘之机。

（三）比附定位

比附定位是指企业在广告中，不但要明确自己现有的位置，还要明确竞争者的位置。竞争者的位置与自己的位置一样重要甚至更加重要，企业采用比较的方法设法建立或找到自己的品牌与竞争者的品牌、自己想要占据的位置与竞争者已占据的位置之间的关系，使自己的品牌进入消费者的心目中，或用比较的方法在消费者心目中开拓出能容纳自己品牌的位置。

（四）逆向定位

逆向定位是指企业在进行广告定位时，面对强大的竞争对手，寻求远离竞争者的"非同类"的构想，使自己的品牌以一种独特的形象进入消费者心目之中。

（五）补隙定位

补隙定位是指企业在进行广告设计时，根据自己产品的特点，寻找消费者心目中的空隙，力求在产品的大小、价位和功能等方面独树一帜。只要悉心研究，企业在广告定位时就能找到所需要的空隙。

二、广告主题策划

一般来说，广告主题形式有三类：理性主题、情感主题和道德主题。

（一）理性主题

理性主题是直接向目标顾客或公众诉诸某种行为的理性利益，或显示产品能产生的人们所需要的功能利益与要求，以促使人们作出既定的行为反应。产品购买者通常对理性主题反应最明显，因为产品购买者的购买行为往往是理智的。

（二）情感主题

情感主题是试图向目标顾客诉诸某种情感因素，以激起人们对某种产品的兴趣和购买欲望。

（三）道德主题

道德主题是以道义为广告主题，使广告接受者从道义上分辨什么是正确的或适宜的，进而规范其行为。

三、广告表达策划

广告表达策划涉及表达结构、表达形式与广告发送者。

（一）广告表达结构

广告表达结构包括结论、论证方式以及表达次序三个方面。

1. 结论

广告可以向接受者提供一个明确的结论，用以诱导消费者做出预期的选择，也可以让他们自己去归纳结论。在某种情况下，提出一个过于明确的结论会限制人们对这一产品的接受。

2. 论证方式

在产品的广告传播上，广告是一味地赞誉某一产品，还是在赞誉的同时提及它的某些缺点，这对广告的说服效果有一定影响。这是两种不同的论证方式，即单向论证与双向论证。采用哪种论证方式使广告更有说服力，取决于广告接收者对产品的既有态度、知识水准和教育程度。单向论证在接受者对产品已先有喜爱倾向时，能发挥很好的效果；双向论证持对有否定态度或具有一定知识水准的接收者更为有效。

3．表达次序

表达次序是指广告信息传递是首先从最强有力的论点开始，还是留待最后才提出。在单向论证时，首先提出最强有力的论点可以立即吸引目标顾客注意并引发他们的兴趣，尤其是报纸广告和杂志广告，由于顾客只是有选择地阅读，所以必须用强烈的论点来引起他们的注意。

（二）广告的表达形式

有说服力的广告要求广告信息设计具有吸引力的表达形式，即选择最有效的信息符号来表达信息内容和信息结构。广告表达通常受到媒体的制约。

1．媒体自身特点的限制，即媒体所能提供的信息的内容。如有的信息只能用文字传播，有的则只能用声音传播，而所能传播的又只能是有限的信息内容。广告媒体自身的特点对广告表达格式的限制，要求在选择与媒体相对应的信息符号的同时，注重表达格式因素的个性化、艺术化，从而增加广告的审美价值和性格特征，以增强广告的效果。

2．广告表达格式还要受到广告所利用的媒体的时间与空间的制约。例如，报纸、杂志的版面限制，广播、电视的时间限制。

（三）广告发送者

广告的说服力还受到广告发送者的影响，广告发送者的可信性越强，信息就越有说服力。在研究广告发送者的可信度与广告说服力的关系时，广告接受者对广告发送者与广告信息的态度或者一致或者不一致。如果双方持不同态度，那么，态度的变化趋向是个人的态度会朝着促使两种评价趋于一致的方面转变，这就是所谓态度改变的协调论。这一理论说明，广告发送者可以利用他们良好的公众形象来影响或改变人们对商品所持有的态度。

第四节　广告制作策划

在进行广告制作时应该注意广告作品的构成以及把握广告制作的具体过程，这些都应该在广告策划书中有所体现。

一、广告作品的构成策略

广告作品的构成，可分为视觉形象要素和听觉形象要素。视觉形象要素又可分为文字形象要素和图画形象要素两大部分。

（一）文字形象要素

广告文字是基于推销原理，直接或间接引起读者购买行动的文字。它要求简洁凝练、用词准确、通俗易懂、主旨突出。

不论是通过什么媒介做广告，文字都要简洁凝练。准确是指广告语言要用到实处，体现准确性。主旨突出就是说广告语言一定要全力突出广告主题与销售重点，商品的一般特性可略去不提，什么特性都宣传出来，面面俱到，反而不能给消费者留下深刻的印象。

（二）图画形象要素

广告仅靠文字表述是远远不够的，因为它对消费者的视觉和心理只能起到一定程度的刺激。而图画是为视觉所能直接感觉到的一种造型艺术，它可以以多种手法展现出多彩的商品世界。图画是一种文字形式的必不可少的补充。从创作内容上来看，它可以分为几种类型：直接或局部地展示商品本身；以背景烘托为主；以表现商品使用前后的效果为主体；以使用过程中动态的商品为表现主体。但无论采用哪种形式，都要遵循图画表现的基本原则，恰到好处地使用图画的表现技巧。

（三）听觉形象要素

听觉形象的构成要素，一般在广播、电视、录像等广告中使用，包括广告词、音乐和音响三个部分。

（1）广告词与报纸、杂志所刊载的广告文稿是有区别的，因为它属于听觉形象要素，是通过声音来传递信息的，因此一定要保持语言的口语化，少用修饰语，要简明易懂，突出重点。

（2）广告音乐包括广告歌曲、广告器乐曲以及声乐、器乐相结合的各种形式。它具有营造氛围、突出情调的作用；能引起听众的兴趣，使广告生机盎然。另外有些用语言无法表达出来的细腻情感，用音乐却可以恰到好处地展示出来。音乐选择得当，还能起到突出广告主题的作用。

（3）广告音响包括环境音响、产品音响、人物音响等。它可以通过人们的听觉联想产生比画面更丰富、生动的形象。广告使用的音响，一定要选择得当，要清晰悦耳，不能出现任何嘈杂不堪、损害广告词的声音。

二、广告制作过程策划

企业应根据各种广告媒体的不同特点和商品本身的特性、功能等，来选择合适的传播媒介。在制作过程中，企业要尽可能地将某种广告媒介的优势发挥出来，取得理想的宣传效果。

（一）报纸广告制作

报纸是广告四大媒体最主要、最常见的一种形式，它的使用历史也最长。同广播广告、电视广告相比，它的突出特点是信息量大。报纸广告可以占据半版、一整版甚至两版的篇幅，详细地向读者介绍商品信息。报纸广告还具有较强的记录性、保存时间长、可以反复阅读和查找等特点。

报纸广告的制作过程包括：首先，根据前期的构思，画出广告草图，并制作标题；其次，确定标题和广告正文分别采用什么字号、字体；再次，将草图送至广告客户处征询意见并做修改，制成终稿草图；最后，将终稿草图进一步修改，制成广告画稿，送去制版印刷。

在报纸广告的制作中，要住注意版面选择、广告位置和广告表现形式的变化。

（1）广告版面是指广告刊发的面积。广告版面越大，费用越高。但是一个大的广告版面可以安排较多的广告内容，在编排上有较多的选择余地；而小版面要求内容必须集中，编排艺术性要求更高、更严格。大版面适合于新产品广告、综合性广告、单发性广告；小版面较适合于老品牌广告、持续性广告等。

（2）广告的位置是指在报纸版面上所占的区域，包括两方面的内容，一是自然版序，二是版面的空间区域。自然版序中，第一版的广告最具有强势，最能吸引读者视线。版面的空间区域又叫区位，区位是这样安排的：左上部、右上部、左下部、右下部。根据人的视线移动的规律，一般是沿着左上→右上→右下→左下的顺序移动，因此，读者的注目率通常是左半版优于右半版，上半版优于下半版。按照版面的区位来分，读者的注目率由高到低依次是左上版、右上版、右下版、左下版。

（3）在报纸广告的表现形式上，应该善于创新，灵活多样。如运用边框变化、色彩变化、字体变化、图形变化、空白变化等各种形式与相邻的其他广告相隔离、相区别，显示出自己的独特面来。

（二）杂志广告制作

杂志在广告传播的深度上位于四大媒介之首。在设计制作上，杂志广告与报纸广告如出一辙，但在色彩、形式的运用上有自己的特点。

杂志广告印刷技术精细，色彩鲜艳逼真，比报纸广告效果好得多。报纸广告上难于表现的色彩效果在杂志上可以表现得栩栩如生。因此杂志广告大多采用彩色广告为主，尤其是摄影广告，所占篇幅最多。在广告的布局上，杂志广告往往以图片为主，文字部分短小精悍。杂志版面的刊登位置、效果与报纸广告大致相同，也是左半部比右半部好，上半部比下半部好，大版面比小版面好。杂志每页的的内容都纯而不杂，对广告的影响较小。其设计制作方法也是灵活多样。

（三）广播广告制作

广播广告是一种诉诸听觉的广告艺术，它靠声音来传播，而声音又是转瞬即逝的，所以充分把握这一有声无形的特性，是制作好广播广告的关键。

广播广告的广告词一定要是精练的口语用词，而且要突出重点，不拖泥带水。广告词的开头要有特色，最好在听众有意无意之间就能把他们的注意力吸引过来。广播音乐也是许多广播广告中必不可少的，但在设计上一定要匠心独运，否则与广告内容不协调反倒会弄巧成拙。音乐必须打动人心，从而能够补充和加强语言艺术。为了保持深入持久的效果，音乐应尽可能地有助于表现主题形象，影响人们的情绪、情感。

广播广告有不同的播出形式：如节目广告，由广告主向电台提供节目，并在节目中插入这些企业的广告；如插播广告，安排在节目与节目之间播出；再如特约广告、赞助广告等。

（四）电视广告制作

电视因其完备的视觉形象和听觉形象传播，已成为影响最广泛的广告传播媒介。在电视广告的制作中，首先要重视蒙太奇语言的运用。蒙太奇是由镜头组接所构成的特殊影视语言，这种高度动感的语言是电视广告成功的关键。因此，电视广告拍摄镜头的选取和组合是十分重要的。不同的镜头衔接会给人带来不同的感受。

对于不同的拍摄对象，电视广告可以采用不同的手法。如对于商品实物、商品实景、厂房车间、生产流程等可采用写实手法，还可用夸张的动画形象来增强某些广告的生动性和趣味性，或是以图片的形式让画面固定下来，给观众以深刻形象。

电视广告的表现要简明、有力。因为广告的时间分秒如金，应使每句话、每个动作都有实在的内容。电视广告同广播一样，一定要使开头部分有特色，在广告开始的几秒钟之内就要把观众的注意力吸引过来。整个广告的进行，一定要重点突出。在电视广告中，重要的是要让观众记住产品及其名字，至于其他，无需在电视广告中多加说明。

第五节　广告使用策划

广告的使用主要应该注意两个环节，即广告使用时间和广告使用后的效果评价。因此广告使用策划主要包括广告使用时间策划和广告效果评价策划。

一、广告使用时间策划

广告使用时间是指广告发布的具体时间和频率的合理安排。广告时间策划要视广告产品的生命周期阶断、广告的竞争状况、企业的营销策略、市场供求变化等多种因素的变化而灵活运用。广告时间策划运用得是否得当，对广告效果的影响很大。

（一）广告时间策划

广告时间策划在时限的运用上，主要有集中时间策略、均衡时间策略、季节时间策略和节假日时间策略。

（1）集中时间策略是指集中力量，在短时间内对目标市场进行突击性的广告攻势。其目的在于集中优势，在短时间内迅速扩大广告声势，增强广告的影响，迅速地提高商品或企业的声誉。这种策略，运用于新产品投入市场前后、新企业开张前后、流行性商品上市前后、广告竞争激烈时以及商品销售量急剧下降时。运用这种策略时，一般都采取媒体组合方式，掀起广告热潮。

（2）均衡时间策略是一种有计划地、反复地对目标市场进行广告的策略，目的是持续加深消费者对商品或企业的印象，保持其在消费者头脑中的记忆度，发掘市场潜力，扩大商品知名度。使用该策略时应注意广告表现要有变化，要不断给人以新鲜的感觉，广告的频率疏密也要有适当的变化，不要长期重复同一广告内容。

（3）季节时间策略主要用于季节性很强的商品广告，一般在销售季节到来之前就要展开广告活动，为销售的到来做好信息准备和心理准备。在销售旺季，广告活动达到高峰；旺季过后，广告要收缩；销售季节未结束，广告便可以停止。这类广告策略，要掌握好季节性商品的变化规律，过早的开展广告活动，会增加广告费；过迟会延误时机，直接影响商品销售。

（4）节假日时间策略是零售企业和服务行业常用的广告时间策略，即在节假日之前开展广告活动。这类广告策略，要求有特色，把品种、价格、服务时间以及特殊之处等信息突出地、快捷地告知消费者。

（二）广告频率策划

广告频率是指在一定广告周期内广告发布的次数。广告可以根据需要，交替运用固定频率和变化频率。

1. 固定频率

固定频率是均衡广告策略常用的频率，以求有计划地、持续地取得广告效果。固定频率有以下两种序列类型：

（1）均匀序列型。广告的频率按时限平均运用，如每旬 10 次，每天 1 次；或每旬 10 次，每隔一天 2 次。

（2）延长序列型。广告的频率固定，但时间间隔越来越长。

2. 变化频率

变化频率是广告周期内用每天广告次数不等的办法来发布广告。变化广告频率使广告声势能适应销售情况的变化，包括几种时间广告策略、季节和节假日广告时间策略，其目的是借助广告次数的增加推动销售高潮的到来。变化频率有以下三种序列类型：

（1）波浪序列型。这是广告频率从递增到递减的变化过程，这一过程使广告周期一周内的频率由少到多，又由多到少地起伏变化。波浪序列型适用于季节性、流行性强的商品广告。

（2）递升序列型。这是广告频率由少到多，至高峰时戛然而止的形式。

（3）递降序列型。它与递升序列型的变化相反，广告频率由多到少，由广告高峰跌倒低处，在最低潮时停止。

上述各种广告时间决策可视需要组合运用，如集中时间策略与均衡时间策略交替运用，固定频率与变化频率组合运用。

二、广告效果评价策划

企业在实施广告促销决策之后，会产生一定的广告效果。广告效果主要表现在三个方面：一是广告的销售效果；二是广告的诉求认知效果；三是广告的综合效果。

（一）广告销售效果的测定

　　1．销售额衡量法

这种方法就是实际调查广告活动前后的销售情况，以事前与事后的销售额之差作为衡量广告效果的指数。

　　（1）销售量增加比率

　　（2）广告费比率

　　（3）广告效果比率

　　2．小组比较法

小组比较法是将同性质的被检测者分为三组，其中两组各看两种不同的广告，一组未看广告，然后比较看过广告的两组效果之差，并和未看过广告的一组比较。通常将检测的数字结果用频数分配技术来计算广告效果指数。

（二）广告诉求认知效果的测定

广告诉求认知效果测定的目的在于分析广告活动是否达到预期的信息沟通效果。测定广告诉求认知效果，主要有如下指标。

　　（1）接触率。

　　（2）注目率。

　　（3）阅读率。

　　（4）好感率。

　　（5）知名率。

　　（6）综合分数。

（三）广告综合效果的测定

　　1．广告的综合经济效益

影响广告的因素有很多，单纯考虑一两个基本因素，只能近似描述分析广告的效益，所以还应对广告进行综合经济分析。其方法就是根据同类广告的大致情况，用百分法确定影响广告各个因素的满意值和最不满意值，然后给广告打分，最后进行加权平均。

　　2．广告的社会效果

广告的社会效果是对广告活动所引起的对社会文化、教育等多方面的作用进行综合测定。

复习思考题

　　1．在进行广告策划时应注意哪些基本的原理？

　　2．广告总体策划的内容包括哪些方面？

　　3．在进行广告制作时应该注意哪些问题？

　　4．广告使用策划主要包括哪些方面？

第十五章　企业形象(CIS)策划

案例与相关衔接

圣林文化传播　圣林策划

圣林广告

以弘扬华夏文化为己任　以振兴中华文化为使命　用独具慧眼的理念创奇迹

成功的背后是文化，名牌的背后是文化。19世纪前以战争得天下，20世纪以经济赢天下，21世纪和平年代以文化营造天下，创造和谐社会。

而我们文化传播，广告、营销策划的宗旨是：任何一个企业、一种产品要成功都需要有其独特的经营与推广理念（或者说卖点、文化特色），文化造就意识、行为、商机、财富、社会。

越是民族的就越是世界的。文化中华，圣林足迹传遍十方！

圣林策划总经理、资深创意策划人、首席策划黄达青，笔名圣林。

《经济日报》《南方日报》《羊城晚报》《广州日报》《新快报》《南方都市报》《中国纺织报》《中国建设报》《民营经济报》《佛山日报》《珠江商报》《珠江时报》《中山商报》《陕西日报》等众多新闻媒体，以及《新华网》《新华社广东网》《新浪网》等海内外2 860多家权威媒体、行业协会等报道或转载，重点提到黄达青先生或其经典著作。

我们擅长大项目策划、品牌与企业形象策划、创意营销宣传策划、文化传播工作。具备敏锐的市场洞察力和卓越的判断决策能力，具有强烈的创新意识和突破思维。特别是创意营销、新闻炒作能"点石成金"，让产品价值倍增。

圣林策划的品牌/营销策划宗旨是："潮流由我起，时代弄潮儿！"先觉先知，做行业的先驱、领航人、金手指。

近几年来我们策划过的主要项目有：

1. 2004年二月初八新兴县首届"六祖惠能文化节"提议者、总策划人之一；七月举办的"惠能故乡新兴行暨香荔旅游周"总策划；六祖故居古圣荔总策划。

2. 天下第一陵：陕西黄帝陵旅游产业园区"中华寻根园"项目（2003年已经得到当地省、市、县三级部门批准，待捐款筹建中）提议者、全程总策划。2005年在河南郑州拟投资20亿兴建"中华寻根园"。

黄达青先生以参祭人身份出席参加了2004年清明节首次国家级最大的公祭黄帝大

典礼。黄达青先生也是二月二龙头节、九月九重阳节等大型民间恭祭轩辕黄帝活动的项目策划人、泛珠三角及海外联络处主任。

2005 年重阳节民祭，成功地策划了用国酒——茅台酒，在黄帝陵祭中祭拜中华民族之魂——黄帝的壮举。国酒祭国祖！

3．超前的经营品牌意识和洞察商业先机能力。如"西樵"布匹类商标、"小榄"五金商标等商标的拥有者（可在中国商标网等国家机关权威网站查询）。

羊城晚报、南方日报以及新华社网、新浪网等海内外 1 860 多家媒体报道或转载，重点提到"西樵"布匹类商标问题的主角——"顺德北滘黄先生"，即是黄达青先生。

同样，"小榄"五金商标等商标让金羊网、《民营经济报》《新华网广东频道》《广州日报》《中山商报》《经济日报》等成千上万的权威媒体报道。

4．我们成功地为国内，特别是珠江三角洲众多家电、灯饰、家具、饮食行业等著名企业全程 CIS（企业形象）策划及创意营销策划。让中山古镇居上灯饰企业形象策划与创意营销策划一鸣惊人。

资料来源：《中国经济》2013 年。

CIS 战略是企业的总体设计与策划，即通过现代设计理论结合企业管理系统理论的整体运作，把企业经营管理和企业精神文化传达给社会公众，从而达到塑造企业的个性，显示企业的精神，使消费者对企业产生认同感，在市场竞争中谋取有利地位和空间的整合系统。

第一节　企业形象（CIS）概述

一、什么是 CIS 战略

企业形象识别系统，简称 CIS（Corporate Identity System）。所谓企业形象识别，即一个企业区别于其他企业的标志和特征，它是企业在社会公众心目中占据的特定位置和确立的独特形象。

CIS 战略的实施是企业实现自我统一性和人格统一性的过程。自我统一性是指使企业管理者和员工充分认识企业、认知自我，使自我完全融于企业的形象之中，使企业的行为准则成为自我的自觉行动规范，同时通过提高员工素质来形成企业的整体形象。

CIS 战略塑造的是企业的整体形象。商标的造型和色彩的规划只是企业形象中直接冲击社会受众的视觉部分；企业的对内对外管理是借助产品营销让人感知其价值观、社会使命感等方面并赢得社会认同、信赖和肯定的重要内容。

CIS 作为企业识别系统或者身份，本身包含着差别化经营内容；企业导入 CIS 的动机也是为了从战略高度运用系统化的差别竞争策略；就 CIS 的实践而言，无论是 VI、BI 或是 MI 都必须而且始终是贯穿"仅此一家，别无分店"的差别化思想。差别化是 CIS 的核心，没有差别就没有 CIS 的存在和发展。

（1）CIS 脱胎于工业设计，但 CIS 得工业设计有以下区别：设计的基点补同、行为层次不同、设计目标不同。

（2）CIS 与企业管理的区别：一是目标有别。企业管理以提高员工的积极性和工作效率为目标，CIS 则是以提高企业整体竞争力为目标。二是侧重点不同。企业管理侧重于协调企业内部各要素之间的关系，CIS 的侧重于协调企业与外部环境的关系。三是职能各异。企业管理的职能是计划、组织、控制、激励和决策；CIS 的职能是识别和整合。

二、CIS 战略的构成

CIS 产生初期，在不同的国度有不同的称谓，如称作产业规划、企业设计、企业形象、特殊规划、设计政策和企业身份等。这些称谓都从不同角度揭示了 CIS 的特点。目前，这些称谓均为企业识别系统这一概念所取代，或更直接地称为企业形象或企业文化。

CIS 是个整体系统，它由 MIS、BIS 和 VIS 三个子系统组成，这三个子系统的内涵分别是：理念识别系统、行为识别系统和视觉识别系统。三个系统有机地结合在一起，相互作用，共同塑造具有特点的各个企业的形象。

企业的理念识别系统（MI）包括企业的经营方向、经营思想、经营作风、进取精神和风险意识等。企业的理念识别系统是 CIS 的灵魂。它是最高决策层次的，是导入企业识别系统的原创力。

企业的识别系统（BI）包括对内行为与对外行为。对内行为主要指干部教育、员工培训、生活福利、工作环境、内部管理、研究开发和环境保护等管理活动。对外行为主要指市场调查、产品开发、公关活动、股市对策、公益性资助和文化性赞助等，表现形式为动态识别形式。

企业的视觉识别系统（VI）包括：企业的物质设备形象、企业员工形象、产品质量形象和品牌包装形象等。视觉识别表现为静态识别符号，是具体化、视觉化的传达形式，项目最多，层面最广。

MIS、BIS、VIS 三个子系统构成 CIS 系统。企业导入 CIS，实施 CIS 战略，即是通过现代设计理论结合企业管理系统理论的整体运作，把企业经营管理和企业精神文化传达给社会和公众，从而达到塑造企业的个性，彰显企业的精神，使社会及公众产生认同感，在市场竞争中谋取有利地位和有效空间的一种总体设计和策划。

三者的关系是：理念识别（MIS）是 CIS 的灵魂，是企业识别系统的基本精神所在，也是整个企业识别系统运作的原动力。MIS 影响企业内部的动态、活力和制度、组织的管理和教育，并扩大对社会公益活动、消费者的参与行为的规划，即影响 BIS。最后经由组织化、系统化和统一化的视觉识别（VIS）计划传达企业经营的信息，塑造企业独特的形象，达到企业识别的目标。

企业识别系统各构成子系统相互交融、彼此烘托从而熔铸出美好的企业形象，形成魅力。CIS 的魅力主要来自两方面：一是通过一致的价值取向和行为规范的确立，实现规范化管理，增强职工的归属感和凝聚力，从而使全体员工心往一处想，劲往一处使。二是通过对企业的视觉要素标准化设计，有利于实现信息传播的高效率。

三、形象策划与市场营销的关系

企业形象策划是指通过一系列的企业识别的设计和运作，把企业理念、经营宗旨、价值观等传达给社会公众，塑造企业个性，彰显企业精神风貌，使社会公众对企业产生高度的认同感，从而在市场竞争中谋取有利地位的整合行为。它是适应市场营销的发展需要而产生的，是对市场营销学的延伸、拓展和丰富，与市场营销具有十分密切的关系。具体表现在：

1. 互补性

市场营销主要是以产品或服务来满足市场消费者的不同需求，策划的主要内容是产品或服务的质量、性能、定位、定价、渠道和促销、售后服务以及信息反馈等，产品是市场营销的着力点。企业形象策划则以企业本身为目标，对企业进行整容、美容、规范、梳理和整合。这样相互弥补了对方的偏缺，从而形成互补的态势。

2. 互融性

企业形象策划要对企业内外管理制度和条例进行规范，市场营销需要以管理为导向，对企业行为加强理性整合。企业形象策划非常重视视觉系统的设计，市场营销也要对品牌、商标、包装、广告和设施等方面的因素加以美化。

3. 目标一致

二者都是为了增强竞争力、扩大市场份额和赢得社会的青睐。但市场营销不等同于企业形象策划，二者肩负不同的使命。市场营销是以消费者为研究对象，企业形象策划则是以对企业的视觉、理念和行为的整合和美化为研究对象。市场营销离不开成功的企业形象策划，因为后者使消费者对企业产生信赖、对产品产生好感，从而使市场营销取得理想的效果。

第二节 国际 CIS 潮与中国的 CIS 导入

一、国际的 CIS 的兴起和蓬勃推进

自 20 世纪 60 年代至今，欧美进入了导入 CIS 的全盛时期。但如果说 CIS 的潮头是起于西方世界，那么东方则是推动 CIS 完善和掀起高潮的地方。世界性的 CIS 潮紧叩着我国的大门。我国企业纷纷觉醒，从南至北躁动着导入 CIS 的情愫。

二、中国导入 CIS 的必要性

导入 CIS 之所以必要，是因为商品经济的发展使世界各地市场出现了许多新的特点：

（1）企业普遍实施多元化经营，造成无业际区别，为了形成企业独特的个性，需要采用 CIS。

（2）商品日渐趋同，为了适应消费者认牌购买的需要，必须使企业及其产品品牌

便于识别记忆，有必要实施 CIS 的战略。

（3）企业为了转换经营机制，重塑自身的形象，往往实施拯救性的 CIS 战略，这样可给企业带来好处：树立企业的良好形象，提高知名度；吸引人才，提高生产力；激励员工士气，营造良好氛围；促使市场份额大幅度增长；吸引投资，推动股票上扬；增强股东的好感与信任；稳定企业基础，使之形成向心力、凝聚力；提高广告效果；节省促销费用和产品成本；便于内部管理等。

（4）通过提高企业在市场上的认知度来增强企业的竞争力。

（5）CIS 是增强企业营销力的动能。当代市场营销除了产品力本身、企业的促销力之外，必须引进新的功能——形象力。产品力、促销力和形象力是当今市场的三轴力。企业形象力的形成是导入 CIS 的结果，CIS 的突出特征就是具有自我统一性和人格统一性。

目前，我国企业一方面面临国际企业的挑战，另一方面面临经营机制转换的挑战。中国企业要迎接新世纪，进入全球营销的新时代，那么在 21 世纪初的这几年果断地导入 CIS 是十分迫切的，也是十分适宜的。

形象力不仅可以提高企业声誉，促进销售，而且形象力本身就具有无形的价值。形象力往往集中通过商标体现出来，世界著名商标的身价甚至高出了该公司的年营业额的数倍。在进入新世纪的营销中，要跻身于国际强国之列，必须有"质量兴国、名牌战略"的意识。产品质量的标准化，名牌产品的形成需要依赖于企业管理的规范化，需要伴随着企业知名度的提高，需要光辉的企业形象的维护和支撑。

建立良好的企业形象可以收到许多社会效果、信任效果——获得社会认同、好感、信赖；缓和效果——在不利时能得到人们的体谅，免除对自身的杀伤力；领先效果——在市场竞争中取胜、领先。

目前，国内有战略眼光的相继导入 CIS；尽管我国导入 CIS 的时间不长，但是它已经形成了一股冲击波，促使人们提高了对 CIS 在营销活动中的重要性的认识和觉悟。

第三节　导入 CIS 的模式及时机

一、导入 CIS 的模式

CIS 的开发是十分必要的，同时企业开发 CIS 必须根据我国企业现状确定导入 CIS 的不同模式。一般而言主要有三种模式：

1. 预备性 CIS 导入模式

这是针对新建的企业而言的。在筹划新企业时，同时对企业的未来形象及企业文化进行有目的的设计和策划。包括对企业经营思想、口号、信条、标志、吉祥物标准色、标准字体、企业形象的社会定位、战略选择、计划实施方案、管理办法以及应用系统的设计和策划等。

2. 扩张性 CIS 导入模式

该模式是企业在成长过程中为了实现资本扩张，把企业带进新的高一级的发展阶段而导入 CIS 的模式。它是对企业全面的改造。这时的企业形象策划应该立足于企业原有基础而着眼于发展层次和境界，对企业形象进行完全创新地策划。

3. 拯救性 CIS 导入模式

其又称医疗性 CIS 导入模式。对于众多传统型企业来说，为了重塑形象，改变旧貌而重新调整经营理念、经营行为、经营者的视觉形象，以通过 CIS 的导入拯救企业的生存与发展前景。我国绝大部分企业都面临着这样的转换。因此拯救性的 CIS 导入将伴随着企业的管理体制、组织机构的一系列的改革。

二、导入 CIS 的时机

企业一旦出现以下现象，即可通过导入 CIS 以求解脱困境：企业名称老化，易被误认、误解；企业实施多角化经营后，企业形象的一贯性、统一性逐渐丧失；与其他企业合并后，需要重塑企业形象；企业名称与商品形象不符；在同行竞争中，本企业形象处于不利地位；企业知名度低；企业形象不好，员工士气低落；企业形象因营销活动中某种事故受损，产生负面效应；缺少能代表企业的统一性标志；企业某种特定的商品形象，成为其他商品的障碍；人才吸引力差；上市股票显示，企业属于劣势或遇障碍；商品与商标形象出现分歧；企业形象赶不上国际化形象潮流；当前的营销战略与企业形象无法配合等。

企业导入 CIS 要寻找好的时机，以下时机可供选择和利用：新公司成立，合并成企业集团；企业周年或若干年纪念日；企业扩大经营内容，朝着多元化发展；进军海外市场，迈向国际化经营；新产品的开发与上市；解脱经济危机，停滞的事业得以复兴；消除负面效应，纠正企业失态，端正企业形象，使两者统一；企业改组成功或经营高峰更换，全面创新；提升品牌或品牌升格为企业商标；竞争产品个性模糊，品牌差异性不明显；经营理念的重整等。

企业在导入 CIS 过程中，由于对 CIS 的整体性、统一性、目的性和科学性认识片面，往往容易陷入误区。如单纯靠企业标志图案代替企业形象；企业形象仅靠企业标志来提高；企业标志图案运用不合规范；以为完成了 VI 设计即完成了 CIS 设计等。

CIS 是一个整体战略系统，导入这个系统是企业发展的战略行为，绝不是某种权宜措施。因此，导入 CIS 时，一方面要对本企业的历史、现状、未来发展前景有周详的调研；另一方面要对 CIS 做出整体规划和设计，即对 MI、BI 和 VI 做出彼此照应的、形成耦合整体的策划，仅仅停留在 VIS 表面做文章就会陷入误区。

经过 CIS 武装的企业在市场上依据其发育状态往往呈现三种境界：

1. 新姿卓越，别具一格

这是成功的开发 CIS 的最初境界。这样的企业偏重于 VIS（视觉形象），设计 MIS（理念形象）和 BIS（行为识别）尚处于初始阶段。

2. 左右逢源，独擅风流

这是成功的开发 CIS 的第二境界。在此情景下，企业完成了对 VIS 的对外宣传而偏重于 BIS 的策划与实施，企业通过若干真心地为消费者、为社会大众服务的重大举措扩大社会影响，提升知名度，提高企业声誉和魅力，赢得了市场。

3. 桃李不言，下自成蹊

这是成功的开发 CIS 的目标境界。企业的 VIS/BIS 和 MIS 的实施均已定型，企业形象已经牢牢树立在市场上和公众心目中，市场占有率扩大，企业拥有了大批消费者。

这三种境界是循序渐进的，任何企业只要不故步自封，就能把 CIS 开发从表面引入里层，从形式引向实质，从设计引向实施，从投入引向产出，在 21 世纪的市场上，开创色彩缤纷的局面。

第四节　实施 CIS 工程的程序

企业形象策划即 CIS 导入的程序是个系统工程，简而言之可以概括为 "68610" 工程。6 即整个过程分为六个步骤，8 即前期调研的八个方面，6 即策划方案涉及的六个方面内容，10 即设计的视觉、理念、行为及其应用系统所涉及的十个方面。

一、CIS 导入的步骤

CIS 导入分为六步，包括调研、策划、设计、定位、宣传和保持。具体分述如下：

1. 调研

其内容包括为：企业的历史、企业的经营现状、企业的发展战略、企业法定代表人及高层管理的经营风格、企业组织文化氛围、市场同业竞争形势、市场同类产品竞争形势、企业知名度、市场地位及产品力等问题调查、分析和评估。

2. 策划

企业形象策划主要围绕企业形象的社会地位、市场定位和风格定位，企业形象战略的选择，企业形象的计划实施方案及管理办法、方案等方面进行。

3. 设计

企业形象设计包含企业经营思想、精神信条、企业口号、企业座右铭、企业歌曲的设计。企业形象基本要素设计包括企业标志、标准字体、象征图形及其组合方式、企业标准色等。

4. 定位

根据设计的企业形象进行市场定位，以保证企业在公众心目中占据适当的地位，赢得顾客的偏爱。

5. 宣传

对拟订的 CIS 实施计划进行整理并编订成册，召开新闻发布会，借助各种传媒全面宣传企业形象。

6. 保持

CIS 的确立不是一朝一夕的事，要长期坚持不懈地维护、发展，以图保持好良好的形象不致中途瓦解、毁坏。这就需要完善、健全的企业制度和组织领导机构，以保证企业持之以恒地进行自我约束、自我教育。

二、CIS 策划与设计文案的规定

（一）调研

调研的内容包括：企业历史、企业经营现状、企业发展战略、企业法定代表人、企业组织文化氛围、市场同业竞争形势、市场同类产品竞争形势、企业社会知名度、市场定位及产品力。

（二）策划

策划的内容包括：企业形象的社会定位；企业形象的市场定位；企业的风格定位；企业形象表现战略的选择；企业形象的计划实施方案；企业经营的管理办法。

（三）设计

设计的内容包括：企业精神形象设计；企业视觉形象设计；企业投资赞助的选择原则及媒体选择；企业对内外行为规范；企业形象设计——办公用品系列、广告用品系列、交通工具系列、制服系列、办公室布置、包装系列。

（四）培训与宣传

培训宣传的内容包括：编印；召开企业形象方案发布会；指导企业形象管理系统组织机构建设；系统培训；通过各种新闻媒体广泛宣传企业形象。

第五节 企业 CIS 战略的核心

企业战略核心是加强企业文化建设。企业文化是企业精神文明和物质文明的总称，是企业及其职工共同持有的思想观念、价值取向和行为准则。它是由经营观念文化、企业管理文化和产品营销文化所组成。任何行业的各类企业一旦走向市场参与竞争，就不能不进行必要的文化建设。现代社会的市场竞争表面看起来是产品的竞争、价格的竞争，而实质是企业内在活动与动力竞争，而企业的内在活动与动力正是通过企业文化现象表现出来的。加强企业文化建设是社会主义市场经济的要求，也是企业本身生存、发展的内在条件。

一、经营观念文化

企业经营观念文化建设包括确立市场营销观念和营销道德规范。

思想观念是关于行为的指导思想，市场营销观念是企业行为，以市场营销为指导思想。显然，市场营销是现代社会大生产条件下的产物，其包含的范围远远超过了我国传统商业活动的范围。确立社会主义的经营道德规范是企业文化不可忽视的内容。

企业道德水准的高低直接影响企业信誉和形象。企业信誉直接关系着产品销售、市场占有率和企业经济效益。企业对产品实行声望定价的策略，就是基于对产品信誉可带来效益的正确估计而实施的。可见，提高企业的道德水准是与企业市场营销密切相关的。

二、企业管理文化

企业管理文化表现为通过强化企业管理塑造优良的企业精神。即通过强化企业管理使企业具有执着的开拓追求、正确的价值取向、坚定的团体观念和完善的激励机制。

(一) 执着的开拓追求

企业的追求精神是一种强烈的发展欲望的体现，是企业发展的动力所在。企业的发展应表现为市场的开拓和产品的开发两个方面。企业亦应执着地追求市场开拓和产品开发。

树立市场营销观念必须实行传统经营观念的转化。在参与国际市场营销活动中，企业还要在确立市场营销观念的基础上进一步树立大市场营销观念。

产品开发的过程也是不断创造和提高产品文化的过程。产品文化集中表现在产品的形态、材料和功能三个方面。

(二) 正确的价值取向

企业中的共同价值取向是现代管理的核心因素。

正确的价值取向就是将企业的价值摆在社会价值之中考虑和对待。追求企业价值不能忽视或背离甚至损害社会整体利益。企业正确的价值取向应该是在决策层下执行者以及全体员工中所形成的共识，而不是仅限于决策层的行为。只有企业全体人员的共同一致的价值向导，才能形成上下智能、心理的趋同和相互理解以及行动步调的一致。

(三) 坚定的团体观念

团体观念是一种社会化的集体主义观念。这种观念要求企业职工时时处处事事以社会主义的主人翁的姿态参与企业管理。坚定的团体观念表现在从事国际市场营销时要上升为坚定的爱国主义精神。在复杂的国际市场上把企业的兴衰、得失与祖国的荣辱联系在一起。

(四) 完善的激励机制

激励机制即包括鼓励也包括惩罚。企业要有活力必须依法办事、循章管理、按经济规律运作。激励机制应体现在用工制度、干部制度和分配制度上。

总之，无论是执着的开拓追求、正确的价值取向，还是坚定的团体观念、完善的激励机制，都是企业管理现代化、科学化的要求，即是形成企业管理文化的过程。

三、企业营销文化

企业营销文化包括两个层次：一是企业营销环境设施的文明化、美化；二是企业营销的艺术化。企业营销环境设施的文明化、美化包括厂房、营业场地的整修、装饰，各种信息处理设施的添置，科研设施和人才培训设施的配置等。

营销艺术化包括讲求对产品的美化、营销行为的美化和营销手段的多样化、技巧化等。

　　产品的包装装潢、广告都要遵循美的原则。产品的规格、款式、花色、风格和陈设等都要有怡人的美感，产品的包装要力求新颖、别致；广告宣传画面要独具匠心，求新、求美、求奇和求佳。营销行为美化表现在营销人员的仪表、举止、谈吐和服务态度上。营销行为的艺术化必须树立现代公共关系意识，在人际关系中要善于周旋，讲信誉，讲情谊，以便谋取更多的交易机会。

　　综上所述，企业的文化是企业经营观念文化、企业管理文化和企业营销文化三个层次的综合反映，其内容可衍生出观念、道德、精神、共识、追求、情谊、审美和技巧等诸多方面，提高企业文化水准是推动企业现代化的中心环节，研究企业文化对加强企业现代化建设具有十分重要的意义。

复习思考题

1. 什么是 CIS 战略？
2. 预备性 CIS 导入模式是什么？
3. 企业形象策划即 CIS 导入的程序包括哪些方面？
4. 为什么说企业战略核心是加强企业文化建设？

第十六章　营销策划书写作

案例与相关衔接

如何撰写商业策划书

美国的一位著名风险投资家曾说过，"风险企业邀人投资或加盟，就像向离过婚的女人求婚，而不像和女孩子初恋。双方各有打算，仅靠空口许诺是无济于事的。"对于正在寻求资金的风险企业来说，商业计划书就是企业的电话通话卡片。商业计划书的好坏，往往决定了投资交易的成败。

对初创的风险企业来说，商业策划书的作用尤为突出，一个酝酿中的项目，往往很模糊，通过制订商业计划书，把正反理由都书写下来，然后再逐条推敲。这样风险企业家就能对这一项目有更清晰的认识。可以这样说，商业策划书首先是把计划中要创立的企业推销给风险企业家自己。其次，商业计划书还能帮助把计划中的风险企业推销给风险投资家，公司商业计划书的主要目的之一就是为了筹集资金。因此，商业计划书必须要说明：

（1）创办企业的目的，为什么要冒风险，花精力、时间、资源、资金去创办风险企业。

（2）创办企业所需的资金，为什么要这么多的钱，为什么投资人值得为此注入资金。对已建的风险企业来说，商业计划书可以为企业的发展定下比较具体的方向和重点，从而使员工了解企业的经营目标，并激励他们为共同的目标而努力。更重要的是，它可以使企业的出资者、供应商以及销售商等了解企业的经营状况和经营目标，说服出资者（原有的或新来的）为企业的进一步发展提供资金。

正是基于上述理由，商业策划书将是风险企业家所写的商业文件中最主要的一个。那么，如何制订商业策划书呢？

一、怎样写好商业策划书

那些既不能给投资者提供充分的信息也不能使投资者激动起来的商业计划书，其最终结果只能是被扔进垃圾箱里。为了确保商业计划书能"击中目标"，风险企业家应该做到以下几点：

1. 关注产品

在商业策划书中，应提供所有与企业的产品或服务有关的细节，包括企业所实施的所有调查。这些问题包括：产品正处于什么样的发展阶段；它的独特性怎样；企业分销产品的方法是什么；谁会使用企业的产品，为什么；产品的生产成本是多少；售价是多少；企业发展新的现代化产品的计划是什么。把出资者拉到企业的产品或服务中来，这样出资者就会和风险企业家一样对产品有兴趣。在商业计划书中，企业家应尽量用简单的词语来描述每件事。商品及其属性的定义对企业家来说是非常明确的，但其他人却不一定清楚它们的含义。制订商业策划书的目的不仅是要出资者相信企业的产品会在世界上产生革命性的影响，同时也要使他们相信企业有证明它的论据。商业计划书对产品的阐述，要让出资者感到："噢，这种产品是多么美妙、多么令人鼓舞啊！"

2. 敢于竞争

在商业策划书中，风险企业家应细致分析竞争对手的情况。竞争对手都是谁？他们的产品是如何工作的？竞争对手的产品与本企业的产品相比，有哪些相同点和不同点？竞争对手所采用的营销策略是什么？要明确每个竞争者的销售额、毛利润、收入以及市场份额，然后再讨论本企业相对于每个竞争者所具有的竞争优势，要向投资者展示，顾客偏爱本企业的原因是本企业的产品质量好、送货迅速、定位适中、价格合适等。商业策划书要使它的读者相信，本企业不仅是行业中的有力竞争者，而且将来还会是确定行业标准的领先者。在商业策划书中，企业家还应阐明竞争者给本企业带来的风险以及本企业所采取的对策。

3. 了解市场

商业策划书要给投资者提供企业对目标市场的深入分析和理解。要细致分析经济、地理、职业以及心理等因素对消费者选择购买本企业产品这一行为的影响，以及各个因素所起的作用。商业策划书中还应包括一个主要的营销计划，计划中应列出本企业打算开展广告、促销以及公共关系活动的地区，明确每一项活动的预算和收益。商业策划书中还应简述一下企业的销售战略：企业是使用外面的销售代表还是使用内部职员，企业是使用转卖商、分销商还是特许商，企业将提供何种类型的销售培训。此外，商业策划书还应特别关注一下销售中的细节问题。

4. 表明行动的方针

企业的行动策划应该是无懈可击的。商业策划书中应该明确下列问题：企业如何把产品推向市场；如何设计生产线，如何组装产品；企业生产需要哪些原料；企业拥有那些生产资源，还需要什么生产资源；生产和设备的成本是多少；企业是买设备还是租设备；解释与产品组装，储存以及发送有关的固定成本和变动成本的情况。

5. 展示你的管理队伍

把一个思想转化为一个成功的风险企业，其关键的因素就是要有一支强有力的管理队伍。这支队伍的成员必须有较高的专业技术知识、管理才能和多年的工作经验，要给投资者这样一种感觉："看，这支队伍里都有谁！如果这个公司是一支足球队的话，他们就会一直杀入世界杯决赛！"管理者的职能就是计划、组织、控制和指导公司实现目标的行动。在商业计划书中，应首先描述一下整个管理队伍及其职责，然后再分别介绍每位管理人员的特殊才能、特点和造诣，细致描述每个管理者将对公司所做的贡献。商业策划书中还应明确管理目标以及组织机构图。

6. 出色的策划摘要

商业策划书中的计划摘要也十分重要。它必须能让读者有兴趣并渴望得到更多的信息，它将给读者留下长久的印象。计划摘要将是风险企业家所写的最后一部分内容，但却是出资者首先要看的内容，它将从计划中摘录出与筹集资金最相干的细节，包括对公司内部的基本情况、公司的能力以及局限性、公司的竞争对手、营销和财务战略、公司的管理队伍等情况的简明而生动的概括。如果公司是一本书，它就像是这本书的封面，做得好就可以把投资者吸引住。它给风险投资家有这样的印象："这个公司将会成为行业中的巨人，我已等不及要去读策划的其余部分了。"

二、商业策划书的内容

1. 策划摘要

策划摘要列在商业计划书的最前面，它是浓缩了的商业计划书的精华。策划摘要涵盖了计划的要点，以求一目了然，以便读者能在最短的时间内评审计划并做出判断。

策划摘要一般要有包括以下内容：公司介绍；主要产品和业务范围；市场概貌；营销策略；销售计划；生产管理计划；管理者及其组织；财务计划；资金需求状况等。

在介绍企业时，首先要说明创办新企业的思路、新思想的形成过程以及企业的目标和发展战略。其次，要交代企业现状、过去的背景和企业的经营范围。在这一部分中，要对企业以往的情况做客观的评述，不回避失误。中肯的分析往往更能赢得信任，从而使人容易认同企业的商业计划书。最后，还要介绍一下风险企业家自己的背景、经历、经验和特长等。企业家的素质对企业的成绩往往起关键性的作用。在这里，企业家应尽量突出自己的优点并表示自己强烈的进取精神，以给投资者留下一个好印象。

在策划摘要中，企业还必须要回答下列问题：①企业所处的行业，企业经营的性质和范围；②企业主要产品的内容；③企业的市场在哪里，谁是企业的顾客，他们有哪些需求；④企业的合伙人、投资人是谁；⑤企业的竞争对手是谁，竞争对手对企业的发展有何影响。

摘要要尽量简明、生动。特别要详细说明自身企业的不同之处以及企业获取成功的市场因素。如果企业家了解他所做的事情，摘要仅需2页纸就足够了。如果企业家不了解自己正在做什么，摘要就可能要写20页纸以上。因此，有些投资家就依照摘要的长短来"把麦粒从谷壳中挑出来"。

2. 产品（服务）介绍

在进行投资项目评估时，投资人最关心的问题之一就是，风险企业的产品、技术或服务能否以及能在多大程度上解决现实生活中的问题，或者，风险企业的产品（服务）能否帮助顾客节约开支，增加收入。因此，产品介绍是商业计划书中必不可少的一项内容。通常，产品介绍应包括以下内容：产品的概念、性能及特性；主要产品介绍；产品的市场竞争力；产品的研究和开发过程；发展新产品的计划和成本分析；产品的市场前景预测；产品的品牌和专利。

在产品（服务）介绍部分，企业家要对产品（服务）作出详细的说明，说明要准确，也要通俗易懂，使不是专业人员的投资者也能明白。一般地，产品介绍都要附上产品原型、照片或其他介绍。一般地，产品介绍必须要回答以下问题：①顾客希望企业的产品能解决什么问题，顾客能从企业的产品中获得什么好处；②企业的产品与竞争对手的产品相比有哪些优缺点，顾客为什么会选择本企业的产品；③企业为自己的产品采取了何种保护措施，企业拥有哪些专利、许可证，或与已申请专利的厂家达成了哪些协议；④为什么企业的产品定价可以使企业产生足够的利润，为什么用户会大批量地购买企业的产品；⑤企业采用何种方式去改进产品的质量、性能，企业对发展新产品有哪些计划等。

产品（服务）介绍的内容比较具体，因而写起来相对容易。虽然夸赞自己的产品是推销所必需的，但应该注意，企业所做的每一项承诺都是"一笔债"，都要努力去兑现。要牢记，企业家和投资家所建立的是一种长期合作的伙伴关系。空口许诺，只能得意于一时。如果企业不能兑现承诺，不能偿还债务，企业的信誉必然要受到极大的损害，因而是为真正的企业家所不屑的。

3. 人员及组织结构

有了产品之后，创业者第二步要做的就是结成一支有战斗力的管理队伍。企业管理的好坏，直接决定了企业经营风险的大小。而高素质的管理人员和良好的组织结构则是管理好企业的重要保证。因此，风险投资家会特别注重对管理队伍的评估。

企业的管理人员应该是互补型的，而且要具有团队精神。一个企业必须要具备负责产品设计与开发、市场营销、生产作业管理、企业理财等方面的专门人才。在商业策划书中，必须要对主要管理人员加以阐明，介绍他们所具有的能力，他们在本企业中的职务和责任，他们过去的详细经历及背景。此外，在这部分商业计划书中，还应对公司结构做一简要介绍，包括：公司的组织机构图；各部门的功能与责任；各部门的负责人及主要成员；公司的报酬体系；公司的股东名单，包括认股权、比例和特权；公司的董事会成员；各位董事的背景资料。

4. 市场预测

当企业要开发一种新产品或向新的市场扩展时，首先就要进行市场预测。如果预测的结果并不乐观，或者预测的可信度让人怀疑，那么投资者就要承担更大的风险，这对多数风险投资家来说都是不可接受的。市场预测首先要对需求进行预测：市场是否存在对这种产品的需求；需求程度是否可以给企业带来所期望的利益；新的市场规模有多大；需求发展的未来趋向及其状态如何；都有哪些因素影响需求。其次，市场预测还要包括对市场竞争的情况、企业所面对的竞争格局进行分析：市场中主要的竞争者有哪些；是否存在有利于本企业产品的市场空档；本企业预计的市场占有率是多少；本企业进入市场会引起竞争者怎样的反应，这些反应对企业会有什么影响；等等。在商业策划书中，市场预测应包括以下内容：市场现状综述；竞争厂商概览；目标顾客和目标市场；本企业产品的市场地位；市场和特征；等等。风险企业对市场的预测应建立在严密、科学的市场调查基础上。风险企业所面对的市场，本来就有更加变幻不定的、难以捉摸的特点。因此，风险企业应尽量扩大收集信息的范围，重视对环境的预测和采用科学的预测手段和方法。风险企业家应牢记的是，市场预测不是凭空想象出来的，对市场错误的认识是企业经营失败的最主要原因之一。

5. 营销策略

营销是企业经营中最富挑战性的环节，影响营销策略的主要因素有：消费者的特点；产品的特性；企业自身的状况；市场环境方面的因素。最终影响营销策略的则是营销成本和营销效益因素。在商业策划书中，营销策略应包括以下内容：市场机构和营销渠道的选择；营销队伍和管理；促销计划和广告策略；价格决策。对创业企业来说，由于产品和企业的知名度低，很难进入其他企业已经稳定的销售渠道中去。因此，企业不得不暂时采取高成本低效益的营销战略，如上门推销，大打商品广告，向批发商和零售商让利，或交给任何愿意经销的企业销售。对发展企业来说，它一方面可以利用原来的销售渠道，另一方面也可以开发新的销售渠道以适应企业的发展。

6. 制造策划

商业策划书中的生产制造计划应包括以下内容：产品制造和技术设备现状；新产品投产计划；技术提升和设备更新的要求；质量控制和质量改进计划。

在寻求资金的过程中，为了增大企业在投资前的评估价值，风险企业家应尽量使生产制造计划更加详细、可靠。一般地，生产制造计划应回答以下问题：企业生产制造所需的厂房、设备情况如何；怎样保证新产品在进入规模生产时的稳定性和可靠性；设备的引进和安装情况，谁是供应商；生产线的设计与产品组装是怎样的；供货者的前置期和资源的需求量；生产周期标准的制定以及生产作业计划的编制；物料需求计划及其保证措施；质量控制的方法是怎样的；相关的其他问题。

7. 财务规划

财务规划需要花费较多的精力来做具体分析，其中就包括现金流量表、资产负债表以及损益表的制备。流动资金是企业的生命线，因此企业在初创或扩张时，对流动资金需要有预先周详的计划和进行过程中的严格控制；损益表反映的是企业的盈利状况，它是企业在一段时间运作后的经营结果；资产负债表则反映在某一时刻的企业状况，投资者可以用资产负债表中的数据得到的比率指标来衡量企业的经营状况以及可能的投资回报率。

财务规划一般要包括以下内容：商业策划书的条件假设；预计的资产负债表；预计的损益表；现金收支分析；资金的来源和使用。

可以这样说，一份商业策划书概括地提出了在筹资过程中风险企业家需做的事情，而财务规划则是对商业计划书的支持和说明。因此，一份好的财务规划对评估风险企业所需的资金数量，提高风险企业取得资金的可能性是十分关键的。如果财务规划准备得不好，会给投资者以企业管理人员缺乏经验的印象，降低风险企业的评估价值，同时也会增加企业的经营风险，那么如何制订好财务规划呢？这首先要取决于风险企业的远景规划——是为一个新市场创造一个新产品，还是进入一个财务信息较多的已有市场。

着眼于一项新技术或创新产品的创业企业不可能参考现有市场的数据、价格和营销方式。因此，它要自己预测所进入市场的成长速度和可能获得纯利，并把它的设想、管理队伍和财务模型推销给投资者。而准备进入一个已有市场的风险企业则可以很容易地说明整个市场的规模和改进方式。风险企业可以在获得目标市场的信息的基础上，对企业头一年的销售规模进行规划。

　　企业的财务规划应保证和商业策划书的假设相一致。事实上，财务规划和企业的生产计划、人力资源计划、营销计划等都是密不可分的。要完成财务规划，必须要明确下列问题：产品在每一个期间的发出量有多大；什么时候开始产品线扩张；每件产品的生产费用是多少；每件产品的定价是多少；使用什么分销渠道，所预期的成本和利润是多少；需要雇佣哪几种类型的人；雇佣何时开始，工资预算是多少。

　　三、检查

　　在商业策划书写完之后，风险企业家最好再对策划书检查一遍，看一下该策划书是否能准确回答投资者的疑问，争取投资者对本企业的信心。通常，可以从以下几个方面对策划书加以检查：

　　（1）你的商业策划书是否显示出你具有管理公司的经验。如果你自己缺乏能力去管理公司，那么一定要明确地说明，你已经雇了一位经营大师来管理你的公司。

　　（2）你的商业策划书是否显示了你有能力偿还借款。要保证给预期的投资者提供一份完整的比率分析。

　　（3）你的商业策划书是否显示出你已进行过完整的市场分析。要让投资者坚信你在计划书中阐明的产品需求量是确实的。

　　（4）你的商业策划书是否容易被投资者所领会。商业策划书应该备有索引和目录，以便投资者可以较容易地查阅各个章节。此外，还应保证目录中的信息流是有逻辑的和现实的。

　　（5）你的商业策划书中是否有策划摘要并放在了最前面，策划摘要相当于公司商业计划书的封面，投资者首先会看它。为了保持投资者的兴趣，策划摘要应写的引人入胜。

　　（6）你的商业策划书是否在文法上全部正确。如果你不能保证，那么最好请人帮你检查一下。策划书的拼写错误和排印错误能很快就使企业家的机会丧失。

　　（7）你的商业策划书能否打消投资者对产品（服务）的疑虑。如果需要，你可以准备一件产品模型。商业策划书中的各个方面都会对筹资的成功与否有影响。因此，如果你对你的商业策划书缺乏成功的信心，那么最好去查阅一下策划书编写指南或向专门的顾问请教。

　　四、策划书的基本格式

　　1．策划书名称

　　尽可能具体地写出策划名称，如"×年×月××大学××活动策划书"，置于页面中央，当然可以写出正标题后将此作为副标题写在下面。

　　2．活动背景

　　这部分内容应根据策划书的特点在以下项目中选取内容重点阐述。具体项目有：基本情况简介、主要执行对象、近期状况、组织部门、活动开展原因、社会影响以及相关目的动机。其次应说明问题的环境特征，主要考虑环境的内在优势、弱点、机会及威胁等因素，对其做好全面的分析（SWOT分析），将内容重点放在环境分析的各项因素上，对过去现在的情况进行详细的描述，并通过对情况的预测制订计划。如环境不明，则应该通过调查研究等方式进行分析加以补充。

3. 活动目的、意义和目标

活动的目的、意义应用简洁明了的语言将目的要点表述清楚；在陈述目的要点时，该活动的核心构成或策划的独到之处及由此产生的意义（经济效益、社会利益、媒体效应等）都应该明确写出。活动目标要具体化，并需要满足重要性、可行性、时效性。

4. 资源需要

列出所需人力资源、物力资源，包括使用的地方，如使用活动中心，都详细列出。可以列为已有资源和需要资源两部分。

5. 活动开展

作为策划的正文部分，表现方式要简洁明了，使人容易理解，但表述方面要力求详尽，写出每一点能设想到的东西，没有遗漏。在此部分中，不仅仅局限于用文字表述，也可适当加入统计图表等；对策划的各工作项目，应按照时间的先后顺序排列，绘制实施时间表，有助于方案核查。人员的组织配置、活动对象、相应权责及时间地点也应在这部分加以说明，执行的应变程序也应该在这部分加以考虑。

这里可以提供一些参考方面：会场布置、接待室、嘉宾座次、赞助方式、合同协议、媒体支持、校园宣传、广告制作、主持、领导讲话、司仪、会场服务、电子背景、灯光、音响、摄像、信息联络、技术支持、秩序维持、衣着、指挥中心、现场气氛调节、接送车辆、活动后清理人员、合影、餐饮招待、后续联络等。请根据实情自行调节。

6. 经费预算

活动的各项费用在根据实际情况进行具体、周密的计算后，用清晰明了的形式列出。

7. 活动中应注意的问题及细节

内外环境的变化，不可避免地会给方案的执行带来一些不确定性因素，因此，当环境变化时是否有应变措施、损失的概率是多少、造成的损失多大、应急措施等也应在策划中加以说明。

8. 活动负责人及主要参与者

注明组织者、参与者姓名、嘉宾、单位（如果是小组策划应注明小组名称、负责人）。

9. 需要注意的事项

（1）本策划书提供基本参考方面，小型策划书可以直接填充；大型策划书可以不拘泥于表格，自行设计，力求内容详尽、页面美观。

（2）可以专门给策划书制作封页，力求简单，凝重；策划书可以进行包装，如用设计的徽标做页眉，图文并茂等。

（3）如有附件可以附于策划书后面，也可单独装订。

（4）策划书需从纸张的长边装订。

（5）一个策划书，可以有若干子策划书。

　　营销活动的最后一步就是形成营销策划书，将策划的思路、工作步骤等用策划书的形式体现。由此可见营销策划书是策划者辛勤工作的结晶，是自策划活动开展以来所有创意结果的书面表达，是对所有策划工作的最后归纳。

　　同时，营销策划书也是下一步工作的指导，根据策划书的有关指示，工作人员才能知道下一步该干什么。营销策划书是创意与实践的连接点，在营销策划工作中具有承前启后的作用。

第一节　营销策划书概述

　　策划书又叫做策划文案、策划方案，是将策划经理或者策划人的创意思想与创新概念转化为一种具体的、有形的、看得见的物质载体。策划书是策划工作的进一步深化、升华和文字化，是策划经理或者策划人为实现企业策划目标的行动指南和行动方案。

一、策划与策划书

　　策划具体表现为策划者的一种构思、一种创意，或者一种谋划，它是一种纯思想性的东西。策划的形成过程，实际上就是策划者创意和创新的脑力劳动的过程。它是整个策划活动的第一阶段，或者叫初始阶段。没有精细和深谋远虑的策划，也就没有整个活动的策划。

　　策划书与策划不同，它是策划过程的进一步深化和升华，策划书的形成过程表现为将策划由一种纯思想性的东西上升到了一种书面化的过程，它标志着策划过程朝着操作性方面迈出了非常坚实的一步。

（一）策划书不同于市场调查报告

　　市场调查报告是策划活动的一个环节，重点在于通过进行市场调研，判定或判断策划活动是否具有可行性、可操作性与现实性。市场调查的过程是一种去粗取精、去伪存真的过程，市场调查报告既可能认可原有的策划，也可能推翻或者部分修改原有的创意与策划。因此，市场调查报告形成的过程也是整个策划活动中极为重要的组成部分。

　　策划书是策划活动的另一个环节，重点在于在已经具有可行性的市场调查报告的基础上，着手绘制一幅总的方案、设计和规划。策划书形成的过程，标志着策划活动走向了成熟阶段，为策划的操作和实施提供了可依据的行动指南。

　　这两者的区别就在于在整个策划活动最终所处的环节不同、侧重点不同，其地位与意义自然也就不一样了。它们之间有一种相互依存的联系，那就是只有建立在市场调查报告的基础之上的策划书，才具有充分的可行性和现实性。离开了市场调查，策划书便成了无本之木，也就没有科学依据了。而策划书则是市场调查报告的进一步深化和升华，它使策划活动向深层次发展。

（二）策划书不同于可行性论证报告

策划书是一份涵盖内容十分丰富的具有全方位、多视角、多层次的项目计划书。它涉及人、财、物、制度、管理等多种因素。

可行性论证报告只侧重于计划本身在技术方面是否具有可操作性的分析和计划的实施能否带来经济效益的一种评估。

可行性论证报告只涉及策划书的一部分内容，属于局部性的东西，它的侧重点在于分析、评估它的可操作性层面和技术层面，一般并不涉及项目实施中的管理因素、人的因素和对投资人在利益方面的回报以及回报的方式等诸多的内容。

而策划书涉及的内容、要求和目标都比较广泛，它不仅要在技术方面和产业化的模式方面进行详细的阐述和说明，同时，更要对项目实施中的管理因素、人的因素和对投资人在利益方面的回报以及回报的方式等诸多方面的内容加以分析说明。

两者之间的联系在于可行性论证报告是为策划书服务的，有了可行性论证报告作为前提条件，策划书就更加具有可操作性和现实性。如果可行性论证报告不充分，没有很强的说服力，那么，策划书的操作性就不强，写出来的策划书也就没有多大的说服力。

二、营销策划书的作用

营销策划书既是艰苦的营销策划工作的表现形式，也是下一步实施营销活动的具体行动指南。任何一种营销策划，只要通过营销策划书的内容就可以了解策划者的意图与观点。营销策划书的作用可以归结为以下几个方面：

（一）准确、完整地反映营销策划的内容

营销策划书是营销策划的书面反映形式。因此，营销策划书的内容是否能准确地传达策划者的真实意图，就显得非常重要。从整个策划过程上看，营销策划书是达到营销策划目的的第一步，是营销策划能否成功的关键。

（二）充分、有效地说服决策者

通过营销策划书的文字表述，首先使企业决策者信服并认同营销策划的内容，说服企业决策者采纳营销策划中的意见，并按营销策划的内容去实施。

（三）作为执行和控制的依据

营销策划书作为企业执行营销策划方案的依据，使营销职能部门在操作过程中增强行动的准确性和可控性。因此，如何通过营销策划书的文字表述魅力以及视觉效果，去打动及说服企业决策者也就自然而然地成为策划者所追求的目标。

三、营销策划书的写作原则

营销策划书在营销策划活动中具有重要的地位，其在写作过程中应该坚持以下原则：

（一）实事求是的原则

由于策划书是一份执行手册，因此必须务实，方案要符合企业条件的实际、员工操作能力的实际、环境变化和竞争格局的实际等。这就要求在撰写策划书时一定要坚持实事求是的科学态度，在制定指标、选择方法、划分步骤的时候，要从主客观条件出发，尊重员工和他人的意见，克服自以为是和先入为主的主观主义，用全面的、本质的、发展的观点观察认识事物，分析研究问题。

（二）严肃规范原则

写作时一定要严格地按照策划书的意图和科学程序办事。策划书是策划人依据策划的内在规律，遵循操作的必然程序，严肃认真，精心编制而成的。所以，在写作策划书的过程中，切忌置科学程序于不顾，随心所欲地粗制滥造。严肃性还表现在，一个科学合理的策划书被采纳后，在实际操作过程中，任何人都不得违背或擅自更改。

（三）简单易行原则

人们在写作策划书时一定要做到简单明了、通俗易懂、便于推广、易于操作。任何一个方案的提出，都是为了在现实中能够容易操作，并通过操作过程达到预定的目的。为此，在策划书各要素的安排和操作程序的编制上，要依据主客观条件，尽量化繁为简、化难为易，做到既简便易行，又不失其效果。

（四）灵活性原则

在写作策划书时一定要留有回旋余地，不可定得太死。在高速发展的时代，策划书虽然具有科学预见性的特点，但它毕竟与现实和未来存在较大的差距，所以，它在实施过程中难免会遇到突如其来的矛盾、意想不到的困难。一旦某种情况出现，可及时对已定方案进行修改、调整。这样，既保证了原有意图的在不同程度上得以实现，又避免因策划案的夭折而造成重大损失。

（五）逻辑思维原则

营销策划的目的在于解决企业营销中出现的问题，制订解决方案，由此应按照逻辑性思维的构思来编制策划书。首先是了解企业的现实状况，描述进行该策划的背景，分析当前市场状况以及目标市场，再把策划的中心目的全盘托出；其次要详细阐述策划内容；再次应明确提出解决问题的对策；最后预测实施该策划方案的效果。

（六）创意新颖原则

营销策划方案应该是一个"金点子"，也就是说要求策划的"点子"要与众不同、新颖别致，表现手段也要别出心裁，给人以全新的感受。新颖、奇特、与众不同的创意是营销策划书的核心内容。

四、营销策划书的种类

按照策划书呈现对象的不同，可把营销策划书分为内部营销策划书和外部营销策划书两大类。其中，每一大类中又可按照具体内容细分出许多不同主题的策划书。

内部营销策划书是指呈报给企业的各级领导，供其作为决策依据的策划书。内部营销策划书是绝密级的，要求在以下方面有详细说明，并对外严格保密：策划实施上的人际关系对策；策划实施上的相关组织与团体对策；策划实施中的资金对策；策划实施中的传播媒介关系对策；策划实施中的障碍因素及消除对策；与策划实施有关的政府机构对策；与策划实施有关的法律问题。

外部营销策划书是指呈报给企业的顾客或经营伙伴等与企业经营相关个人、组织或机构的策划书。外部营销策划书是非绝密文件。在外部营销策划书中应把握好保密的"度"；站在对方的立场上，使语言、思路都让对方满意；强调策划给对方带来的利益。

五、营销策划书的知识产权

随着改革开放的深入，中国对知识产权的保护越来越重视，尤其是中国加入世界贸易组织（WTO）之后，人们对知识产权保护的观念也越来越深入。2001 年 10 月 27 日，全国人民代表大会常务委员会通过《关于修改中华人民共和国著作权法的决定》，该法律就明确规定，要对包括工程设计图、产品设计图以及工程设计作品等提供法律保护。为此，应该做到：在策划书里，特别注明本策划书的发明创造权属于策划者，未经策划者同意，他人不得擅自盗用和借鉴；向工商行政管理部门进行登记注册，表明该项策划已经生效或者正在运作；向有关专利局申请知识产权的保护。

策划书，尤其涉及国家重大活动和优秀技术成果的策划书，一定要申请知识产权的保护，用法律的眼光对待策划者的知识成果，避免自己的成果被别人侵权或者被盗用。

当然，并不是所有的策划，都要申请知识产权的保护。这里所讲的知识产权，只适应于那些具有重大发明创造、技术开发成果或者具有重大社会影响的策划书。

第二节　营销策划书的结构和内容

营销策划书没有一成不变的格式，依据产品或营销活动的不同要求，策划的内容与编制格式上也有变化。但是，从市场营销策划活动的一般规律来看，其中有些要素是共同的。

关于营销策划书应该具备的基本要素，学术界有两种公认的基本观点：

一种是"5W1H"观点。这种观点反映了策划界早期的认识水平，其内容是：What（什么）——策划的目标、内容；Who（谁）——策划的相关人员；Where（何处）——策划的场所和地点；When（何时）——策划的时间和日程计划；Why（为什么）——策划的原因和理由；How（怎么样）——策划是如何运行的。

另外一种是"5W3H"观点。这样观点反映了策划界对策划活动更深层次的认识，其内容是：What（什么）——策划的目标、内容；Who（谁）——策划的相关人员；Where（何处）——策划的场所和地点；When（何时）——策划的时间的日程计划；

Why（为什么）——策划的原因和理由；How（怎么样）——策划是如何运行的；How（much）（多少）——策划的总体预算；How（怎么样）——预测策划的结果和效益。

一般情况下，营销策划书的结构可以和营销策划的构成要素保持一致，意义在于使营销策划书的制作效率化。

目前，被公认为比较合理的营销策划书的结构框架应由以下几个部分组成：

一、封面

营销策划书需要有一个美观的封面，这是因为阅读者首先看到的是封面，因而封面能起到第一印象的强烈视觉效果，从而对策划内容的形象定位起到帮助作用。

封面可以起到美化、装饰策划书整体、清晰表明策划的标题、传达策划内容、表述在正文中不宜表达的内容等作用。封面设计的原则是醒目、整洁，至于字体、字号、颜色则应根据视觉效果具体考虑。

封面应该提供如下信息：

第一，委托方。如果是受委托的营销策划，那么在策划书封面要把委托方的名称列出来，如××公司××策划书。这时要注意不能出现错误，否则会给人留下不良印象。

第二，标题。标题的确定要简洁明了。有时为了突出策划的主题或者表现策划的目的，也可以加副标题或者小标题。

第三，日期。日期应以正式提交日为准，不应随随便便定一个日期，同时要用完整的年月日表示。

第四，策划者。一般在封面的最下部标出策划者。策划者是公司的话，则必须列出企业全称。

二、前言

前言一方面是对策划内容的高度概括性表述，另一方面在于引起阅读者的注意和兴趣。前言的文字不能过长，一般不要超过一页，字数应控制在 1 000 字以内。前言的具体内容包括：

第一，简单地论述接受营销策划委托的情况。如××公司受××公司的委托，就××年度的促销计划进行具体策划。

第二，进行策划的原因。将策划的重要性和必要性表达清楚，以吸引读者进一步去阅读正文。

第三，策划的目的和策划实施后要达到的理想状态。

第四，策划及策划书的特色、策划过程的概略介绍、参加人员的情况、致谢等。

三、目录

目录的作用是使营销策划书的结构一目了然，同时也使阅读者能方便地查询营销策划书的内容。因此，策划书的目录不宜省略。

如果策划书的内容篇幅不多，目录也可和前言同列一页。列目录要注意的是：目录中所标的页码不能和正文的页码有出入，否则会增加阅读者的麻烦。尽管目录位于策划书的前列，但在实际操作中往往是等策划书全部完成后，再根据策划书的内容与页码来编写。

四、概要

概要是对营销策划书的总结性陈述，使阅读者对营销策划内容及策划结论有非常清晰的概念，便于阅读者理解策划者的思路、意图和观点。通过概要可以大致理解策划内容的要点。

概要的撰写同样要求简明扼要，篇幅不能过长，可以控制在一页之内。另外，概要不是简单地把策划内容予以列举，而是要单独形成一个系统，因此，遣词造句都要仔细斟酌。

概要的撰写一般有两种方法，即在制作营销策划书正文前实现确定和在营销策划书正文结束后事后确定，这两种方法各有利弊。一般来说，前者可以使策划内容的正文撰写有条不紊地进行，从而能有效地防止正文撰写离题或无中心；后者简单易行，只要把策划书内容归纳提炼即可。采用哪种方法可由撰写者根据自己的情况来定。

五、环境分析

环境分析是营销策划的依据与基础，所有营销策划都是以环境分析为出发点。环境分析一般应在外部环境与内部环境中抓重点，描绘出环境变化的轨迹，形成令人信服的依据资料。环境分析整理要点是明了性和准确性。

所谓明了性是指列举的数据和事实要有条理，使人能抓住重点。在具体做环境分析时，往往要收集大量的资料，但收集的资料并不一定都要放到策划书的环境分析中去，因为过于庞大繁杂的资料往往会减弱阅读者的阅读兴趣。如果确需列入大量资料，可以用"参考资料"的名义列在最后的附录里。因此，分析的明了性是策划者必须牢记的一个原则。

所谓准确性是指分析要符合客观实际，不能有太多的主观臆断。任何一个带有结论性的说明或观点都必须建立在客观事实的基础上，这也是衡量策划者水平高低的标准之一。

六、机会与威胁分析

这一部分和前面的环境分析可以看作是一个整体，而实际上在很多场合，一些营销策划书也确实是如此处理的。

在这一部分，要从上面的环境分析中归纳出企业的机会与威胁、优势与劣势，然后找出企业存在的真正问题与潜力，为后面的方案制订打下基础。企业的机会与威胁一般通过外部环境的分析来把握；企业的优势与劣势一般通过内部环境的分析来把握。在确定了机会与威胁、优势与劣势之后，再根据对市场运动轨迹的预测，就可以大致找到企业问题所在了。

七、制定营销战略

市场营销战略主要由三个部分组成。

（一）目标市场战略

阐明企业及其品牌、产品准备进入细分市场。不同的细分市场在顾客偏好、对市场营销行为的反应、赢利潜力以及企业能够或者愿意满足其需求的程度等方面各有特点，所以企业需要在精心选择的目标市场上，慎重地分配其市场营销资源和能力。

（二）市场营销组合战略

对选定的细分市场，分别制定包括产品、价格、分销和促销等因素在内的一体化战略。通常，在针对目标市场确定市场营销组合时，会有多种不同的方案可供选择。因此要辨明主次，从中选优。

（三）市场营销预算

执行有关市场营销战略所需的、适量的费用，明确其用途和理由。营销费用的预测算不能马虎，要有根据。在列成本时要区分不同的项目费用，既不能太粗，又不能太细。用列表的方法标出营销费用也是经常被运用的，其优点是醒目。

在制定战略的过程中，市场营销部门的一项重要工作是与其他有关部门和人员讨论、协商，争取理解、支持与合作。

八、确定战术

战略必须具体化，形成整套战术或具体行动。也就是说，要进一步从做什么、何时做、花费多少成本以及达到什么要求等方面，全盘考虑市场营销战略实施过程中涉及的各个因素、每个环节以及所有内容。执行者可以把具体的战术或行动用图表形式描述出来，标明日期、活动费用和责任人，使整个战术行动方案一目了然，便于执行和控制。

九、损益预测

确定目标、战略和战术之后，可以编制一份类似损益报告的辅助预算。在预算书的收入栏列出预计的单位销售数量，平均净价；在支出栏，列出分成细目的生产成本、储运成本以及各种市场营销费用。收入与支出的差额，就是预算赢利，等上级主管同意之后，它将成为有关部门、有关环节安排和进行采购、生产、人力资源及市场营销管理的依据。

十、营销控制

营销控制主要说明如何对计划的执行过程、进度进行管理。常用的做法是把目标、预算按月或季度分开，便于上级主管及时了解各个阶段的销售实绩，掌握未能完成任务的部门、环节，分析原因，并要求限期做出解释和提出改进措施。

在有些市场营销计划的控制部分，还包括针对意外事件的应急计划。应急计划应扼要地列举可能发生的各种不利情况、发生的概率和危害程度、应当采取的预防措施和必须准备的善后措施。制订和附列应急计划，目的是事先考虑可能出现的重大危机和可能产生的各种困难。

十一、结束语

结束语主要起到与前言呼应的作用，使策划书有一个圆满的结束，而不致使人感到太突然。结束语中应再重复一下主要观点并概述策划要点。

十二、附录

附录是策划方案的附件，附录的内容对策划方案起着补充说明的作用，便于策划方案的实施者了解有关问题的来龙去脉，为营销策划提供有力的佐证。

凡是有助于阅读者对策划内容理解的可信资料都可以列入附录。但是，为了突出重点，可列可不列的资料以不列为宜。作为附录的另一种形式是提供原始资料。附录内容还要标明顺序，以便查找。

第三节　营销策划书的写作技巧

并不是所有的营销策划书都是成功的，也就是说有些营销策划书并没有取得应有的效果，当然失败可能源于实施，但也有一部分原因在于营销策划书写作本身，由于营销策划书的不完善而导致。

一、失败策划书的特征

一个失败的营销策划书一般表现出以下特征：①缺乏创意和创新的特征，提出的策划平庸、平淡；②缺乏充分的市场调查，可行性不强，在现实生活中不具有可操作性和现实性；③策划书以自我为中心，完全从策划者自身利益的角度去看问题，不关心委托方的利益和要求；④策划书不具有充分的说服力，引用的依据不充分；⑤内容不精练、繁杂；⑥缺乏严密的逻辑性和条理性；⑦文字表达生硬、僵化。

二、成功策划书的特征

成功的策划书一般表现为以下特征：①粗略过目就能了解策划的大致内容；②使用浅显易懂的语言，充分体现对方的利益与要求；③策划书展现的内容与同类策划书相比，有相当明显的差异性与优越性；④图文并茂，增强策划书的表现效果；⑤全文条理清楚、逻辑分明，阅读者看完策划书后，能够按照策划书的内容有步骤、有计划地执行；⑥策划书能够充分体现企业的勃勃生机和企业的基本特征。

为了做到以上几点，营销策划者在撰写营销策划书时就应该做到：基于现实的社会实践和市场调查，源于实践和调查之上的策划肯定是具有可行性的；经过深思熟虑之后提炼出好的创意；使用恰当的表述方式，包括采用图文并茂的方式和简洁明快的语言。

三、营销策划书撰写的技巧

营销策划书和一般文章有所不同，它对可信性、可操作性以及说服力的要求特别高，因此，运用撰写技巧提高可信性、可操作性以及说服力，是策划书撰写的目标。在撰写营销策划书时应该注意以下技巧：

（一）以理论依据为基础

欲提高策划内容的可信性，并使阅读者接受，就要为策划者的观点寻找理论依据。事实证明，这是一个事半功倍的有效办法。但是，理论依据要有对应关系，纯粹的理论堆砌不仅不能提高可信性，反而会给人脱离实际的感觉。

（二）以例子为依据

这里的举例是指通过正反两方面的例子来证明自己的观点。在策划报告书中，适当地加入成功与失败的例子既能起到调节结构的作用，又能增强说服力，可谓一举两得。这里要指出的是，举例以多举成功的例子为宜。

（三）用数字说话

策划书是一份指导企业实践的文件，其可靠程度如何是决策者首先要考虑的。策划书的内容不能留下查无凭据之嫌，任何一个论点均要有依据，而数字就是最好的依据。在策划书中利用各种绝对数字和相对数来进行比照是绝对不可少的。

（四）用图表来辅助

运用图表能有助于阅读者理解策划的内容，同时，图表还能提高页面的美观性。图表的主要优点在于有着强烈的直观效果，因此，用其进行比较分析、概括归纳、辅助说明等非常有效。图表的另一优点是能调节阅读者的情绪，从而有利于对策划书的深刻理解。

（五）合理利用版面

策划书视觉效果的优劣在一定程度上影响着策划效果的发挥。有效利用版面安排也是策划书撰写的技巧之一。版面安排包括打印的字体、字号、字距以及插图和颜色等。如果整篇策划书的字体、字号完全一样，没有层次、主辅，那么这份策划书就会显得呆板，缺少生气。总之，良好的版面可以使策划书重点突破，层次分明。

（六）注意细节

对于策划书来说细节十分重要的。一份策划书中错字、漏字连续出现的话，读者肯定不会对策划者抱有良好的印象。因此，对打印好的策划书要反复仔细地校对，特别是对于企业的名称、专业术语等更应仔细检查。另外，纸张的好坏、打印的质量等都会对策划书本身有影响，所以绝不能掉以轻心。

四、营销策划书的完善

市场营销策划书的完善，就是对营销策划书进行通篇复查，对重点内容进出审查，以修正错误与不妥之处，提高市场营销策划书的质量。

(一) 营销策划书的校正

市场营销策划书的写作完成之后，要进行全面的校正，就是对营销策划的内容、结构、逻辑以及文字等进行检查与修改。

对营销策划书校正完毕以后，要将营销书从头读到尾，进行最后的确认。通过这种方式来确认营销策划内容及其表现手法是否合适，营销策划书文字是否有错误。

(二) 营销策划书的装订

营销策划书的写作、校正工作完成之后，还要对营销策划书进行装订。一份装订整齐得体的营销策划书同样是营销策划工作顺利推进的重要内容之一。

在装订营销策划书时需要注意：营销策划书是否要分成若干册；各大部分之间是否要插分隔页；如果营销策划书内含彩色图片，则要灵活运用彩色复印；确定营销策划书的复印和印刷册数。

(三) 营销策划书的介绍

策划者完成策划书并非策划设计工作的结束，还有一项很重要的工作，就是向上级、同仁或顾客介绍营销策划书。这项工作决定了营销策划书能否被接受、采纳，决定了策划方案能否付诸实践。

五、营销策划书的模式及范例

模式一：

×× 产品策划书

×× 股份有限公司

策划：×××

助理：×××

（以上全是封面部分）

目录

1. 前言
2. 市场研究及竞争状况
3. 消费者研究
4. 市场机会和威胁
5. 市场建议
6. 产品定位
7. 营销建议

模式二：

×× 医药股份有限公司营销计划书

×× 年 ×× 月 ×× 日

（以上全是封面部分）

目录

第一部分 公司主要情况介绍

第一章 基本情况

第二章 风险因素

第三章 行业状况

第四章 国家政绩

第五章 生产经营保证措施

第六章 技术与产品

第七章 研究与开发

第八章 市场

第九章 财务状况

第二部分 引资方案

第一章 方案设计

第二章 利润预测

第三章 现金流量表预计

附表：预计利润表

附件：有关报纸对该产品的报道

模式三：

×× 公司诚信工程战略策划书

××× 策划

×× 年 ×× 月 × 日

（以上是封面部分）

第一部分 选题的原因

一、公司的状况：激情与压力同在，机遇与挑战同行

二、品牌内涵：名族品牌、民营机制和为民理财

第二部分 文化创新

一、文化创新的内涵：每一项物质上的创新，应渗透人文关怀

二、文化创新举措：策划，知识经济的孵化器；文化，民生品牌的产业链接

第三部分 市场创新

一、诚信工程理念：传承民族传统美德，培育金融市场卖点

二、首举诚信工程：首举金融产业诚信大旗，重铸 ×× 银行文化标志

第四部分 项目提示

一、走出商业策划的常规

二、打造"一言九鼎"之标志

三、是品牌标志又是时代丰碑

（以上几个方面时策划书的正文部分）

第五部分　媒体组合

第六部分　经费预算

复习思考题

1. 为什么说策划书不同于市场调查报告？

2. 策划书的具体内容包括哪些方面？

3. 如何完善市场营销策划书？

第十七章 营销策划管理

案例与相关衔接

未来五年中国的十大"金饭碗"

新职业层出不穷，老职业越老越吃香。人才市场的竞争永远激烈，其间有多少是最受职场人士关注、三千宠爱集一身的职业？未来几年的金牌职业有哪些？我们的金牌职业，即俗称的"金饭碗"具有以下特征：含金量高、收入多、发展前景广阔、有相当的社会地位、相对稳定，身上聚集了无数艳羡的眼光，让众多职业人士产生心跳加速、眼热嘴馋等连锁反应。我们经过市场调查并综合专家的分析，预测出未来几年的十大金饭碗。

金饭碗一：理财规划师

生活水平越来越高了，口袋也越来越鼓了，可是为什么还有那么多白领入不敷出？想让你的钱"生"钱吗？想快乐地、高枕无忧地参与企业投资吗？面对越来越多的个人、家庭甚至企业的困惑，这时理财规划师大显身手。这些"钱袋子保姆""钱包秘书"，专业能力越强、工作经验越老道越吃香；收入不仅是佣金，还可以按项目或者按小时收取咨询费用。据《证券时报》报道，在过去 6 年中，中国理财业务每年的市场增长率已经达到了 18%。

目前，我国保险业、银行业等领域的理财规划从业人员的年收入一般在 10 万元人民币以上。

含金指数：◎◎◎◎◎

金饭碗二：人力资源师

从以前的人事部门到现在的人力资源部门，从为企业提供服务到现在参与企业战略策划，人力资源成为一段时间以来职场关注率最高的话题之一。人力资源管理专家身价持续看涨。企业如何更好地"引才""用才""留才"成为决定企业成败的关键，而人力资源师正是该关口的掌舵人。

含金量：权威机构调查显示，国内现在中高级人力资源专业人才缺口巨大，大集团公司的人力资源总监一般月薪在 1 万~2 万元之间；薪酬经理、招聘经理等月薪大都在 8 000 元左右；资深的人力资源师的薪资水准则以年薪报价。

含金指数：◎◎◎◎

金饭碗三：企业高级策划、公关经理

据业内权威人士估算，"超级女声"品牌价值已经超过 6 个亿；CCTV 广告时段公开招标再次喜获数以亿计的佳绩；奥运吉祥物"福娃"诞生，"福娃"商标身价骤增……无数鲜活的案例证明，今后几年将是品牌年。企业公关、企业策划的独特魅力和作用成了他们"升值"的重磅武器。公关从业者需要拥有新闻、市场营销、国际关系、公关广告等专业背景，熟悉媒体运作，与当地政府关系较佳。由于某些公司拥有跨国公司客户，因此从业人员还需要熟悉中外文化，有国际化的眼光和思维，能理解国外客户的要求和意图。

含金量：按所负责项目提成是目前最为主流的计薪方式，所以业绩出色的话，年薪 10 万~15 万是最基本的收入。如果某一市场方案一炮打响，则财源滚滚，其中利润分成的空间不可小觑。

含金指数：◎◎◎◎◎

金饭碗四：游戏、动画设计工程师

近几年风靡全球赚了几个亿票房收入的《哈利·波特》，里面大量的精彩动画设计相信是观众们津津乐道的热点话题。网络游戏和各项网络增值服务每年为互联网创造上百亿元的收入，是未来最有潜力领域之一。网络游戏和无线增值服务均为新兴发展行业，其从业人员均为 1975 年及以后出生的人，这是一群非常年轻的暴发户。

含金量：现在国内达到专业游戏动画工程师人才水平的只有 8 000 人，而市场需求目前最少有 15 万人的缺口。优秀的设计工程师年薪在 15 万以上。

含金指数：◎◎◎◎◎◎◎

金饭碗之五：公务员

据了解，在 2006 年公务员报考中，一些热门职位的报考与录取比例已超过 1 000∶1，平均报录比例也近 50∶1。近几年，国内某些热门机关一再出现 300 人竞争同一个职位的火爆现象。未来几年，公务员"热"将一如既往。

含金量：工作稳定、薪水逐年提高、高额的补贴和优厚的福利待遇、良好的社会地位和仕途前景及建立社会关系网络的便利条件，让公务员成为无数毕业生眼里的超级热馍馍。

含金指数：◎◎◎◎◎◎

金饭碗六：电子商务工程师

电子商务工程师是在全球商务活动趋向电子化的形势下应运而生的专业人员，是互联网商务活动的架构设计开发者和主要参与人员。随着全球互联网商务的高速发展，集信息技术与现代商务理念于一体的人才需求量大增，缺口近 10 万。未来 10 年是商务网站从发展逐渐走向成熟的黄金十年，未来 5 年，电子商务工程师在网络商务交易的创新和整合领域会成为最耀眼的职业领袖。

含金量：月薪均万元以上。

含金指数：◎◎◎◎◎◎

金饭碗七：网络媒体高级编辑

据中国互联网络发展状况统计报告显示，中国互联网站点已近 70 万个，网络新闻人才需求总增长量将超过 30%。众多网站负责人纷纷表示，"现在对于网络新闻人才的需求是空前的。"目前的网络编辑一般是从传统媒体中的编辑、记者、网站管理员、图文设计等职业中分流出来的，缺乏统一的职业标准与规范，因此既具有专业的编辑技术、懂得网络编辑操作，还具有独特的洞察力和敏锐度、善于海选信息、变"垃圾"为"美玉"的高级编辑成为网络媒体新宠。

含金量：知名网站普通编辑月薪 6 000 元左右，中级编辑月薪 8 000 元，资深编辑年薪 15 万～30 万之间。

含金指数：◎◎◎◎◎

金饭碗八：职业规划师

前几年职业规划对中国市场的全方位入侵，为 2006 年的丰收奠定了坚实的基础。上班族希望自己的人才价值得到专业化、科学化、最大化程度地提升；企业希望员工从做好自身的职业规划开始，与企业一同积极、健康地发展；不仅如此，全国各大高校也将掀起如何为学生做好职业规划的高潮。职业顾问的从业门槛相当高，要求集合市场信息研究能力、职业规划、个人职业测评、心理研究等专业知识为一体，而且有丰富的职场阅历、相关专业的教育和工作背景，对各行业人才需求状况了如指掌。

含金量：执有权威资格认证、具有该行业丰富工作经验的职业规划师身价倍增。国内资深的职业顾问年薪可超过 50 万元，在国外，普通的职业顾问收费每小时 60 美金到 150 美金不等，资深职业顾问价格更加昂贵。虽然有的社区和学校会提供低廉甚至免费的职业咨询服务，但是职业顾问得到的尊贵社会地位重金难换。

含金指数：◎◎◎◎◎◎

金饭碗九：网络销售

互联网终于在熬过几度寒冬之后，迎来了 2006 年的网络广告"转正"年。网络广告扬眉吐气成为收入最红火的广告方式之一。据专家预测，中国互联网广告在 2006 年预计达到 40 亿元，增长率达到 48.1%。网络销售在这片沃土上含苞绽放，成为销售群体中令人羡慕的一枝独秀。不用再拎着公文包、挤着公交车四处奔走，网络销售只需电话、电脑，便可完成作业。

含金量：优秀的网络销售人员月薪上万，业务出色的时候提成更高。某工控网站的 3 名销售人员，2005 年为公司完成了 1 000 万元的销售任务，而他们的平均年龄不到 30 岁。

含金指数：◎◎◎◎◎◎

金饭碗十：律师

目前国内注册律师已达 10 万人，与我国发展市场经济、依法治国的要求相距甚远。人们的法律意识日益增强，企业的改组、兼并、资产重组以及中小企业的大量涌现，会增加大量的法律事务，律师的需求将急剧增加。

含金量：律师的平均收入远远高于社会平均水平，普通律师年薪为 10 万元左右，出色的律师则按业务绩效提成，年薪 50 万～80 万元不等。

含金指数：◎◎◎◎◎◎◎

资料来源：《南方经济》2008 年。

营销策划是一个过程，包括信息准备、组织、实施和控制等环节，每个环节都需要管理。信息是策划的前提，可是如何才能获得所需要的信息？什么样的信息才是策划所需要的？要解决这些问题就需要管理信息准备。

第一节　营销策划的信息准备

营销策划是认识现在、预测未来和描绘行动方案的过程，因此，只有了解、评估、分析策划对象的过去和现在，并依据营销策划者的知识和经验，判断未来的发展变化趋势，才能进行科学的营销策划。而要了解营销策划对象的过去和现在，就必须收集和策划事项相关的信息资料。信息收集工作是营销策划成功的关键，信息搜集能力是营销策划人员必须具备的基本素质。

一、营销策划信息的基本要求

市场营销策划者要借助大量营销信息来认识策划环境，又要通过营销信息传递把策划者思维活动的方案以指令的方式施行于营销环境。策划者不断发出指令信息，同时又不断依靠反馈信息来调整自己的策划行为。因此，市场营销策划需要有价值的信息，其基本要求如下：

（一）真实性

信息是市场营销策划的前提，没有信息就无法谈策划。而策划者获得的信息可信度要高，要准确、真实地反映客观情况，否则，不真实的信息会导致策划者做出错误判断，导致策划失败。因此，策划者在收集策划信息时，必须慎重考虑策划的信息源和信息处理过程，尽量避免信息失真。

（二）及时性

营销信息的收集过程中要以最少的时间、最快的速度及时发现、记载和传递信息。再好的信息如果不能及时掌握，也将会失去信息的效用，从而影响策划的顺利进行。

（三）完整性和系统性

市场营销策划者获得的信息如果不完整、不系统，在对信息进行利用时容易产生片面性，造成不良后果。因此，为保证策划获得成功，在信息收集工作中要使获得的营销信息在横向上应有广泛性，在纵向上应有深刻性，力求获取的信息完整、系统。

（四）适度性

市场营销策划在获取信息的总量上要适度。信息的获得与收集信息的经费有密切关系，况且庞杂的信息会影响信息的质量，也不利于进行适当的分析、判断和预测。

（五）适当性

信息的适当性要求供求的信息精度是适当的。一般情况下，获得的信息精度越高，对营销策划的价值越大，但随着精度达到某个点之后，信息价值的增量会随精度增加而呈缓慢的渐进态势；信息获取费用在低精度时很小，但随着信息要求的精度增长而快速增长。因此，在实践中，策划者应把握适当的精度要求，使信息价值对费用的比值达到最大化。

二、营销策划信息的类型

市场营销策划需要有价值的信息作为依据。信息的来源渠道较多，企业策划者应收集以下几方面的信息：

（一）宏观环境信息

在进行市场营销策划时，必须了解和掌握宏观环境信息，使企业的营销策划方案实施与社会宏观环境保持一致。宏观环境信息主要有：

1. 人口环境信息

人口是构成市场的第一位因素。市场是由有购买欲望同时又有支付能力的人构成的，人口多少直接影响市场的潜在容量。从影响消费需求的角度，可对人口因素可作如下分析：

（1）人口规模。

对企业而言，应准确掌握市场的人口数量，这有利于准确判断市场潜力，对于消费品厂商这一点有尤为重要。因为消费品以个人或家庭为主要消费者，因此人口数量是计算市场潜力的基础。

（2）年龄结构。

随着社会经济的发展、科学技术的进步、生活条件和医疗条件的改善，人口寿命延长。人口年龄结构的变化趋势是：许多国家人口老龄化加速；出生率下降引起市场需求变化。

（3）地理分布。

人口在地区上的分布，关系市场需求的异同。居住不同地区的人群，由于地理环境、气候条件、自然资源、风俗习惯的不同，消费需求的内容和数量也就存在着差异。在人口的地理分布上，我们还应该注意人口的城市化和区域性转移等问题，它们会引起社会结构的变化。

（4）家庭构成。

家庭是社会的细胞，也是商品采购和消费的基本单位。一个市场拥有家庭单位和家庭成员的多少，以及家庭组成状况等，对市场消费需求的潜量和需求结构都有十分重要的影响。

（5）人口性别。

性别差异也会带来消费需求的差异，因为不同性别的人在购买习惯和购买行为上有着很大的差别。一般来说，由于女性多操持家务，大多数日用品消费由女性采购，因此，不仅妇女用品可以设专业商店销售，很多家庭用品和儿童用品也都纳入妇女市场。

2. 经济环境信息

经济环境是指企业市场营销活动所面临的社会经济条件及其运行状况和发展趋势。下面我们从宏观和微观两方面对经济环境进行分析。

（1）微观经济环境信息。

微观经济环境是指从消费者个体出发来考虑消费者购买力的组成和发展。主要包括消费者的收入、支出、储蓄和信贷等内容。

（2）宏观经济环境信息。

企业的市场营销活动还要受到一个国家或地区经济发展状况的制约，在经济全球化的条件下，国际经济形势也是企业营销活动的重要影响因素。宏观经济环境对市场营销活动的影响主要来源于两方面：经济发展阶段和经济形势。

3．自然环境信息

企业在进行营销活动时还要考虑对其所处的自然环境进行保护的问题。营销管理者当前应注意自然环境面临的难题和趋势，如很多资源短缺、环境污染严重、能源成本上升等，因此，从长期的观点来看，自然环境应包括资源状况、生态环境和环境保护等方面。许多国家政府对自然资源管理的干预日益加强。人类只有一个地球，自然环境的破坏往往是不可弥补的，企业营销战略中实行生态营销、绿色营销等，都是维护社会长期福利的必然要求。

4．政治法律环境信息。

政治法律信息主要包括两个方面：政治环境信息和法律环境信息。

（1）政治环境。

政治环境指企业市场营销的外部政治形势。在国内，安定团结的政治局面，不仅有利于经济发展和人民收入的增加，而且影响群众心理状况，导致市场需求的变化。党和政府的方针、政策，规定了国民经济的发展方向和速度，也直接关系到社会购买力的提高和市场消费需求的增长变化。对国际政治环境的分析，应了解"政治权利"与"政治冲突"对企业营销活动的影响。政治权利影响市场营销，往往表现为由政府机构通过采取某种措施约束外来企业。政治冲突指国际上的重大事件与突发性事件，这类事件在和平与发展为主流的时代从未绝迹。政治冲突对企业市场营销工作影响或大或小，有时带来机会，有时带来威胁。

（2）法律环境。

法律环境指国家或地方政府颁布的各项法规、法令和条例等。法律环境对市场消费需求的形成和实现具有一定的调节作用。企业研究并熟悉法律环境，既保证自身严格依法管理和经营，也可运用法律手段保障自身的权益。

各个国家的社会制度不同，经济发展阶段和国情不同，体现统治阶级意志的法律也不同。从事国际市场营销的企业，必须对有关国家的法律制度和有关的国际法规、国际惯例和准则，认真学习研究并在实际中遵循。

5．科学技术环境信息

科学技术是第一生产力，科技的发展对经济发展有巨大的影响，不仅直接影响企业内部的生产和经营，同时还与其他环境因素相互依赖、互相作用，给企业营销活动带来有利与不利的影响。新的技术的应用，不仅会引起企业市场营销策略的变化，也会引起企业经营管理的变化，还会改变零售商业业态的结构和消费者的购物习惯。

6. 社会文化环境信息

社会文化主要指一个国家、地区的民族特征、价值观念、生活方式、风俗习惯、宗教信仰、伦理道德、教育水平和语言文字等的总和。文化对企业营销的影响是多层次、全方位渗透性的。主体文化是占据支配地位的，起着凝固整个国家和民族的作用，是由千百年的历史所形成的，包括价值观和人生观等；次级文化是在主体文化的支配下所形成的文化分支，包括种族、地域和宗教等。

（二）微观环境信息

微观环境信息是指与企业营销活动发生直接联系的外部信息。从严格意义上来讲，组织的微观环境包括企业本身、市场营销渠道中的企业、顾客、竞争者和社会公众。营销策划活动能否成功，除了营销部门本身的因素外，还直接受这些因素的影响。

1. 企业内部信息

企业内部信息是指企业内部组织划分和层级以及非正式组织所构成的整体。企业环境不仅强调组织的正式和非正式结构，更强调组织成员的协作关系。企业内部环境是企业市场营销环境的中心。

企业在进行市场营销策划活动时，首先必须设立某种形式的营销部门，负责主要的营销工作，但同时，营销部门不是鼓励存在的，它还面临着其他职能部门以及高层管理部门。企业营销部门与财务、采购、制造、研究与开发等部门之间既有多方面的合作，也存在争取资源方面的矛盾。这些部门的业务状况如何，它们与营销部门的合作以及它们之间是否协调发展，对营销决策的制定和实施影响极大。高层管理部门由董事会、总经理及其办事机构组成，负责确定企业的任务、目标、方针政策和发展战略。营销部门在高层管理部门规定的职责范围内作出营销决策。市场营销目标是从属于企业总目标，为总目标服务的次级目标、营销部门所制订的计划也必须经高层管理部门批准后实施。

在人员构成上，市场营销部门一般是由企业主管市场营销的副总经理、销售经理、推销人员、广告经理、营销研究与计划以及定价专家等组成。营销部门在制订和实施营销目标与计划时，不仅要考虑企业的外部环境力量，而且要充分考虑企业的内部环境力量，争取高层管理部门和其他职能部门的理解和支持。

由此可见，企业内部的环境在企业进行市场营销计划以及组织和实施时必须予以考虑。

2. 市场营销渠道企业信息

任何一个企业在其经营过程中，都会与各类资源的供应者和各类营销中介进行协作，为企业经营提供各种营销服务的外部组织，被称为市场营销渠道企业，包括资源供应商、营销中介机构和营销辅助商。资源供应商向企业提供企业所需的原材料、零部件、能源、劳动力等；营销中介机构则为企业融通资金、推销产品；营销辅助商为企业提供运输、存储、咨询、保险和广告等。他们虽不直接经营企业，但对营销决策制定和营销方案实施起到重要作用。

企业能否在动态的市场环境中与这些营销服务机构建立起稳定、有效的协作关系，对于企业任务与目标的最终完成具有重要作用。

3. 顾客信息

顾客是指企业产品服务针对的对象，也就是企业目标市场的成员。顾客需要是影响组织营销活动最重要的因素，研究顾客需求和偏好是组织营销活动的起点。同时顾客又是企业的目标市场，是企业服务的对象，因此顾客是营销的出发点和归宿。企业的一切营销活动都应以满足顾客的需要为中心。顾客是企业最重要的环境因素。企业要努力通过营销活动创造顾客价值和顾客满意，从而实现企业的生存和发展。

4. 竞争者信息

企业不能独占市场，都会面对形形色色的竞争对手。即使在某一市场上只有一个企业在提供产品或劳务，但是如果考虑到替代产品，则企业会存在广义上的竞争对手。企业竞争对手的状况将直接影响企业的营销活动，企业要成功，必须在满足消费者需要和欲望方面比竞争对手做得更好。企业的营销系统总是被一群竞争者包围和影响着，必须识别和战胜竞争对手，才能在顾客心目中强有力地确定其所提供产品的地位，以获取战略优势。

5. 公众信息

公众是指对一个组织实现其目标的能力有实际的或潜在的兴趣或影响的任何团体。由于企业的营销活动必然会影响公众的利益，因而，政府机构、融资机构、媒介机构、群众团体、地方居民等公众必然会关注、监督、影响、制约企业的营销活动。所有的企业都必须采取积极措施，树立良好的企业形象，力求和主要公众建立并保持良好的关系。

总之，构成企业营销微观环境的各种制约力量，影响着企业为目标市场服务的能力，与企业形成了协作、竞争、服务、监督的关系。

第二节　营销策划的组织

营销策划是科学的策划、规范的策划。营销策划的科学性和规范化主要通过完整、有序的程序来实现。在这一程序中，组织工作是营销策划策划工作的第一步，它包括营销策划机构的建立和经费预算等内容。相关机构的建立和经费预算的制定为营销策划案的实施提供组织保证和资金保证。

一、营销策划机构的建立

所谓市场营销策划机构，是指企业内部涉及市场营销策划业务活动而设计的相应职位及组织结构。市场营销策划机构是保证营销策划工作实现的组织手段，是企业为了实现营销策划目标、发挥市场营销策划功能，由有关部门和人员协作配合的有机的科学体系。企业的所有市场营销策划活动都应该由市场营销策划组织机构来完成。要使市场营销活动的策划科学化，确保营销策划的实施达到预期目标，必须建立市场营销策划机构，对营销策划组织机构进行策划和安排。

（一）设计的原则

市场营销策划组织机构设计必须遵循如下原则：

1. 明确组织机构指挥系统的原则

在策划组织机构设计中，组织机构中各级关系必须首先明确规定，让每一个员工只对一个上司负责，服从命令，听从指挥。组织机构指挥系统的明确过程，实质上是分权过程，能将职权自上而下逐步适当转移下去，实行权力分解，有利于建立有效的组织机构控制系统。

2. 同一命令，分层管理相结合的原则

在营销策划过程中，对于战略性、全局性的重大事项，管理控制权限应集中在企业策划高层部门，在实际经营管理活动中统一指挥、统一领导，避免多头领导，消除有令不行、有禁不止等现象，确保企业市场营销活动顺利展开。营销策划系统中各层市场营销管理组织在规定的权限范围内，能够灵活地处理与本部门相关的业务事项，使责权利有机地结合起来。

3. 合理分工，利于沟通与协调的原则

企业的市场营销部门是个完整的系统，所有市场营销业务活动之间存在着相互影响、相互制约的关系。因此，健全的市场营销策划机构必须从企业市场营销业务活动的本质出发，以利于组织内部各种业务职能的分工合理、职责分明。

4. 精简与高效的原则

建立企业营销策划组织机构的根本目的是通过最佳的配置营销资源以有效地实现营销目标。因此，企业营销系统内部各部门和环节都必须与其承担的职能相符，必须杜绝环节重叠、功能冲突、人浮于事的事件发生，只有极其精简的组织机构才能创造出较高的效率。营销策划机构必须精简，这样才能够以最小的营销成本来获取最大的营销收益。

5. 适度弹性的原则

现代营销活动日趋复杂，知识化、智能化、专业化和科技化程度日益提高，且影响营销活动的环境也难以预测，因此，企业设计的营销策划组织机构也随其市场营销活动的动态变化而进行相应调整，以适应营销环境的发展变化，提高企业组织机构的应变能力。

（二）常见的形式

为了实现企业营销策划目标，市场营销经理必须选择适宜的营销策划组织机构形式。企业通常可以采取三种方式来建立市场营销策划机构。

1. "家庭族"的策划机构

以企业内部的营销职能部门为策划的主体单位，借助企业原有的市场营销组织机构和人员来采集信息、制订营销方案并组织实施。对于营销职能部门来说，在进行市场营销策划时必须考虑到企业营销组织机构的具体形式，以提高策划方案的针对性，并有利于组织实施。这种形式的策划机构渗透在企业的营销职能部门中，并具有稳定性和系统性的特点。

2. "智囊团型"的策划机构

由企业抽调部分营销人员，并聘请专门顾问成立专门的策划班子，进行企业的市场营销研究，对企业的市场营销战略和策略做出策划和规划，然后通过企业的营销职能部门来组织实施策划方案。这一策划机构的特点就在于它的灵活性和高效性。

3. 混合型的策划机构

许多企业将以上两种形式的策划机构结合运用，由"家族型"策划机构承担企业的营销活动过程中常规的策划任务，而"智囊团型"的策划机构承担特定的营销策划任务，实现营销策划组织机构的系统性、稳定性、灵活性和高效性。

（三）组织的构成

营销策划是一个系统工程，营销策划行为是集思广益、广纳贤才进行协作创意与设计的过程，因而营销策划组织机构必须在充分发挥主创人智慧的基础上形成团结合作的组织系统。当然，这种组织机构只是临时性的，即在从事企业营销策划的时段内加以组织并行使职责，一旦营销策划任务完成，可由企业的常设组织机构负责营销策划组织的后续任务，如营销策划案的实施及监督管理等。

营销策划组织机构一般称作营销策划委员会或营销策划小组。该机构设主任或组长一名，副主任2~3名，成员若干名。一般来说，营销策划小组成员包括：

（1）策划总监。其职责和任务是负责领导、保证、监督营销策划委员会的全盘工作，协调和安排策划委员会与企业各部门、各方人士的关系，掌握工作进度和效率。

（2）主策划人。主策划人应是营销策划组织的业务中心，主策划人应有良好的业务素质和各方面的业务能力，并要对企业营销行为比较熟悉，富有企业营销策划的成功经验和高度责任感。

（3）文案撰稿人。撰稿人可能撰写文案中的某一部分内容，但他们必须对营销策划的全程非常熟悉，撰稿前的调研工作应该是全面和系统的，这样才能做到胸中有全局，笔下有特色。

（4）美术设计人员。营销策划中常涉及企业视觉形象、商标、广告、包装等方面，营销策划的过程也是对商品、企业进行美化包装的过程，美术设计人员可根据美学原理对上述方面进行创新性设计，以增强营销策划书的吸引力与感染力。

（5）电脑操作人员。电脑操作不仅要起到收集资料、储存资料和随时输出资料的作用，而且要进行适应多媒体需要、能进行动态链接和形成互动效应的高难度的操作，以备营销策划之需。

总之，营销策划组织机构是由多方人员组成的、富有创造性的机构。营销策划组织机构应该是开放性的组织，要善于组织人才，善于开发智力，这样才会有活力。

（四）成员的素质

营销策划组织机构的成员应该具备一定的素质，一般来说，这些素质主要体现在：

（1）政治思想和道德素质。主要包括：政治思想素质、职业道德、开拓和创业精神。

（2）知识和技能素质。主要包括：政策理论知识、金融法律知识、专业技术知识和经营管理知识。

（3）行为和经验素质。主要包括：领航素质、管理和组织协调素质、公关素质和使用和培养人的素质。

（4）身体和心理素质。主要包括：身体素质和心理素质。

二、市场营销策划经费预算

营销策划的经费预算是企业综合预算的重要内容，是调节和控制经营活动的重要工具，也是营销策划方案顺利实施的具体保障，是营销策划组织的一个重要环节。经费预算应尽可能详尽周密，各项费用应尽可能细化，尽可能真实地反映策划方案的实施的投入大小，力争将各项经费预算费用控制在最低成本上，以求获得最优的经济效益。

（一）经费预算的基本原则

企业营销策划工作需要有一定的资金投入，对其经费的预算必须合理、科学。因此，经费预算要遵循以下基本原则：

1. 经济性原则

经济性原则是指在营销策划方案实施中，必须保证足够的营销经费，节省不必要的费用开支。营销活动是一项经济活动，在活动开展过程中，要想取得好的经济效益，必须遵循经济性原则。

2. 效益性原则

效益性原则是指以最少的投入产生最大的营销效益。也就是说，低效益或者没有营销效益的营销策划经费投入在预算中应当尽量避免。

3. 充足性原则

充足性原则是指投入的营销策划经费能够保证营销策划方案的全面实施。营销策划经费是企业投入的营销成本，直接影响企业利润的高低。

4. 弹性原则

弹性原则是指对营销策划经费的预算要能根据未来环境的动态变化而表现出灵活机动性。企业营销活动会受到营销环境变化的影响。

（二）经费预算的项目

营销策划经费预算包括两大方面：

1. 策划活动本身发生的经费

即企业要为策划活动所支付的费用，其主要项目为：市场调研费、信息收集费、人力投入费、策划报酬。

2. 营销活动费用

即按照营销策划方案执行所要发生的费用。营销活动费用一般运用目标任务法来确定。所谓目标任务法就是将营销方案所要实现的目标分解成具体的任务，再计算完成这些任务所需要的资金投入，作为实现营销方案的费用预算。

此外，企业常用的营销预算的方法主要有：

（1）销售百分比法。销售百分比法是以年度产品销售额的一定比例作为营销费用。比例依据的年度有两种：一是上年度的销售额，一是本年度预计的销售额。

（2）力所能及法。力所能及法就是指先除去其他不可避免的费用支出，再来确定营销预算的方法。

（3）竞争平位法。就是用同行竞争对手的营销预算作为本企业的预算标准，竞争平位法主要有两种形式：一是领袖同等法，就是以竞争对手中或同行业中处于领先地位的具有良好营销效益的领袖企业的营销投入作为本企业营销预算的标准；二是行业平均法，就是参照本行业平均营销预算额，以平均营销费用投入作为本企业的预算标准。

（4）市场份额法。市场份额法的基本意思是：企业要保持现有市场份额和扩大其在市场中的份额，就必须使其营销投入份额高于该企业所占有的市场份额。如果企业只是希望以新产品来占有市场份额，其所付出的营销费用应该两倍于所希望达到的份额标准。

第三节　营销策划的实施

策划方案的实施是一项艰巨而复杂的工作。影响营销方案实施的因素有很多，策划者如何策划，必须针对企业实际情况，选择适合的模式。

一、实施的影响因素

正确的营销策划方案应如何施行才能取得成功，首先必须考虑影响营销策划方案实施的因素。导致市场营销策划方案实施不力的原因是多方面的，但主要有以下几方面：

（一）营销方案脱离实际

企业的市场营销策划方案通常由企业的策划人员或由企业聘请的专家制订，而方案实施则要依赖于市场营销管理人员。但这两类人员之间往往缺少必要的交流和沟通，不探讨如何实施营销方案以及应注意哪些问题等，导致企业营销策划人员只考虑总体战略而忽视实施中的细节，结果要么是营销方案过于简单而形式化，要么是所制订的方案超越实际，难以实现营销目标。这是因为营销管理人员并不十分清楚所实施方案的内容和意图，也不主动去与营销策划人员一起分析、研究，而是听之任之，其结果可想而知。

（二）长期目标与短期目标相矛盾

长短期目标的设定是营销策划的基础。长期目标是设计 5 年以上的经营活动；短期目标是一年之内的经营活动。企业的市场营销战略通常着眼于长期目标，但为实现长期营销目标，又不得不把长期目标分解成若干个具体的短期目标，而实施这些短期目标的市场营销管理人员通常只考虑眼前利益和个人得失，而置企业长远利益于不顾。他们以短期工作绩效为出发点，注重销售量、市场占有率和利润等指标，致使短期目标与长期目标之间发生矛盾。目前，许多企业都在努力寻找如何解决长短期目标之间的矛盾的措施，以求两者目标协调一致。

（三）思想理念的随性

企业经营活动计划方案一般具有很强的传统性，创新力度与企业经营指导思想密切相关。一项新的营销策划方案往往因与企业传统和习惯相悖而遭到抵制。新旧方案的差异越大，实施中遇到的阻力和困难也就越大。要想实施与旧战略完全不同的新战略，必须打破企业传统的组织机构和固有的供销关系，进行机制和组织改革，为新战略实施扫清障碍。

（四）实施方案不具体明确，缺乏系统性

大量事实证明，许多战略方案之所以以失败告终，是因为营销策划人员没有明确而具体的实施方案。相当多的企业面临的共同困境是：缺乏一个系统而具体的实施方案，未能使企业内部各职能机构和人员齐心协力，共同作战。

企业高层决策和营销人员对企业营销活动进行策划和管理时，不应抱有侥幸心理，而应根据营销环境和企业实际指定系统的实施方案，任务落实到各职能机构和人员，责任明确，各司其职相互配合，并按编制的营销活动进度时间表进行工作。只有这样，企业营销战略的实施才能顺利进行。

二、实施的基本模式

企业市场营销策划方案实施的模式基本上有五种，即指令性模式、转化性模式、合作性模式、文化性模式和增长性模式。各种模式的侧重点、领导者角色、优缺点各不相同，企业应根据客观实际情况选择合适的模式。

三、实施的技能

为了贯彻实施营销策划方案，企业必须掌握一套能有效地实施营销策划方案和政策的技能。这些技能主要包括诊断技能、分配技能、组织技能、关系技能和监控技能等。

（一）诊断技能

诊断技能是指能发现和揭示企业营销策划方案实施活动中存在的问题和难点，并提出相应对策的能力。当营销策划方案实施的结果未达到预期目标时，问题出现在哪里？营销经理与营销人员相互配合，对营销策划方案本身和方案实施过程中的每个环节进行一一诊断，以了解问题产生的原因，并采取相应的改进方法和策略。

（二）分配技能

分配技能是指营销经理在各种功能、政策和方案之间安排时间、经费和人力的能力。

（三）组织技能

组织技能是指涉及营销活动方案的所有机构和人员之间进行有效组织和安排。营

销经理要善于发挥自己的组织能力，将所有与营销策划方案实施中有关的部门和人员进行任务分配和关系协调，并充分认识非正式营销机构的地位和作用。促使非正式营销机构与正式营销机构相互配合，这对企业营销策划方案实施将产生积极的影响。

（四）关系技能

关系技能是指经理人员借助于其他人的关系力量来完成自己的工作的能力。营销经理不仅要做到鼓励企业员工有效地实施营销策划方案，而且还要有较强的组织、社交能力，充分利用外部的关系力量来最终实现自己的营销目标。

（五）监控技能

监控技能是指包括建立和管理一个对营销活动结果进行反馈的控制系统。控制主要有四种类型，即年度方案控制、盈利能力控制、效率控制和战略控制。

第四节 营销策划的控制

一、营销策划控制的含义

市场营销策划控制是指市场营销管理者为了监督与考核企业营销活动过程的每一个环节，确保其按照企业预期目标运行而实施的一整套规范化约束行为的工作程序或工作制度。

市场营销策划控制，既不同于营销策划方案本身，也不同于企业营销，它既不是对营销活动未来目标的设计，也不是对营销活动结果的考评，而是对营销活动现状的把握，即控制对象是现实的营销活动过程本身。其特点是营销策划方案控制与营销活动的开展同时、同步运动。从一定意义上讲，营销策划方案控制，实际上就是对企业营销活动过程所实施的同步管理，是由系列调控行为组成的动态过程。

二、有效控制的标准

要使营销策划控制工作真正发挥作用，取得预期的成效，设计系列调控措施时要特别注意符合下列几个标准：

（一）客观标准

市场营销主管对于下层工作的评价不能仅凭主观来决定，营销主管必须用过去所拟定的定性、定量标准与现实要求相比照，这样，营销控制对各层工作人员来说标准一致，就是公正客观。所以，有效的营销控制工作要求有客观的、适度的标准。

（二）全局观点

营销组织的一切活动都应围绕企业营销目标的实现而展开。但在企业营销组织结构中，各个部门及其成员都在为实现其个别的或局部的目标而奋斗着。许多营销管理人员在进行营销控制时，不能从企业整体利益出发，往往仅考虑本部门的利益，不能很好地把企业总目标与部门目标结合考虑，共同为实现总目标而工作。因此，对于一位称职的营销主管来说，进行营销控制时必须以企业整体利益为出发点，有计划、有步骤地开展工作，注重企业团队精神，努力将各局部目标统一起来，以实现企业总目标。

（三）面向未来

营销组织所谋求的是长远发展，而不是一时的繁荣，营销控制在保证当前目标实现的同时，必须重视组织的长远发展。一个真正有效的营销控制系统应该能对未来进行预测、判断，对营销策划方案与实际营销活动可能出现的偏差能敏锐地反应，并能及时调整方案，适应营销活动正常开展。

（四）灵活性

营销控制的灵活性要求制订多种适应各种变化的营销策划方案，用多种灵活的控制方式和方法来达到控制目的。如果控制不具有适度弹性，则在营销策划方案实施时难免发生被动现象。为了提高营销控制系统的有效性，就必须在设计营销控制系统时注意灵活性。

（五）纠偏措施

一个完善而有效的营销控制系统，必须具备适当的纠偏措施和策略。这些措施和策略在实际中体现在企业的方案设计、组织运行、人员编配、监督控制等方法上，纠正那些营销策划方案中已出现的或所显示的偏离方案的事项，以保证营销控制系统正常运行。

（六）经济效益

营销控制是一项需要投入大量的人、财、物的活动，其耗费之大，营销失控是主要原因之一。对营销策划方案是否进行控制、控制到何种程度都涉及费用问题。从经济效益角度出发，企业必须把营销控制所需要的费用与营销控制所产生的效果进行对比，花费少、有效益就实施；花费大、无效益就不实施。但必须注意，营销控制的经济效益是相对而言的，它取决于营销管理者是否将营销控制应用于关键之处。

三、控制的步骤

对营销策划实施的控制过程一般分为三个步骤：建立控制标准、衡量工作绩效和采取纠偏措施。

（一）建立控制标准

控制标准是衡量计划执行实际成效的依据，是进行有效控制的前提。而控制标准的建立则是以计划目标为基础的。控制标准包括定量和定性的标准。建立起来的控制标准应该具有稳定性、适应性和明确性等特点。

（二）衡量工作绩效

用控制标准来衡量计划活动成效，以揭示其存在的偏差及产生的原因。计划活动成效衡量包括对实际活动成效衡量和对未来活动成效预测。为此，需要选择正确的控制系统和方法，并在适当的时间和地点进行衡量。

（三）采取纠偏措施

一般，策划实施产生偏差的原因有三种：一是执行战略计划的组织不完善；二是计划本身存在着缺陷和失误；三是原来预测的环境发生了变化。针对不同的原因执行者应采取不同的措施。若是组织不完善，可以通过组织结构和人事方面的变革措施加以纠正；若是计划本身失误或外部环境变化，则可通过重新制订或修改计划来控制。

四、控制的方法

市场营销策划控制是一个复杂的过程，策划者在设计这一过程时，可以采取各种各样的方法。一般来说，因控制者、出发点和方法上的差异，营销策划控制方法分为年度计划控制、盈利能力控制、效率控制和营销战略控制四种基本方法，它们各有侧重且相互补充，构成企业营销控制系统。

（一）年度计划控制

任何企业都要制订年度计划，然而，年度市场营销计划的执行能否取得理想的成效，还需要看控制工作进行得如何。所谓年度计划控制是指企业在本年度内采取控制步骤，检查实际绩效与计划之间是否有偏差，并采取改进措施，以确保市场营销计划的实现与完成。许多企业每年制订有相当周密的计划，但执行的结果却往往与之有一定的差距。事实上，计划的结果不仅取决于计划制订得是否正确，还有赖于计划执行与控制的效率如何。可见，制订年度计划并付诸实施之后，搞好控制工作也是一项极其重要的任务。

企业经理人员可运用五种绩效工具以核对年度计划目标的实现程度，即销售分析、市场占有率分析、市场营销费用对销售额比率分析、财务分析和顾客态度追踪。

1. 销售分析

销售分析主要用于衡量和评估经理人员所制订的计划销售目标与实际销售之间的关系。这种关系的衡量和评估有两种主要方法：一是销售差异法；二是微观销售分析。

2. 市场占有率分析

企业的销售绩效并未反映出相对于其竞争者企业的经营状况如何。如果企业销售额增加了，可能是由于企业所处的整个经济环境的发展，也可能是因为其市场营销工作较之其竞争者有相对改善。市场占有率正是剔除了一般的环境影响来考虑企业本身的经营工作状况。如果企业的市场占有率上升，表明它较其竞争者的情况更好；如果下降，则说明其相对于竞争者绩效较差。

3. 市场营销费用对销售额比率分析

年度计划控制也需要检查与销售有关的市场营销费用，以确定企业在达到销售目标时的费用支出。市场营销费用对销售额比率是一种主要的检查方法。市场营销管理人员的工作，就是密切注意这些比率，以发现是否有任何比例失去控制。当一项费用对销售额比率失去控制时，必须认真查找原因。

4. 财务分析

市场营销管理人员应就不同的费用对销售额的比率和其他的比率进行全面的财务分析，以决定企业如何以及在何处展开活动，获得盈利，尤其是利用财务分析来判别影响企业资本净值收益率的各种因素。

5. 顾客态度追踪

企业主要利用以下系统来追踪顾客的态度：抱怨和建议系统、固定顾客样本、顾客调查。

（二）能力控制

除了年度计划控制外，企业还需要运用盈利能力控制来测定不同产品、不同销售区域、不同顾客群体、不同渠道以及不同订货规模的盈利能力。由盈利能力控制所获取的信息，有助于管理人员决定各种产品或市场营销活动是扩展、减少还是取消。

1. 市场营销成本

企业的营销成本一般来说由以下项目构成：直接推销费用、促销费用、仓储费用、运输费用等。如果是自由运输工具，则要计算折旧、维护、燃料、牌照税、保险和司机工资等费用；其他市场营销费用包括市场营销管理人员的工资、办公费用等。

上述成本连同企业的生产成本构成了企业的总成本，直接影响到企业的经济效益。但取得利润是任何企业的最重要的目标之一，因而，盈利能力控制在市场营销管理中占有十分重要的地位。

2. 财务指标

企业的财务状况不能由单一指标来衡量，必须由财务指标组合来衡量。财务指标组合包括以下四个方面：

（1）流动性比率

$$流动比率 = 流动资产/流动负债$$

（2）资产效率比率

$$应收账款周转率 = 年赊销收入/应收账款平均余额$$

$$应收账款周转天数 = 365/应收账款周转率$$

$$存货周转率 = 销货成本/平均存货$$

$$总资产周转率 = 销货收入/总资产$$

（3）获利能力比率

$$毛利率 = 毛利额/销货收入$$

$$净利率 = 非常项目净收益/销货收入$$

$$资产收益率 = 净收益/总资产$$

（4）杠杆比率

$$负债比率 = 负债总额/总资产$$

$$资产权益比率 = 债务总额/股东权益$$

$$权益倍数 = 总资产/股东权益$$

（三）效率控制

1. 销售人员效率控制

企业进行销售人员效率控制，各地区的销售经理需要记录本地区内销售人员效率的几项主要指标。这些指标包括：每个销售人员每天平均销售访问次数、每次会晤的平均访问时间、每次销售访问的平均收益、每次销售访问的平均成本、每次销售访问的招待成本、每百次销售访问所订购的百分比、每期间的新顾客数、每期间丧失的顾客数和销售成本对总销售额的百分比。

2. 广告效率控制

企业进行广告效率控制，应至少做好如下统计：每一媒体类型、每一媒体工具接触每千名购买者所花费的广告成本，顾客对每一媒体工具的注意、联想和阅读的百分比，顾客对广告内容和效果的意见等。

3. 促销效率控制

为了改善销售促进的效率，企业还需进行促销效率控制，管理层应对每项促销的成本和销售的影响做记录。

4. 分销效率

主要是对企业存货水平、仓库位置及运输方式进行分析和改进，以达到最佳配置，寻找最佳运输方式和途径。

（四）战略控制

企业的市场营销战略，是指企业根据自己的市场营销目标，在特定的环境中，按照总体计划所拟定的一系列行动方案。由于市场营销环境变化很快，往往会使企业制定的目标、战略、方案失去作用。因此，在企业市场营销战略实施过程中必然会出现战略控制问题。战略控制是指市场营销管理者采取一系列行动，使实际市场营销工作与原计划尽可能一致，在控制中通过不断评审和信息反馈，对战略进行不断修正。目前，国外越来越多的企业运用市场营销审计进行战略控制。

所谓市场营销审计，是对一个企业市场营销环境、目标、战略、组织、方法、程序和业务等进行综合地、系统地、独立地和定期性地核查，以便确定困难所在和各项机会，并提出行动计划的建议，改进市场营销管理效果。

市场营销审计的基本内容包括市场营销环境审计、市场营销战略审计、市场营销组织审计、市场营销系统审计、市场营销盈利能力审计和市场营销职能审计。

复习思考题

1. 营销策划信息的基本要求有哪些？
2. 为什么说营销策划的经费预算是企业综合预算的重要内容？
3. 市场营销策划控制的具体内容是什么？
4. 市场营销策划控制的步骤有哪些？

参考文献

1. 陈放，谢弓. 智谋营销品牌策划学［M］. 北京：时事出版社，2006.
2. 叶万春. 企业营销策划学［M］. 广州：广东经济出版社，2010.
3. 魏国. 成功的品牌策划［M］. 北京：机械工业出版社，2008.
4. 翁向东. 本土品牌资料［M］. 杭州：浙江人民出版社，2002.
5. 石江华. 战略管理学［M］. 成都：西南财经大学出版社，2010.
6. 王成荣. 企业文化［M］. 北京：中央广播电视大学出版社，2010.
7. 古川英夫. 营销的技巧［M］. 北京：科学出版社，2004.
8. 吕凌. 精确营销与客户忠诚计划［J］. 上海交通大学学报，2007（4）.

图书在版编目(CIP)数据

营销策划学/石江华主编,宋剑涛副主编.—成都:西南财经大学出版社,2016.1

ISBN 978 - 7 - 5504 - 1538 - 6

Ⅰ.①营… Ⅱ.①石… Ⅲ.①市场营销学 Ⅳ.①F713.50

中国版本图书馆 CIP 数据核字(2014)第 188329 号

营销策划学

石江华　主　编
宋剑涛　副主编

责任编辑:李　筱
封面设计:穆志坚　张姗姗
责任印制:封俊川

出版发行	西南财经大学出版社(四川省成都市光华村街55号)
网　址	http://www.bookcj.com
电子邮件	bookcj@foxmail.com
邮政编码	610074
电　话	028 - 87353785　87352368
照　排	四川胜翔数码印务设计有限公司
印　刷	郫县犀浦印刷厂
成品尺寸	185mm×260mm
印　张	17.5
字　数	400 千字
版　次	2016 年 1 月第 1 版
印　次	2016 年 1 月第 1 次印刷
印　数	1—2000 册
书　号	ISBN 978 - 7 - 5504 - 1538 - 6
定　价	32.80 元